Docteur Fugairon

LA SURVIVANCE
DE L'AME

Librairie du Magnétisme

8º R

21420

LA SURVIVANCE DE L'AME

DU MÊME AUTEUR

Recherches anatomiques sur le groupe des Urticinées, 1879, in-8· de 137 pages, avec 9 planches hors texte (épuisé).

La Création des plantes, des animaux et de l'homme, 1879-1880, in JOURNAL DE L'ARIÈGE.

Histoire de l'humanité avant le Déluge, 1880-1881, in JOURNAL DE L'ARIÈGE.

Carte géologique du canton d'Ax, coloriée avec coupes et texte explicatif, in-8· de pages, 1887.

Faune et Flore du canton d'Ax, 1888, in-8· de 23 pages.

Hydrologie du canton d'Ax, avec essais hydrotimétriques et tableau des analyses, 1888, in-8· de 31 pages.

Climatologie et climatothérapie d'Ax, avec deux planches hors texte et figures dans le texte, 1888, in-8· de 41 pages.

Anthropologie ethnique Ethnogénie et Ethnographie axéenne, 1888, in-8· de 90 pages, avec deux planches coloriées.

Démographie axéenne, 1888, in-8· de 10 pages avec figures.

Thérapeutique des eaux d'Ax, 1888, de 46 pages.

(Les sept derniers mémoires ont été réunis en un volume ayant pour titre : Topographie médicale du Canton d'Ax, 1888, in-8· de 320 pages. Ouvrage couronné par la Faculté de médecine de Paris.)

Essai sur les phénomènes électriques des Etres vivants, 1894, in-12 de 200 pages.

Du rôle de l'Électricité dans les remèdes complexes homœopathiques et les eaux minérales, et de l'action des métaux et des alcaloïdes à doses infinitésimales, 1905, brochure in-12.

Essai de Chimie philosophique, 1901, brochure in-12.

Traitement hydro-minéral des maladies des Femmes aux eaux d'Ax-les-Termes, 1906, brochure in-8·.

ARTICLES DE REVUES. — Le Mythe et les symboles du feu chez les premiers forgerons, avril 1893. — Le Mythe et les symboles du feu chez les premiers agriculteurs, juin 1893. — Origine de la Magie sacrée, juillet 1893. — Origine de la Messe, septembre 1893. — La Mythologie zodiacale, août 1893, janvier 1894, juillet 1895. — Le Calendrier babylonien, sa mythologie, son adaptation à notre époque, octobre 1891, décembre 1894 et janvier 1895. — Mystère des Cabires, février 1895. — Une séance spirite à Carcassonne, février 1895. — L'Aérosome et le Psychotone, août 1895. — La vie future, mars 1896. — Trois lettres à M. Fabre des Essarts, sur le gnosticisme, mai, juin, juillet 1897. — Lettre au R. P. Alta sur la résurrection (Dans l'*Initiation*). — La Trinité alexandrine dans Valentin ; La Cosmogonie Valentinienne, in La Voie, 15 avril 1904, etc.

LA SURVIVANCE DE L'AME

OU

LA MORT ET LA RENAISSANCE

CHEZ LES ÊTRES VIVANTS

ÉTUDES

De Physiologie et d'Embryologie Philosophiques

AVEC PLANCHES ET FIGURES DANS LE TEXTE

PAR

L. S. FUGAIRON

Docteur ès-sciences et Docteur en médecine
Membre de plusieurs Sociétés savantes

PARIS
LIBRAIRIE DU MAGNÉTISME
23, rue Saint-Merri, 23
—
1907

PRÉFACE

Vivement sollicité par quelques amis, tant de France que de l'étranger, de publier le plus tôt possible le commentaire de mes deux articles parus en août 1895 et mai 1896 dans l'Initiation concernant la survivance de l'âme et sa démonstration scientifique, je me décide à faire paraître quelques extraits du grand ouvrage que je prépare depuis plusieurs années.

Cette question de la survivance qui intéresse les hommes au suprême degré, n'a jamais été traitée, au moins à ma connaissance, que par des philosophes ou des théologiens. Leurs arguments, toujours les mêmes, quelles que soient les époques de leurs écrits, sont tirés: de la simplicité d'une entité métaphysique appelée esprit, opposée à la complexité du corps; et de la notion d'une justice divine devant nécessairement récompenser les bons et punir les méchants. Ces arguments surannés, ne frappent plus guère le cerveau des hommes de notre époque. Nos professeurs de philosophie n'osent plus affirmer catégoriquement l'existence d'une vie future et le plus grand nombre des savants ne croit même plus à l'existence de l'âme.

Quant à moi, j'ai toujours pensé que, s'il y a dans l'homme quelque chose qui corresponde à ce que l'on nomme habituellement âme et que ce quelque chose survive à la destruction de l'organisme charnel, la science expérimentale doit pouvoir le constater par les moyens dont elle fait ordinairement usage.

La question de la survivance de l'âme n'est pas, pour moi, un problème de métaphysique ou de théodicée, mais un problème d'histoire naturelle ou, si l'on aime mieux, de biologie. C'est par l'observation des faits, par l'expérimentation biologique, par la méditation des phénomènes physiologiques et embryologiques, que, selon moi, le problème doit être résolu; et c'est ainsi, en effet, que je l'ai traité.

L'ouvrage que je publie aujourd'hui et qui contient le fruit de mes méditations, montrera à ses lecteurs, jusqu'à quel point j'ai fait avancer la solution du problème.

Qu'il me soit permis de rendre ici un judicieux hommage à un savant Lyonnais, M. P.-Camille Revel qui, ignorant mes arguments comme j'ignorais les siens, est arrivé à peu près aux mêmes conclusions que moi, en suivant la même méthode. Les vues que nous avons échangées tous les deux et à diverses reprises, n'ont pu que nous convaincre que nous marchions ensemble sur le chemin de la vérité.

Ax-les-Thermes, le 28 novembre 1906.

Dr FUGAIRON.

LA SURVIVANCE DE L'AME

OU

LA MORT ET LA RENAISSANCE

CHEZ LES ÊTRES VIVANTS

Notions préliminaires indispensables à connaître

I. — CONSTITUTION GÉNÉRALE DES CORPS

1. Extrême divisibilité des corps ; petitesse des particules. — L'expérience journalière nous apprend que tous les corps peuvent être divisés en plusieurs fragments, et ces fragments eux-mêmes en *particules* de plus en plus petites, jusqu'à ce que leur ténuité les dérobe à *nos instruments* et à la *sensibilité de nos organes des sens*

C'est surtout avec les odeurs que l'on peut entrevoir à quel degré peut aller cette division. Un petit morceau de *musc* placé dans une balance en équilibre, laisse exhaler une odeur intolérable par son intensité et provenant de parties de musc qui se répandent en vapeur dans l'air de la chambre où l'on opère. Or, si l'on suppose que cet air se renouvelle continuellement, la balance sera encore en équilibre au bout d'une année; ce qui démontre que la matière odorante disséminée dans le volume énorme d'air qui a circulé autour de la balance, n'a pas de poids appréciable (1). L'imagination est épouvantée du nombre de parties dans lesquelles cette portion imperceptible de musc a été ainsi divisée; car chaque millimètre cube d'air

---

(1) Berthelot a calculé que pour la perte de 1 milligramme de musc, il faut 100.000 ans.

contient un grand nombre de ces parties, et le volume d'air considéré renferme un nombre immense de millimètres cubes.

2. Molécules et atomes chimiques. — Pour si petites que soient les particules d'un corps, elles sont elles-mêmes composées de petites masses ou *molécules* encore plus petites, qui elles-mêmes sont composés d'*atomes chimiques* encore plus petits.

Dans son *architecture du monde des atomes*, Marc-Antoine Gaudin, calculateur au bureau des longitudes, a déterminé approximativement quelle pouvait être la distance maximum des atomes chimiques entre eux dans les molécules qu'ils composent. Dans un premier calcul, il a trouvé que cette distance devait être le dixième du millième d'un millième de millimètre, soit *un dix millionième de millimètre*.

C'est, dit-il, un nombre d'une petitesse pour ainsi dire infinitésimale; car si nous en formons la base du calcul pour déterminer le nombre des atomes chimiques contenus dans un fragment de matière de grosseur sensible, par exemple, d'un cube en métal de 0 m. 002 de côté (gros comme une tête d'épingle), nous trouvons que ce nombre serait représenté par le cube de 20 millions, soit par le chiffre 8 suivi de vingt et un zéros.

$$8.000.000.000.000.000.000.000.$$

De sorte que, si l'on voulait compter le nombre des atomes métalliques contenus dans une grosse tête d'épingle, en en détachant *chaque seconde* par la pensée *un milliard*, soit 100 millions, il faudrait continuer cette opération pendant plus de *deux cent cinquante mille ans*, exactement 253.678 ans.

Mais il faut détourner sa pensée de ces chiffres, pour se figurer qu'il ne s'agit encore que d'une première approximation. Car Gaudin pense que la distance des atomes chimiques la plus probable est *un cent millionième de millimètre*, ce qui porte leur nombre dans la tête d'épingle à *mille fois la quantité primitivement assignée.*

Le nombre des atomes chimiques qui entrent dans la composition d'une molécule est relativement faible. Il y a des molécules qui ne sont composées que de deux atomes tournant l'un autour de l'autre, absolument comme les soleils qui forment les étoiles doubles. Mais quand il entre un plus grand nombre d'atomes dans la constitution de la molécule, ils se disposent de manière à *s'équilibrer et à former invariablement un polyèdre géométrique symétrique.* Ces polyèdres sont composés d'éléments atomiques linéaires à 3, à 5 et à 7 atomes placés parallèlement entre eux.

3. Corpuscules sous-atomiques. — Pendant longtemps, on a cru qu'avec l'atome chimique on avait atteint le dernier état de divisibilité de la matière. Sir Norman Lockyer a donné des arguments de poids, basés sur des considérations spectroscopiques tout en faveur de la nature complexe de ces éléments soi-disant simples.

Outre que certains atomes chimiques ne peuvent être que des molécules jouant le rôle d'éléments dits simples et plus ou moins analogues aux molécules de cyanogène et d'ammonium, nous sommes aujourd'hui certains que ces atomes sont composés d'un très grand nombre de corpuscules plus petits qui n'ont pas encore reçu de nom spécial dans la science (1). L'atome d'*hydrogène* contiendrait au moins mille de ces corpuscules ou électrons.

Tandis que les atomes chimiques sont de différentes espèces, de masse et de poids différents, les corpuscules sous-atomiques paraissent identiques pour tous les atomes. Mais les uns sont électrisés négativement et les autres positivement, de sorte que l'atome qu'ils composent est électriquement neutre. Dans chaque

---

(1) Certains savants les nomment électrons.

corps, il y aurait en outre un certain nombre de corpuscules libres se mouvant à l'intérieur de l'atome.

4. Monades éthérées; leurs propriétés externes — Les corpuscules sous-atomiques ne sont pas encore simples. En dernière analyse ils sont composés de *monades* ou *ultimates* qui, à l'état libre, constituent ce que l'on nomme l'*éther universel*.

La connaissance de la nature de la monade est d'une importance capitale pour tout *le savoir humain;* car sans cette connaissance on ne peut avoir l'explication de rien. Tous les *phénomènes* que nous observons ne sont que le passage à l'acte de certaines *propriétés*. La propriété est un phénomène en puissance, le phénomène est une propriété en acte. Or les propriétés appartiennent à qui, à quoi? A ce qui fait le fond réel des choses, à la monade d'après ce que nous venons de voir. Ce sont les propriétés des monades qui se manifestent à nous comme phénomènes, et la connaissance de la nature des monades peut seule nous donner l'explication des phénomènes.

Qu'est-ce donc que la monade?

La monade est *un centre d'activité quantitative*, c'est-à-dire un centre d'activité susceptible de plus ou de moins. Or l'activité quantitative est ce qu'on nomme aujourd'hui *énergie*. On peut donc dire que la monade est un *centre d'énergie*, un centre dynamique *agissant dans une petite portion d'espace*.

Nous pouvons, dans notre imagination, représenter la monade par un point au centre d'un cercle extrêmement petit. Le cercle représente la **sphère d'action** de la monade, car la force agit dans tous les sens autour du centre, selon les rayons de la sphère et ceux-ci sont conçus comme dépassant tout nombre.

Les monades étant susceptibles de plus ou de moins, sont susceptibles de *se développer* et d'agrandir par conséquent leur sphère d'action. On peut donc les comparer à des *germes vivants*.

Les monades sont *élastiques:* ce qui signifie que

quand une monade reçoit le choc d'une autre, elle subit une déformation momentanée, résiste et revient à sa première forme.

La monade est *impénétrable*, c'est-à-dire que les centres de deux monades ne peuvent coïncider en un même point. Par suite de son élasticité, la monade laisse bien entrer une autre monade dans sa sphère d'action, mais à une certaine distance du centre, la résistance est telle, que la monade engagée ne peut aller plus loin. Chaque monade conserve ainsi son existence individuelle.

Enfin, la monade est *mobile*, elle peut occuper successivement différents lieux. Comme son essence est l'activité, il s'ensuit qu'elle est sans cesse en mouvement, qu'elle ne garde jamais le repos. Mais si elle est sans cesse en mouvement, elle le *modifie à l'occasion de la rencontre et du choc d'une autre monade*.

Les savants modernes donnent à l'impénétrabilité, à l'élasticité et à la motricité le nom générique de *propriétés physiques* ou *matérielles* de la monade, et ce sont les seules propriétés qu'ils lui reconnaissent. Par suite, ils désignent sous le nom de *matière* l'ensemble des monades qui constituent l'univers.

Pour la plupart d'entre eux, l'univers tout entier ne renferme qu'une seule substance, la *matière* composée de monades en mouvement. Tous les phénomènes, depuis le plus simple du monde physique, jusqu'au plus compliqué de l'intelligence humaine, ne sont que des mouvements variés des monades matérielles. Ce système d'explication porte le nom de *matérialisme*.

Mais le matérialisme suffit-il à expliquer totalement l'univers? Pour peu qu'on y réfléchisse, il est facile de voir que non.

Tout ce qui est fini, en effet, tout ce qui a une limite, a un *extérieur* et un *intérieur*. Deux objets finis, deux monades, sont nécessairement extérieurs l'un à l'autre, mais il est également évident que chacun d'eux a son intérieur. Or, que sont les propriétés matérielles que nous appelons impénétrabilité, élasticité, motricité? *les propriétés extérieures* de la monade. Elles nous font comprendre ce qu'est la monade vue de dehors, mais qu'est-elle en dedans?

En ne tenant compte que des propriétés externes de la monade, nous ne voyons qu'une face des choses, nous n'avons la vue que de la moitié de l'univers. Le matérialisme ne nous donne donc qu'une explication partielle ou incomplète de cet univers. D'un côté, ce système est vrai, puisqu'il existe réellement des monades impénétrables et élastiques en mouvement; il est vrai, puisque, effectivement, un grand nombre de phénomènes consistent en mouvements de monades. Mais d'un autre côté, il est faux, parce que, outre les propriétés physiques ou matérielles, la monade en possède d'autres dont le matérialisme ne tient aucun compte; parce que tous les phénomènes de l'univers ne consistent pas en mouvement, mais en autre chose.

5. — Propriétés internes des monades. — L'homme possède le *sens intime* ou *intimité* qui se manifeste selon deux modes: la conscience de soi et le sentiment de soi.

La conscience de soi est la connaissance, la science que le sujet possède de lui-même. *Le sentiment de soi* s'oppose à la conscience comme nos émotions à la pensée. Le sens intime a pour objet le moi et ses déterminations.

D'après le matérialisme, l'*intimité* ne serait qu'un mode particulier de mouvement des monades de notre cerveau; ce qui veut dire qu'un mode de mouvement de ces monades, serait la conscience et le sentiment des mouvements divers de ces mêmes monades.

Cette prétendue explication de la conscience est tout simplement absurde et incompréhensible. Que chaque monade ait conscience des mouvements qu'elle exécute et qu'elle ait même conscience des mouvements de ses voisines qui la choquent, cela se comprend. Mais qu'un mode de mouvement, c'est-à-dire une *abstraction* soit la conscience d'autres mouvements, c'est-à-dire encore d'autres abstractions, cela n'a aucun sens et ne peut être soutenu que par un fou. On ne peut donc concevoir *l'intimité que comme la propriété d'une monade.*

« Le fait d'un *consensus unus*, dit le Dr Durand (de Gros) suppose forcément que toutes nos sensations, émotions et volitions *sont centralisées sur un point.* Comment, en effet, ne pas être frappé de cette évidence, que si un intervalle, si minime soit-il, existe entre deux points de perception, cela suppose à toute force deux points percevants et non plus un seul, deux centres, deux moi, deux entités conscientes tout aussi distinctes que si elles fussent séparées l'une de l'autre par toute la longueur du diamètre terrestre. Il faut plaindre, ajoute-t-il, les intelligences assez infirmes pour ne pas comprendre que le lieu propre, le lieu exact où se passe le *je sens*, le *je pense* ne peut être qu'*un centre*. N'y eût-il que l'épaissseur d'une paroi de cellule nerveuse entre un *je sens* et un autre *je sens*, je le répète, il n'y en aurait pas moins là *deux je, deux moi* tout aussi réciproquement autres que Pierre et Paul le sont entre eux. »

« Aucun phénomène de la vie psychique, dit Vacherot, pensée, volonté, sensation, n'est explicable sans la condition d'un *sujet un et indivisible* (d'une monade), d'un véritable individu, d'un moi, réel, sentant, pensant, voulant. On peut discuter sur la simplicité apparente et la complexité réelle de chacun de ces phénomènes. La mode aujourd'hui est à la méthode analytique, et à toutes ses révélations plus ou moins authentiques. On est en train de tout décomposer... Ce qu'il nous est impossible d'admettre, c'est que cette unité de composition elle-même (des phénomènes psychiques) puisse s'expliquer autrement que par une puissance personnelle qui en réunisse tous les éléments de façon à en faire ce faisceau que brise la science pour l'analyser. C'est là ce qui fait la force invincible de la démonstration tirée de la nécessité absolue d'un *sujet réel, véritable unité centrale* qui rassemble et coordonne tous les éléments de ce phénomène de pensée, de volonté, de sensation qui seul tombe sous l'œil de la conscience. »

En résumé, il est impossible d'expliquer le moindre phénomène psychique par la doctrine qui ne fait du moi qu'une unité collective, qu'une somme de mouvements. *Le moi est une substance active, simple, indivisible*, en un mot *une monade* et l'intimité ou sens intime est la propriété interne de cette monade. C'est du reste ce que nous montre l'observation directe.

Nous ne pouvons voir dans son intérieur qu'une seule monade, celle qui constitue notre moi. Toutes les autres, nous ne les voyons que par leur extérieur, puisqu'elles sont étrangères à notre conscience. Mais cette observation directe du moi suffit, car ce témoignage de notre conscience est une révélation dont l'effet sur l'esprit humain est une foi invincible. Or quelle est cette révélation?

Que la conscience n'atteint pas seulement les déterminations du moi, mais qu'elle atteint le moi lui-même, qu'elle le saisit dans sa nature *une, simple et active*. « Quand on vous dit avec Kant et avec tous les partisans de la psychologie expérimentale et descriptive, que l'observation interne ne saisit que la partie phénoménale de notre être, on est dupe d'une analogie empruntée à l'observation des phénomènes extérieurs. La conscience est si peu réduite au sentiment des phénomènes psychiques, que son véritable objet est le sujet même de ces phénomènes, le Moi vu directement et clairement dans les attributs essentiels de son être... Notre conscience à nous (hommes) c'est le sentiment de *notre moi*, c'est le sentiment de *son unité*, de *son identité*, de *son activité* libre dans tous les phénomènes de la vie psychique. Le moi se sent et ne sent que lui dans la conscience de sa sensation, de sa pensée et de sa volition. »

Maine de Biran a passé sa vie à faire entendre cette vérité aux obstinés partisans d'une psychologie empirique qui, à l'exemple de Kant, veulent borner l'observation interne à la conscience des phénomènes. Tout phénomène psychique est pour lui un acte dont le moi seul est la cause. Tout acte du moi implique un *certain effort* dont le sentiment révèle *la force* qui fait l'essence même de l'esprit humain. Quel est l'homme, dit-il, à qui sa conscience ne révèle pas l'*unité*, la *simplicité* de son être, l'*activité* de ses facultés. Le témoignage de la conscience ne s'arrête ni aux actes, ni même aux facultés; il atteint jusqu'à la nature intime, jusqu'à la substance même.

Il est donc certain que ce qui jouit en nous de l'*intimité* est une cause, une activité quantitative, une force, un *individu simple*, en un mot *une monade*, et c'est là un résultat de l'observation.

Mais cette observation n'a porté que sur notre monade, or toutes les monades possèdent-elles l'intimité?

Remarquons d'abord que le sens intime se manifeste chez l'homme à la *deuxième puissance* si l'on peut s'exprimer ainsi, comme intimité de l'intimité. Et comme l'intimité est à la fois conscience et sentiment, l'intimité à la 2e puissance présente quatre combinaisons différentes: la conscience de la conscience, la conscience du sentiment, le sentiment de la conscience et le sentiment du sentiment. A ce degré, la conscience et le sentiment sont complets. Mais, on conçoit qu'il y ait des degrés inférieurs où l'intimité est incomplète, où elle est simple conscience et simple sentiment. Un être peut penser, sans savoir qu'il pense, et peut éprouver des sentiments sans savoir qu'il en éprouve. Dans ce cas, il n'est pas *inconscient*, comme on le dit souvent, mais il a la conscience et le sentiment simples, il n'a pas la conscience complète de soi. Il est un être intelligent et affectif, il a des facultés psychiques, mais il n'en sait rien, il ignore sa propre nature, il n'a pas la possibilité d'avoir la connaissance de soi-même, la science lui est interdite. Si le même être n'est pas mieux doué au point de vue du sentiment que de la conscience, il n'aura pas non plus le sentiment complet de soi; il sera privé du sentiment de ses qualités et de ses défauts, par conséquent du sentiment de sa position dans le monde, du sentiment de sa dignité ou de sa faiblesse; la félicité lui sera fermée comme la science. Nous dirons que chez cet être, le sens intime ne se manifeste qu'à *la première puissance*.

Or tels sont les animaux. Ce sont des êtres qui possèdent le sens intime sans en avoir conscience, c'est-à-dire qui pensent et sentent à quelque degré, sans pouvoir analyser leurs connaissances et leurs sentiments. Comment le savoir? L'observation directe de leur monade fait défaut. Il faudrait qu'ils s'observent eux-mêmes et nous communiquent le résultat de leurs observations. Or ils ne peuvent le faire. Nous en sommes réduits à l'observation externe. Nous devons examiner nous-mêmes si l'activité de ces êtres présente les mêmes caractères que la nôtre, c'est-à-dire si l'on peut constater en eux, les conséquences qui résultent pour nous de la conscience et du sentiment que nous avons de notre intimité. Si les animaux ont tous les attributs qui dépendent de la connaissance de soi-même, ils ont le sens intime au même degré que nous; s'ils ne les ont pas, c'est qu'ils ne possèdent le sens intime qu'à l'état simple; or c'est précisément ce que l'observation constate. En parcourant tous les degrés du règne animal, on pourrait s'assurer même qu'à *l'état simple, l'intimité offre encore différents degrés*. Généralisant, on peut dire que tout être, toute monade possède l'intimité. Car la conscience est l'existence même, la forme de l'être actualisé, l'actualisation de l'être virtuel. Passer de la puissance à l'acte, c'est prendre conscience de soi, c'est se poser, s'affirmer, sentir son moi. L'intimité peut exister au plus bas degré possible, il suffit pour exister dans la réalité de son être, que cet être se sente.

Il y a donc, depuis l'homme jusqu'au corps brut *une infinité de degrés dans la conscience* et les autres propriétés psychiques. Au-dessus de l'homme, il y a certainement aussi une infinité de degrés de plus en plus parfaits de la conscience et de ces mêmes propriétés.

L'activité *psychique ou spirituelle* se réduit en dernière analyse à *la sensibilité, la volonté, l'intimité.* La sensibilité est la conscience ou le sentiment des *chocs* ou *impressions reçues;* la volonté, la conscience ou le sentiment de notre *réaction motrice.* Ces trois propriétés psychiques correspondent aux trois propriétés physiques: la *sensibilité à l'élasticité*, la *volonté à la motricité*, *l'intimité à l'impénétrabilité.* En prenant conscience de soi, en se posant, la monade se rend impénétrable; les impressions que les monades extérieures produisent sur son élasticité, elle les sent; et ses mouvements ne sont que les conséquences de sa volonté. La sensibilité, la volonté, la conscience, sont susceptibles de *divers degrés* ou *de développement,* et les monades se manifestent à nous avec divers degrés de sensibilité, de volonté et de conscience. Au plus bas degré de l'échelle, les états de sensibilité ne sont pas traduisibles en termes intellectuels et les états de volonté ne sont que des *tensions*, des appétitions.

6. L'esprit et la matière; monisme des êtres finis. — Il résulte de ce qui précède, que *l'esprit et la matière* ne sont pas deux substances différentes, comme l'enseigne *le spiritualisme* philosophique ou théologique, mais les deux faces d'une seule et même substance active, d'une même monade. Les propriétés psychiques sont les propriétés internes de la monade; les propriétés physiques, les externes. Vue par l'extérieur la monade est matière; vue par l'intérieur, elle est esprit. Chaque monade est esprit pour elle-même et matière pour les autres. La matière telle que la conçoivent les matérialistes et les physiciens n'est qu'une abstraction; l'esprit tel que le conçoivent les spiritualistes cartésiens et les théologiens chrétiens est une autre abstraction. *La réalité concrète est à la fois esprit et matière.*

La force psychique est l'intérieur de la force physique ou plutôt elle est la seule force proprement dite, car mécaniquement il n'y a point de forces, il n'y a que des mouvements et des formules mathématiques. Au fond du mouvement de la monade, on ne trouve que la *tendance*, la *tension*, qui détermine cette monade à passer continuellement d'un point de l'espace à un autre. La ligne droite est la ligne du moindre effort, celle qui donne le moins de peine.

Ce qui pour l'intérieur est volonté est mouvement à l'extérieur; ce qui est choc, impression, pour l'extérieur est sensibilité pour l'intérieur, aspiration à un objet ou aversion avec mouvement corrélatif en avant ou en arrière, aise et malaise. Le mécanisme n'est que l'expression de l'activité interne dans son rapport avec le milieu, la conséquence des propriétés internes de la monade. Séparer le mouvement est une abstraction bonne pour la physique ou la chimie, mais non pour la philosophie.

Leibnitz, l'un des plus grands génies des temps modernes, a montré qu'on ne saurait assigner en quoi un corps en mouvement diffère dans chacun des lieux qu'il occupe de ce qu'il est au repos, si l'on n'ajoute qu'en chaque lieu qu'il occupe il *tend* à passer à un autre. Tout mouvement est donc tendance. La tendance ou effort est, dit Leibnitz, ce qu'il y a de réel dans le mouvement. Or *tendre c'est vouloir*. *Etre, agir, vouloir*, c'est une seule et même chose, a dit Maine de Biran.

Et nous sommes heureux de citer ici les conclusions d'un homme d'une science incontestable Alfred Russell-Wallace. Aucune des propriétés de la matière n'est due aux atomes (chimiques) eux-mêmes, mais seulement *aux forces qui émanent des points de l'espace désignés comme centres atomiques*. Il est logique de se représenter les atomes comme toujours plus petits jusqu'à ce qu'ils disparaissent, et qu'il ne reste plus à leur place que des *centres de force localisée* (monade)... Nous trouvons dans notre propre volonté, l'origine d'une force, tandis que nous ne constatons nulle autre part, aucune cause élémentaire de force; il n'est donc pas absurde de conclure que toute force existante se ramène à la *force de volonté*.

RÉSUMÉ. — En résumé, il est sûr et certain que l'univers est composé d'une *substance discontinue*, consistant en monades ou centres de force indivisibles, chaque monade étant un *individu* bien réel. — Il n'y a point de monades qui soient exclusivement esprit et d'autres qui soient exclusivement matière, toutes les monades sont à des degrés divers à la fois esprit et matière, toutes sont susceptibles d'un développement indéfini, c'est-à-dire de faire passer à l'acte tout ce qu'elles contiennent en puissance, et c'est ce qui constitue *la vie*. Toute monade est donc vivante, la substance discontinue de l'univers est vivante. *L'univers n'est formé que d'une seule substance, dont toutes les parties élémentaires indivisibles sont en perpétuel mouvement.* C'est la conclusion irréfutable de la science moderne.

II — LA VIE DES CORPS BRUTS

7. — La sensibilité minérale — S'il est vrai que les monades ou *ultimates* qui, en dernière analyse, constituent tous les corps, sont vivantes et douées de sensibilité et de volonté, nous devons retrouver toutes ces propriétés au moins à l'état élémentaire dans les corps vulgairement nommés bruts. Or c'est justement ce que nous révèlent l'observation et l'expérience.

Le professeur Jagadis Chunder Bose, de Calcutta (1) a étudié la vie dans les métaux et a fait, dans ce but, une série d'expériences des plus remarquables. Il a constaté que, dans certaines conditions, une barre de fer, d'étain, de platine, possède une sensibilité toute pareille à celle d'une fibre nerveuse.

On sait que si l'on met un nerf en relation avec un galvanomètre, et que l'on pince l'extrémité de ce nerf ou que l'on l'irrite d'une façon quelconque, l'aiguille du galvanomètre oscille immédiatement, accusant ainsi une production de courant; c'est la *réponse* du nerf à l'excitation, la manifestation de sa sensibilité, c'est un phénomène vital essentiel et précis. Or le professeur Bose a constaté que si l'on vient à tordre ou à frapper une barre de métal reliée au galvanomètre, cette barre *répond* de la même façon que le nerf par l'intermédiaire de l'aiguille indicatrice.

L'expérimentateur a organisé un petit mécanisme permettant à l'aiguille d'enregistrer ses oscillations, sur un papier, qui se déplace devant elle, sous forme

---

(1) Le *Pearson's*, le magazine anglais, n° de juillet 1904.

de zigzags plus ou moins accentués, suivant l'amplitude des mouvements: pour la barre et pour le nerf, les courbes obtenues de la sorte se ressemblent à s'y méprendre !

Lorsqu'un nerf (ou un muscle) est soumis à des irritations répétées, sa sensibilité diminue et finit par s'éteindre; c'est la *fatigue* que traduit l'aiguille du galvanomètre par des courbes de plus en plus mourantes. Or la fatigue s'observe également sur une barre ou une lame de métal que l'on « mécanise » d'une manière continue. Les atomes, les molécules, qui constituent la substance métallique, se trouvent sans doute dérangées de leurs positions relatives, détournées de leur équilibre normal, sous l'influence d'excitations sans trêve. Et de là des défaillances qui cessent lorsqu'on fait reposer la barre ou la lame durant un laps de temps déterminé. Le phénomène a sa valeur pratique: lequel de nous, parmi les victimes de la barbe sans cesse renaissante, n'a pas cent fois subi les caprices du rasoir, une des cruautés désespérantes de la vie.

Il existe un état contraire à celui de la fatigue, c'est celui de l'engourdissement, de *l'insensibilité*, à la suite d'une longue inaction. Le professeur Bose a constaté cet état sur les barres de métal comme sur les nerfs ou sur les muscles: d'un côté comme de l'autre, ce n'est qu'après quelques excitations préalables inefficaces que la sensibilité réapparaît, et alors cette sensibilité revient à son point ordinaire. L'expérience a été faite avec succès sur *le platine*.

Les métaux se montrent aussi « accablés » que les organismes vivants par les extrêmes de chaud et de froid. C'est à la température de nos étés moyens que la « sensibilité métallique » parvient à son maximum; le froid de l'hiver, la chaleur d'un bain turc, l'affaiblissent considérablement.

M. Bose a découvert des *stimulants* et des *narcotiques* pour métaux. Parmi les stimulants est le carbonate de soude, qui exalte à un degré appréciable la sensibilité de l'*étain*, et qui triple celle du *platine*. Parmi les narcotiques, il y a le *bromure de potassium*; ce composé agit avec douceur sur le système nerveux, dont il *modère* simplement la sensibilité, et, détail curieux, c'est aussi une simple atténuation de sensibilité qu'il produit sur les métaux, notamment sur l'*étain*.

On a reconnu qu'un narcotique, l'opium, par exemple, se comporte d'abord, à doses très faibles, comme un excitant, et que ce n'est qu'à des doses plus fortes qu'il devient somnifère. Notre savant Hindou a vu la sensibilité de l'étain augmenter lorsqu'il traitait ce métal par une *solution étendue de potasse*, et diminuer ensuite jusqu'à s'évanouir complètement lorsqu'il *concentrait* progressivement cette solution.

Il ne restait au professeur Bose qu'à tenter *l'empoisonnement* des métaux comme on réalise l'empoisonnement des organismes ou même celui d'un nerf isolé. Le succès a couronné ses ingénieux efforts. Des barres métalliques neuves, « saines », chez lesquelles la pleine sensibilité se manifestait avec évidence, ont été soumises à l'action de l'*acide oxalique*, vénéneux aussi pour l'organisme humain: immédiatement le galvanomètre a marqué des « spasmes » très nets, puis la sensibilité s'est affaiblie jusqu'à ce que la « mort » semblât venue. Mais il a été loisible de faire « revivre » le métal en neutralisant l'action du poison par un antidote approprié. Dans une autre expérience, la dose de l'acide oxalique étant forcée, la mort définitive est survenue; cette double épreuve a réussi sur divers métaux avec des *poisons* et des *antidotes* convenables.

Ces extraordinaires phénomènes se présentent comme des phénomènes immédiats, instantanés, tout à fait indépendants d'une action chimique possible: ils *devancent cette action*, qui, même lorsque des acides sont mis en jeu, met du temps à pénétrer au delà de l'extrême surface du métal... Ce sont des phénomènes de dérangements moléculaires qui vont jusqu'au cœur de la barre ou de la lame, et qui paraissent analogues aux « frissonnements » nerveux de la vie organique.

8. — **La motilité minérale**. — Le prétendu quiétisme des corps bruts n'est qu'une fausse apparence provenant de notre impuissance à saisir les agitations des parties qui les constituent. Nous n'apercevons pas, à cause de leur petitesse, les particules fourmillantes qui composent les corps, et qui, au-dessous de leur surface impassible, s'agitent, se déplacent, voyagent, se groupent pour prendre des formes et des positions adaptées aux conditions de milieu.

Cette agitation intestine, ce travail intérieur, cette activité incessante des corps bruts, ne sont point une hypothèse, ce sont des faits positifs. Le moyen le plus simple de l'observer est de se mettre dans le cas où la liberté des particules n'est pas gênée par l'action des particules voisines. On se rapproche de cette condition en regardant au microscope des grains de poussière en suspension dans un liquide, des globules d'huile en suspension dans l'eau. — On constate alors, si ces granulations sont assez petites, qu'elles ne restent jamais en repos. Elles sont animées d'une sorte de tremblotement ou de trépidation continuelle qu'on nomme mouvement *brownien*. Chaque grain exécute sa danse particulière; chacun s'évertue, pour son compte, indépendamment du voisin. Il y a toutefois, dans l'exécution de toutes ces oscillations individuelles, une sorte de caractère commun et régulier qui tient à ce que leurs amplitudes ne sont pas extrêmement différentes. Les plus grosses particules sont les plus lentes: au-dessus de quatre millièmes de millimètre de diamètre, elles cessent à peu près d'être mobiles. Les plus petites sont les plus alertes. Au dernier degré de petitesse visible au microscope, leur mouvement est extrêmement rapide et ne permet de les apercevoir que par instants. Il est vraisemblable qu'il s'accélérerait encore pour les granulations plus petites; mais celles-ci sont destinées à échapper éternellement à notre vue.

Dans un corps brut, le repos n'est donc qu'apparent. Nous voyons ces objets, comme nous apercevons de loin une foule humaine. Nous n'apercevons que l'ensemble sans pouvoir discerner les individus et leurs mouvements. Un objet visible est, de même, un amas de particules: c'est une foule moléculaire; il nous donne l'impression d'une masse indivisible, d'un bloc au repos. Mais, dès que la lunette nous rapproche de cette foule, dès que le microscope nous grossit les petits éléments du corps brut, alors ils nous apparaissent et nous constatons l'agitation permanente de ceux qui ont moins de quatre millièmes de millimètre. Plus les parties considérées sont petites, plus vifs sont leurs mouvements. Nous inférons de là que si nous pouvions apercevoir les molécules, dont les dimensions probables sont environ mille fois plus petites, leur vitesse serait, sans doute, de quelques centaines de mètres par seconde.

Ces mouvements moléculaires sont-ils volontaires ? C'est demander si le fourmillement d'une foule humaine, ou d'une troupe d'animaux n'est pas volontaire. Lorsqu'on regarde de loin un troupeau de moutons descendre le versant d'une montagne, on ne saurait mieux comparer ce que l'on voit qu'à un cours d'eau qui descendrait la même pente. Les moutons glissent les uns à côté des autres comme les molécules d'eau et lorsque le troupeau rencontre un obstacle il se divise en deux ou plusieurs branches comme le ferait le cours d'eau lui-même, arrivés dans la plaine, le troupeau se répand comme le ferait aussi le cours d'eau. Doutera-t-on, cependant, du mouvement volontaire des moutons ? Lorsque par une soirée d'été, on regarde voltiger tout près d'un réverbère, une nuée de moucherons, on ne peut s'empêcher de comparer les mouvements de va-et-vient de ces petits êtres aux mouvements des molécules d'un gaz. Cependant quelqu'un doute-t-il qu'ils soient en réalité des mouvements volontaires? Eh bien, nous ne devons pas douter que les mouvements moléculaires des corps bruts ne soient aussi volontaires, surtout après les considérations que nous avons développées à propos de la constitution générale des corps. L'observation, du reste, va nous montrer qu'il s'exécute dans les corps bruts des mouvements moléculaires intelligents. Dans les métaux, les molécules se déplacent, cheminent à travers le métal pour aller au secours de points menacés et les renforcer.

Lorsqu'une tige cylindrique de métal encastrée à ses deux extrémités, est soumise à une traction puissante, elle subit un allongement souvent considérable, dont une partie disparaît dès que cesse l'effort et dont l'autre subsiste. L'allongement total est donc la somme d'un allongement élastique temporaire et d'un allongement permanent. Si l'on continue l'effort, on voit apparaître en un point de la tige un étranglement, une *striction*. C'est là que la barre se brisera.

Mais, au lieu de continuer l'effort, on le suspend, ainsi que l'a fait M. Hartmann. On s'arrête, comme pour donner à l'*Etre métal* le temps d'aviser. Pendant ce délai, il semble que les particules se sont empressées autour du point menacé afin de consolider la partie faible et de la durcir. — En fait, le métal qui était mou dans les autres points a pris ici l'aspect du métal trempé; il ne s'étire plus.

Ce phénomène de *défense* des métaux est particulièrement remarquable dans les aciers au nickel, à propos desquels M. Ch.-Ed. Guilhaume a prononcé le mot « de résistance héroïque à la rupture ». Mais on en a un nouvel exemple fort curieux dans la photographie des couleurs par le procédé Becquerel.

Voici une plaque grisâtre au chlorure ou à l'iodure d'argent. Une lumière rouge la frappe, rapidement elle devient rouge; on l'expose ensuite à la lumière verte, après avoir passé par des teintes ternes et sales, elle devient verte.

N'est-il pas vrai que les choses se passent comme

ceci : le sel d'argent se défend contre la lumière qui menace son existence; celle-ci le fait passer par toutes sortes d'états de coloration avant de le réduire; le sel s'arrête à l'état qui le protège le mieux. Il s'arrête au rouge si c'est la lumière rouge qui l'assaille, parce qu'en devenant rouge par réflexion, il repousse le mieux cette lumière, c'est-à-dire qu'il l'absorbe le moins.

Ainsi, comme tout être vivant, le minéral répond aux *stimulants* qui le provoquent à *modifier* la place ou le mouvement de ses molécules et à faire preuve d'intelligence. Cette intelligence est sans doute très rudimentaire, mais enfin c'est de l'intelligence. Les ultimates et les agrégats qu'elles forment sont doués de *mouvement spontané*, mais elles ne modifient ce mouvement que si elles y sont provoquées par les circonstances extérieures. Tout acte déterminé a toujours un motif. Croire, comme le font certains savants, que la volonté doit se traduire en mouvements capricieux et sans aucuns motifs, est un préjugé erroné qui n'est explicable que par l'ignorance de ces savants en matière philosophique.

9. Cicatrisation, accroissement, nutrition minérale. — Toutes les fois que les substances minérales obéissent à des forces évoluant avec ordre et régularité, elles cristallisent, c'est-à-dire prennent une forme polyédrique déterminée qu'on nomme un cristal. Ces cristaux en s'agrégeant entre eux donnent lieu à des formes qui rappellent celles des animaux inférieurs et des plantes. Tout le monde connaît les belles fleurs de la glace et les arborescences qui se forment l'hiver sur les vitres de nos appartements, imitant les feuilles des fougères ou des palmiers.

Le cristal peut être comparé à un protoorganisme et même à un organisme plus élevé. — On sait que non seulement les êtres vivants possèdent une forme typique qu'ils ont construite eux-mêmes, mais qu'ils la défendent contre les causes de destruction et qu'ils la rétablissent au besoin. L'organisme vivant cicatrise ses blessures, répare les pertes de substance, régénère plus ou moins parfaitement les parties enlevées; en d'autres termes, quand il a été mutilé, il tend à se refaire suivant les lois de sa morphologie propre. — Les cristaux, individus cristallins, montrent la même aptitude à réparer leurs mutilations. « Lorsque, dit Pasteur, un cristal a été brisé sur l'une quelconque de ses parties et qu'on le replace dans son eau-mère, on voit, en même temps que le cristal s'agrandit dans tous les sens par un dépôt de particules cristallines, un travail actif avoir lieu sur la partie brisée ou déformée; et, en quelques heures il a satisfait, non seulement à la régularité du travail général sur toutes les parties du cristal, mais au rétablissement de la régularité dans la partie mutilée ». En d'autres termes, le travail de formation du cristal est bien plus actif au point lésé qu'il n'eût été dans les conditions ordinaires. Les choses ne se passent pas autrement chez un être vivant.

« Il existe chez le cristal, dit M. Dastre (1), quelque chose d'analogue à la nutrition, une sorte de nutrilité qui est l'ébauche de la propriété fondamentale des êtres vivants. Le point de départ, le germe de l'individu cristallin est un noyau primitif comparable à l'œuf ou à l'embryon de la plante ou de l'animal. Placé dans le milieu de culture convenable, c'est-à-dire dans la solution de la substance, ce germe se développe. Il s'assimile la matière dissoute, il s'en incorpore les particules, il s'accroît en conservant sa forme, en réalisant un type ou une variété de type spécifique. L'accroissement ne s'interrompt pas. L'individu cristallin peut atteindre d'assez grandes dimensions si on sait le nourrir, — on pourrait dire le gaver, — convenablement. Le plus souvent, à un moment donné, une nouvelle particule du cristal sert à son tour de noyau primitif et devient le point de départ d'un nouveau

---

(1) *La Vie et la Mort*. 1 vol. in-12, chez Flammarion.

cristal enté sur le premier (c'est un bourgeonnement).

« Retiré de son eau-mère, mis dans l'impossibilité de se nourrir, le cristal arrêté dans son accroissement tombe dans un repos qui n'est pas sans analogie avec la *vie latente* de la graine ou de l'animal reviviscent. Il attend le retour des conditions favorables, le bain de matière soluble, pour reprendre son évolution. »

On a coutume d'opposer le processus d'accroissement du minéral à celui de l'animal en disant que l'un se fait par *apposition* et l'autre par *intussusception*, mais cette opposition est tout à fait secondaire et n'est due qu'à ce que la masse du cristal est impénétrable aux liquides et aux gaz tandis que la masse gélatineuse du corps vivant est pénétrable. Les deux processus s'observent d'ailleurs dans les deux règnes et même à la fois dans le règne animal. C'est par apposition que les os se développent en diamètre et que se forment les coquilles des mollusques, les écailles des reptiles et les tests de beaucoup de rayonnés.

10. La génération minérale. — Tout être vivant provient d'un autre être vivant, tout nouvel individu est généré par un individu qui le précède; or, on a observé qu'il en est de même chez les cristaux, seulement chez ceux-ci on a pu constater aussi l'existence d'une génération spontanée qui n'a pu encore être trouvée chez les êtres vivants.

Lorsqu'un micro-biologiste veut propager une espèce de microbe, il ensemence un milieu de culture avec un petit nombre d'individus et il assiste bientôt à leur pullulation. Le plus souvent, s'il s'agit de microbes banals, qui existent dans les poussières de l'atmosphère, l'opérateur n'est pas obligé de se donner la peine de rien semer; si le tube à culture reste ouvert, et que le milieu soit convenablement choisi, il y tombera quelque germe de l'espèce banale et la liqueur se peuplera. On aura l'apparence d'une génération spontanée.

Les solutions concentrées de diverses substances, les solutions sursaturées de sulfate de soude, de sulfate de magnésie, de chlorate de soude, sont aussi de merveilleux bouillons de culture pour certains germes cristallins.

Lowitz, en 1785, a constaté que, si on se procurait une solution de sulfate de soude, on pouvait la concentrer par évaporation de manière à ce qu'elle contienne plus de sel que la température ne le comporte, sans que, néanmoins, la quantité excédente se déposât. Mais, si l'on projette un petit cristal de sel dans la liqueur, aussitôt tout cet excès passe à l'état de masse cristallisée. Le premier cristal en a engendré un second, semblable à lui; celui-ci en a engendré un troisième, et ainsi de suite, de proche en proche. Si l'on compare ce phénomène à celui de la pullulation d'une espèce de microbe ensemencé dans un bouillon de culture convenable, on n'apercevra pas de différence. Ou, peut-être pourra-t-on en indiquer une seule, sans importance: la rapidité de la propagation des germes cristallins par opposition avec la lenteur relative de la génération des microorganismes. Et encore, la propagation de la cristallisation dans une liqueur sursaturée ou surfondue peut-elle être ralentie par des artifices appropriés. L'analogie est alors complète.

On peut même stériliser les milieux cristallins, comme les milieux vivants. Ostwald fond le salol en le chauffant au-dessus de 39°5; puis, à l'abri de tout cristal, il abandonne la solution en tube clos. Le salol reste indéfiniment liquide. Il faudra, pour qu'il se solidifie, qu'on le touche avec un fil de platine passé dans un bocal de salol solide, c'est-à-dire que l'on y introduise un germe cristallin. Mais si, auparavant, l'on expose le fil de platine à la flamme, on l'aura stérilisé, à la manière des bactériologistes: on pourra alors le prolonger impunément dans la liqueur.

Nous ne parlerons pas des cristaux de glycérine obtenus une fois par génération spontanée et puis propagés en Europe par filiation, et nous conclurons de l'exposé qui précède relatif aux propriétés vitales des minéraux qu'entre ceux-ci et les corps organisés vivants, il n'existe pas une différence de matière, mais seulement une différence de degrés. Les phénomènes que les êtres vivants supérieurs nous présentent avec un si grand éclat, ne sont que l'épanouissement de ceux que les minéraux nous présentent à l'état rudimentaire. Comme nous le disions à propos de la constitution générale des corps, tout est vivant dans l'univers, tout est à la fois et indivisiblement esprit et matière.

III. — CORPS VISIBLES ET CORPS INVISIBLES

11. Passage de l'invisibilité à la visibilité et réciproquement. — Les corps se présentent à nous sous différents états: solide, pâteux, liquide, gazeux, hypergazeux, radiant, éthéré.

Sous les états solides, gazeux et liquides, ils sont visibles et palpables ; sous les états gazeux, hypergazeux et éthérés, ils sont ordinairement invisibles et impalpables.

Lorsqu'un globe de gaz hydrogène s'élève dans l'atmosphère ou lorsqu'un globe d'acide carbonique descend des hauteurs vers la terre, il nous est impossible de les apercevoir, dans les conditions ordinaires, parce que ces globes de gaz sont incolores comme l'air. Cependant dans certains cas, il nous est possible de voir les gaz incolores et transparents. Lorsqu'on regarde autour d'un tuyau de poêle bien chaud, ou l'été, sur le sol chauffé par le soleil, on aperçoit clairement l'air qui est alors animé d'une sorte de tremblement.

Tous les corps invisibles peuvent devenir visibles en se condensant et tous les corps visibles peuvent devenir invisibles en se dilatant. Il y a constamment dans l'air des nuages de vapeur d'eau absolument invisibles. Or chacun sait que ces nuages deviennent visibles en certains moments en se condensant, et puis qu'au bout d'un certain temps, ils disparaissent sur place et redeviennent invisibles.

Les corps gazeux et radiants deviennent parfois visibles en devenant lumineux, soit qu'un rayon de lumière les pénètre, et éclaire les poussières qu'ils contiennent, soit qu'ils soient le siège d'un phénomène électrique.

Un corps invisible peut encore devenir visible en orientant ses molécules de façon à ne plus laisser passer les rayons lumineux, qu'il réfléchit alors comme un corps solide (1).

Le corps le plus impalpable peut devenir palpable au point de donner l'illusion d'un corps solide, si les molécules qui le composent acquièrent une vitesse de translation suffisamment grande. On en a la preuve dans un jet d'eau; l'eau, à l'état normal, a tendance à s'étaler le plus largement possible; l'eau en mouvement dans un jet d'eau s'élance avec une vitesse telle qu'elle se maintient rigide comme une tige de bois ou de fer et ne commence à retomber que lorsque le frottement de ses molécules contre l'air ambiant en a absorbé la force de projection.

12. — Divers degrés de sensibilité rétinienne.

— La visibilité ou l'invisibilité des objets dépend aussi de la sensibilité rétinienne, qui est fort inégale chez les hommes.

Pour communiquer avec le monde extérieur, l'homme dispose normalement de cinq sens: la vue, l'ouïe, l'odorat, le goût et le toucher. Mais de même que les intelligences diffèrent entre elles, et qu'on n'en trouverait pas deux exactement semblables, pas plus que deux feuilles identiques dans la forêt immense, ainsi il n'existe pas deux personnes dont les sens aient

---

(1) L'hydrophane qui est une roche siliceuse opaque devient transparente quand on la plonge dans l'eau. Une feuille de papier blanc devient aussi transparente quand on l'enduit d'un corps gras. L'opacité est due à la réflexion de la lumière sur différentes parcelles de papier; mais l'interposition d'une substance qui empêche les réflexions de se produire permet à la lumière de traverser le corps et par suite produit la transparence.

une portée strictement égale. Comparez la vue d'un marin ou celle d'un habitant des steppes à la nôtre; la différence en leur faveur est énorme. Ils voient ce qui n'existe pas pour nous. Ils reconnaissent et distinguent nettement ce que nous entrevoyons à peine. De même, l'ouïe du sauvage acquiert une acuité dont la nôtre n'approche pas. Ainsi des autres sens.

Le professeur Person, cité par Metzger, rapporte quelques expériences faites en Angleterre sur l'odorat, sens qui paraît tout particulièrement aiguisé chez les personnes occupées dans les pharmacies. On choisit parmi elles, soixante hommes et quarante femmes.

On prit ensuite des drogues qu'on dilua tant et tant qu'il semblait impossible qu'il y restât aucune odeur perceptible. Il se trouva que les hommes montrèrent une finesse d'olfaction supérieure du double à celle observée chez les femmes. Quelques-uns découvrirent l'acide prussique dans deux millions de parties d'eau.

Dans une autre expérience, les odeurs furent diluées et disséminées dans une chambre contenant neuf mille pieds cubes d'air. Il y eut des sujets qui perçurent un trois cent millionième de chlorophénol, et, ce qui est plus remarquable encore, la millième partie de cette quantité de mercaptan. C'était d'une puissance et d'une subtilité qui dépassaient tout ce qu'on aurait osé imaginer.

Dans les expériences qu'on institua ultérieurement, pour vérifier le degré de finesse du goût, les femmes furent autant supérieures aux hommes que les hommes l'avaient été aux femmes dans celles concernant l'odorat.

Supposez maintenant un jury, composé de femmes, chargé de juger un homme qui affirmerait *sentir* tel parfum donné, que pas une d'entre elles ne sentirait. Le moins qu'elles pourraient faire, ne serait-ce pas de déclarer l'accusé halluciné ou fou?

Un jury d'hommes, de son côté, traiterait comme folles des femmes qui prétendraient *goûter*, par exemple, une part de quinine dans un demi-million de parties, comme le firent les quarante soumises à cette épreuve, alors que pas un des soixante hommes choisis pour cette expérience n'en avait été capable.

Or, hommes et femmes auraient tort évidemment de conclure ainsi. La sensibilité étant diverse, les perceptions le sont naturellement. Qu'on veuille bien se rappeler cette très simple observation, elle nous servira peut-être dans la suite. Pour le moment, permettez-moi de vous rendre attentifs à une autre expérience qui confirmera et fortifiera ce qui précède.

Un savant, François Galton, prit un tube de verre creux très étroit. Percé de trous, de distance en distance, ce tube devint une sorte de chalumeau ou de flageolet. Y soufflait-on, il donnait une note que toute oreille normale pouvait saisir. Mais si l'on montait l'échelle des sons, allant de son aigu à son plus aigu, bientôt, tout en soufflant toujours dans l'instrument, on n'entendait plus rien, le silence se faisait complet. A ce moment, on appela un chien. On le vit aussitôt dresser les oreilles à quelque chose qui n'existait pas pour l'homme. Il entendait là où l'ouïe humaine refusait son service.

On continua de monter et l'on ne tarda pas à trouver la limite du sens auditif du chien, comme on avait trouvé celle de l'ouïe humaine. On fit alors venir un chat: des mouvements significatifs de sa part fournirent la preuve que pour lui il y avait des sons là où ni l'homme ni le chien n'en percevaient point. D'autres animaux nous mèneraient plus loin encore.

Nous sommes ainsi environnés de choses sans nombre qui, échappant à nos sens, sont pour nous comme si elles n'étaient pas. Ce qui nous est révélé de la nature, soit extérieure, soit intérieure, n'est rien, comparé à ce qui nous en est caché. En voici la preuve certaine dans une opposition saisissante. La lumière et le son, on le sait, sont également dus à des vibrations: vibrations sonores, ondes lumineuses. Or, les seuls sons perceptibles à l'oreille humaine varient entre 16 vibrations doubles, en une seconde, au minimum et 37.000 vibrations environ, au maximum, dans le même espace de temps. Pour que nous éprouvions, au contraire, une impression quelconque de lumière, il faut que les ondulations ou vibrations de l'éther se chiffrent en l'espace d'une seconde par le nombre énorme de 483.000.000.000.000 (483 trillions) pour la couleur rouge, et de 708.000.000.000.000 pour la couleur violette, le rouge et le violet étant les deux couleurs extrêmes du spectre solaire.

Voilà donc un intervalle immense, celui qui s'étend de 37.000 vibrations par seconde pour le son, à 483 trillions d'ondulations par seconde pour la lumière, dont toute la vie intérieure est pour nous lettre morte. Supposez un instrument assez délicat pour nous introduire dans ce monde et nous en dévoiler les secrets et les mystères; ou, à défaut d'instrument, supposez un organisme humain capable, par une sensitivité dont nous n'avons pas d'idée, de nous initier à toute la série des mouvements ou des vibrations qui s'accomplissent dans l'intervalle béant qui nous occupe: quels étonnements ne seraient pas les nôtres et dans quel étrange milieu ne serions-nous pas transportés! Mais une personne qui accomplirait ce tour de force, on l'enfermerait, sans délai ni hésitation, dans une maison d'aliénés. Et cependant ce monde existe; il vit et s'agite comme le nôtre; nous y baignons; il nous pénètre et nous le pénétrons; notre existence se mêle à la sienne comme la sienne à la nôtre, et nous n'en savons rien!

Considérés dans leur état normal, les sens sont donc loin d'être identiques d'une personne à l'autre. Fatalement, dès lors, nous voyons, entendons, goûtons, sentons et odorons différemment. Les choses ni les personnes ne nous impressionnent pas tous de la même manière.

Mais il y a plus: une personne, vous ou moi, peut apercevoir quelque chose, entendre un son que les autres personnes ne voient ni n'entendent point. Alors pour peu qu'on ait de fanatisme, le dialogue suivant s'engagera en termes plus ou moins acerbes : Comment, dira l'un, vous ne voyez pas, vous n'entendez pas; mais ouvrez les yeux, prêtez l'oreille. Rien? Vous êtes donc aveugle ou sourd? — Et l'autre: vous me la baillez belle avec votre vision ou votre audition. Il n'y a rien devant nous ni auprès ni au loin. Comment verrais-je ou entendrais-je? Pour m'affirmer que vous voyez ou entendez, il faut que vous soyez fou ou halluciné.

MM. de Rochas et J. Luys ont constaté que les sujets en un certain état d'hypnose profonde pouvaient apercevoir en plein jour les effluves, qui échappent cependant à la faiblesse de notre vue ordinaire.

M. Luys a même trouvé un procédé plus simple pour éveiller la sensitivité. Il consiste à ne mettre que la rétine en état d'hypnotisation, le cerveau restant en dehors de l'opération. Le sujet sensitif se place devant l'opérateur qui promène transversalement ses deux doigts au-devant de ses yeux : il produit alors un état d'éréthisme de la rétine se caractérisant à l'ophtalmoscope par une vascularisation instantanée, qui donne à la surface nerveuse une suractivité extra-physiologique tout à fait spéciale.

13. Partie visible et partie invisible des corps.
— Tous les corps solides, pâteux ou liquides se composent de deux parties, l'une visible et l'autre invisible.

On sait que la cohésion s'exerce entre les gaz et les solides, tellement que la surface de ces derniers est recouverte d'une *couche d'air adhérente*. Cette couche forme un grand volume quand la surface recouverte est très étendue, comme on le reconnaît dans le phénomène de l'absorption des gaz par les corps poreux. Le charbon, par exemple, absorbe, d'après Saussure, environ 90 fois son volume apparent de gaz ammoniac ou d'acide chlorhydrique, 65 fois son volume d'acide sulfureux et 4 à 5 fois son volume d'air.

D'après Henry, l'absorption d'un gaz par un corps solide poreux est proportionnelle à la pression. La condensation ne se complète pas tout de suite, mais elle continue pendant plusieurs heures. De même, quand on fait le vide, le gaz adhérent aux surfaces met beaucoup de temps à s'en séparer.

En général, on peut dire que plus les pores d'un corps sont fins, plus est considérable la quantité d'un même gaz absorbé par un même volume de ce corps.

Les corps colloïdes absorbent aussi les gaz. On remarque que ces petits ballons de caoutchouc remplis d'hydrogène, dont s'amusent les enfants, perdent peu à peu une partie du gaz qu'ils contiennent, malgré l'absence de pores sensibles dans le caoutchouc. Mitchell, de Philadelphie, ayant remplacé l'hydrogène par d'autres gaz, a reconnu que ceux qui sortent le plus rapidement sont les plus faciles à liquéfier et les plus solubles dans l'eau. L'hydrogène est donc un de ceux qui passent le moins vite. Si l'on place le ballon sous une cloche contenant un gaz qui passe plus rapidement que celui qu'il contient, il se gonfle et finit par crever. Avec de l'hydrogène sous la cloche et de l'air dans le ballon, la rupture se fait au bout de deux heures environ.

Graham a remarqué qu'il n'y a pas de relation entre les vitesses de passage et les densités des gaz, ce qui montre que le phénomène n'a aucun rapport avec la diffusion à travers une plaque poreuse. Il le compare à ce qui se passe quand un gaz se diffuse à travers une lame liquide: le gaz est comme dissous, dans la membrane de caoutchouc, et se dégage par la surface opposée, dans l'autre gaz. Pour confirmer cette explication, Graham a prouvé que le *caoutchouc absorbe*, en effet, et *retient* le gaz. Ainsi, un bloc de cette matière plongé dans l'oxygène, puis exposé dans le vide pendant vingt-quatre heures, a dégagé près d'un quart de son volume d'oxygène. Ce gaz est donc deux fois plus soluble dans le caoutchouc que dans l'eau.

La gutta-percha laisse passer l'air mécaniquement, et le gaz introduit a la même composition que l'air extérieur.

Les métaux portés au rouge peuvent se laisser traverser par les gaz avec des circonstances qui rappellent ce qui se passe avec les substances colloïdes. Selon Graham, le métal absorbe ou dissout le gaz: il *l'occlut* et *le dégage* ensuite, soit dans le vide, soit dans un autre gaz.

Mais l'occlusion des gaz par les métaux peut aussi avoir lieu à froid. C'est ainsi que le fer et surtout le palladium occlusent à froid l'hydrogène.

Aujourd'hui, on peut dire que tous les corps solides, même les métaux, se laissent pénétrer par les gaz, les retiennent et les laissent échapper dans certaines circonstances avec plus ou moins de facilité.

Outre les gaz, les intervalles de différentes dimensions qui séparent les agrégats de divers ordres qui composent les corps, sont remplis d'éther à différents états de condensation, ainsi que le montrent les phénomènes optiques ou électriques, dont ils sont le siège, et cet éther recouvre aussi tout le corps d'une subtile atmosphère.

Enfin des expériences récentes montrent qu'il existe dans l'intérieur des corps des corpuscules sous-atomiques libres en circulation.

Dans un corps solide ou demi-solide, il y a donc lieu de distinguer deux choses: 1° l'assemblage de toutes ses molécules qui nous le fait paraître relativement impénétrable; 2° l'ensemble de toutes les parties fluides qu'il contient et qui l'entourent d'une atmosphère telles que vapeurs, gaz, matière radiante et matière éthérée. L'une est la partie la plus grossière du corps, le corps grossier qui tombe immédiatement sous nos sens; l'autre, est la partie subtile du corps, le corps subtil que nos sens ne peuvent percevoir qu'en employant certaines précautions.

14. Émanations; sublimation. — Fusiérini, Bizio et Zantedeschi, ont réuni un grand nombre de faits tendant à prouver que les corps, pour la plupart dans les conditions ordinaires, laissent échapper des émanations matérielles.

Cette émission de vapeurs constitue l'évaporation dans les liquides et la sublimation lente dans les solides. Celle-ci est habituellement insensible à la température ordinaire, mais elle se développe considérablement à un degré thermométrique plus élevé, et en général, *dès que, par une cause quelconque, on augmente l'agitation des molécules*. Ces phénomènes de diffusion sont d'autant plus marqués que les molécules sont moins fortement soumises à l'influence de leurs voisines; aussi, celles qui se trouvent *sur les arêtes* ou *au sommet des angles solides* sont-elles puissamment sollicitées à s'échapper par les vibrations thermiques qui se manifestent avec plus de facilité à la surface libre du corps.

M. R. Pictet, dans de savantes et délicates expériences, a prouvé que même à des températures très basses *les métaux dégagent des vapeurs qui forment autour d'eux une véritable atmosphère*. Et M. René Colson, capitaine du génie, a montré que les vapeurs émises par le zinc, l'aluminium à l'état solide et froid, ont la propriété d'impressionner la plaque sensible. — Une lame de zinc bien décapée, bien nette d'oxyde, se trouvant disposée à une petite distance d'une plaque au gélatino-bromure, dans l'obscurité « normale » réglementaire, il se produit au bout d'un certain temps une action sur la couche sensible *comme si la lumière avait « donné »*. On s'aperçoit de la chose en soumettant la plaque au bain révélateur ordinaire. C'est que *la vapeur de zinc s'est emmagasinée dans la gélatine;* le liquide révélateur oxyde la buée métallique et le sel d'argent est réduit par cet oxyde comme il est réduit par l'effet de la lumière.

Les vapeurs de zinc, d'aluminium, etc., ne peuvent pas traverser les corps compacts comme le verre, le métal, etc., mais *une feuille de papier ou de carton mince leur livre passage*.

Les *émanations des corps odorants* s'emmagasinent dans la gélatino-bromure de la plaque sensible comme les vapeurs des métaux. Elles s'emmagasinent également dans les corps gras tels que la cire, les corps visqueux, et les étoffes à structure lâche plus ou moins pelucheuse, l'ouate, le velours de laine.

15. Radiations obscures de tous les corps. —
Tous les corps émettent des radiations de corpuscules animés d'une vitesse de l'ordre de celle de la lumière. Ces corpuscules sont le produit de la dissociation des atomes qui composent les corps et l'on distingue autant d'espèces de rayons qu'il y a d'espèces de corpuscules sous-atomiques. C'est ainsi que dans un faisceau de rayons corpusculaires on distingue des rayons α, des rayons β, des rayons γ des rayons N, des rayons N1, etc. Les rayons α sont formés de corpuscules positifs et de même nature que les rayons anodiques; les rayons β de corpuscules négatifs et de même nature que les rayons cathodiques. Les rayons γ ou X sont formés d'ultimates ou de corpuscules très approchants. Tous ces rayons qui ne subissent ni la réflexion, ni la réfraction, ni la polarisation, sont les uns β déviables par les aimants. L'action du champ magnétique fait décrire aux corpuscules des arcs de spirales au lieu de lignes droites durant leur libre parcours; les autres, très peu déviables comme les rayons α. Quant aux rayons γ ou X ils ne sont pas déviables. Cela tient à ce que les particules qui les forment n'entraînent pas de charge électrique tellement elles sont atténuées.

Tous ces rayons traversent à des degrés différents tous les corps: verre, aluminium, cuivre, zinc, bismuth, comme le ferait un flux de poussières très ténues animées d'une grande vitesse, au travers d'un tamis ou d'un treillage à mailles plus ou moins larges. Lorsqu'ils ne peuvent traverser un obstacle, ils se diffusent et s'éparpillent en tous sens.

La perte de masse du corps qui émet tous ces rayons est tellement faible (1 milligr. par centimètre carré de surface rayonnante en un milliard d'années) qu'elle est tout à fait inaccessible à nos méthodes expérimentales.

Les rayons α et β en passant à travers les corps conservent leur charge électrique et produisent la phosphorescence d'un grand nombre de corps naturels ou artificiels exposés à leur action. Ils rendent l'air conducteur de l'électricité et produisent des effets calorifiques et mécaniques exerçant par exemple une *pression sur les obstacles* qu'ils rencontrent, obstacles qui émettent alors des rayons X. Ils produisent des actions chimiques, et colorent certains sels. Lenard a constaté qu'ils *provoquent la condensation des vapeurs sursaturées*, et ozonisent l'air qu'ils traversent. Enfin, *ils agissent sur la plaque photographique à travers le papier noir*.

Lorsque l'émission des corpuscules radiants est très intense, comme cela arrive pour le Radium, toute substance placée dans le voisinage de ce métal acquiert elle-même une radio-activité qui peut persister pendant plusieurs heures et même plusieurs jours, après l'éloignement du radium. De même par induction, *les poussières*, l'air de la pièce, *les vêtements deviennent radio-actifs*. —

Toutes les causes qui agitent les molécules des corps telles que la chaleur, la lumière, l'électricité, les réactions chimiques augmentent l'émission des corpuscules radiants.

Quelques auteurs avaient pensé que cette émission était de même nature que l'émanation de certaines matières odorantes. Il n'en est rien. Les odeurs ne rendent pas l'air conducteur de l'électricité et leur action sur l'électroscope est nulle. Les particules qui les composent représentent un état de simple division et nullement de dissociation de la matière.

Quant aux rayons N, ils n'ont aucune action sur la plaque sensible. En revanche, ils exercent leur action sur l'acuité des cinq sens.

16 Flamboiement et rayonnement invisibles des corps; lohées. — De tous les faits que nous venons d'exposer se dégagent deux conséquences de la plus haute importance: 1° Puisque des gaz et des vapeurs s'échappent de tous les corps, ceux-ci doivent être entourés de *flammes invisibles*, qu'avec M. de Rochas nous nommerons des *lohées* (du mot allemand), flammes invisibles qu'on peut voir trembloter dans certains cas, comme on voit trembloter l'air chaud autour d'un poêle. La longueur de ces lohées varie avec la nature des corps et avec le degré d'hyperesthésie visuelle des sensitifs qui les aperçoivent. 2° Les corps lancent de toute part des faisceaux de rayons de corpuscules radiants et d'ultimates éthérées, susceptibles de produire des effets mécaniques, physiques et chimiques, dont certains impressionnent la plaque photographique, tandis que d'autres ne l'impressionnent pas.

PREMIÈRE PARTIE

Constitution des corps organisés vivants

LIVRE I

Du Sarcosome

17. Conception schématique d'un corps vivant.
— Un corps organisé vivant est essentiellement composé d'un nombre plus ou moins grand de *globules gélatineux microscopiques vivants*, plongés dans un *milieu vital* aquatique qui leur fournit un milieu chimique propice à la vie des globules et des matériaux de rénovation. — Mais le milieu vital étant purement liquide, une agglomération quelconque de globules est impossible, sans une matière de séparation et de soutien qui isole les globules l'un de l'autre et permette leurs échanges vitaux avec le milieu de rénovation. Aussi voit-on, dès les échelons les plus bas de la série organique, les globules exsuder une substance étrangère, qui va leur servir à la fois de ciment, d'isolant et de soutien. Cette substance qui peut présenter tous les degrés de consistance et devenir même tout à fait *solide* surtout à la surface des corps organisés, n'est point vivante à la manière des globules, elle est morte

ou comparable à celle des corps bruts. Néanmoins elle se laisse imbiber par le milieu vital et transmet par osmose aux globules, les matières propres à la vie.

Dans cet agrégat de globules fixés, circulent des globules vivants libres, comme il y en a aussi qui se meuvent en liberté dans le milieu vital extérieur constituant ainsi à eux seuls des êtres vivants.

Il y a donc des êtres vivants *uniglobulaires* et des êtres vivants *pluriglobulaires*. On donne aux premiers les noms de *protoorganismes*, de *protozoaires*, de *protophytes;* et aux seconds ceux de *métazoaires* et de *métaphytes*. Il est de plus, essentiel de remarquer qu'un être pluriglobulaire provient toujours d'un seul globule ou commence toujours par ne consister qu'en un seul globule, qu'on appelle *germe* d'une manière générale.

Tout être vivant consistant en un globule ou en une agglomération de globules, on comprend que l'étude du globule, surtout du globule libre est de première importance et que c'est par cette étude que nous devons commencer.

CHAPITRE I

LA VIE DES GLOBULES LIBRES

18. Forme fondamentale et composition chimique d'un globule. — Le petit globule gélatineux vivant, qui constitue à lui seul un protozoaire, change continuellement de forme par suite des divers mouvements dont il est le siège, mais considéré au repos, le protozoaire a une forme sphérique.

Cette forme sphérique est celle que prennent toutes les masses gazeuses, liquides ou pâteuses soustraites à l'action de la pesanteur et n'obéissant qu'à la cohésion. C'est par l'effet de la cohésion qu'une petite masse de liquide posée sur un corps qu'elle ne mouille pas, se ramasse sous une forme sensiblement sphérique, son poids n'ayant que très peu d'influence. C'est ce qui a lieu pour les gouttelettes de mercure sur le verre, ou d'eau sur des corps gras. Deux gouttes de pluie sont sensiblement sphériques; deux gouttelettes de mercure que l'on amène au contact, se réunissent aussitôt en une sphère. La forme du plus simple être vivant n'offre donc rien de spécial.

Toutefois cette forme a pour cet être une très grande importance. Les rayons de la sphère étant en nombre incommensurable et se dirigeant dans toutes les directions à l'infini, le *centre* de l'être vivant en agissant selon ces rayons, peut se mettre en relation avec tous les points de l'univers et réciproquement toutes les influences venues de tous les points de l'univers peuvent en suivant ces rayons venir se concentrer en lui. Sa vie sera ainsi un conflit plus ou moins harmonique entre le *centre* de la substance vivante et les conditions ambiantes universelles.

Quant à la substance de l'être vivant, elle n'a rien non plus qui lui soit bien spécial. En dernière analyse, elle se résout en cinq corps réputés simples: le carbone, l'oxygène, l'hydrogène, l'azote et le soufre. Ces cinq corps en formant entre eux des combinaisons binaires, ternaires, quaternaires, etc., etc., constituent les substances dites organiques dont les dernières seules sont susceptibles d'être animées et de vivre. Celles-ci diffèrent des autres par *l'extrême complexité de leurs molécules* et *par leur grande instabilité*. Ces deux caractères sont les *conditions* qui permettent aux phénomènes vitaux de se manifester en elles à un degré supérieur à celui des corps bruts.

Ainsi constitué de combinaisons organiques de divers ordres s'incorporant une *grande quantité d'eau avec les sels qu'elle tient en dissolution*, le globule vivant a une consistance gélatineuse. Cette substance gélatineuse nous la désignerons sous le nom de *Sar-*

code, nom qui lui a été donné par le zoologiste français E. Dujardin qui, le premier, l'a étudiée. Il est de mode aujourd'hui de l'appeler *protoplasma*.

Des conditions de milieu physique (chaleur, lumière, électricité) et chimique (eau, sels, matières alimentaires) étant données, le globule vivant manifeste ses propriétés vitales par trois phénomènes que nous allons passer en revue et qu'on désigne sous le nom de *nutrition, relation, génération*.

19. Nutrition du globule. — Le protoplasma se compose de la substance vivante proprement dite et des substances de réserve qui lui sont incorporées. Or, ce protoplasma est le siège d'un perpétuel mouvement moléculaire de composition et de décomposition chimique portant principalement sur les réserves, ou comme on dit d'assimilation et de désassimilation, qui constitue le phénomène de la nutrition. Pour que ce phénomène puisse se produire, il faut que certaines conditions soient remplies:

1º Il faut que le globule soit entouré d'un milieu chimique où il puisse *s'alimenter*, c'est-à-dire choisir les matériaux qu'il pourra s'assimiler, les prendre et les absorber.

2º Il faut que le globule soit sous l'influence d'une certaine température, d'un certain degré de lumière et d'électricité qui permettent aux combinaisons chimiques et aux décompositions de s'opérer.

Si l'une quelconque de ces conditions fait défaut, les phénomènes seront entravés ou même ne se produiront pas du tout. Il en sera de même si la constitution moléculaire du sarcode est altérée.

Le sarcode, comme toutes les substances colloïdes, absorbe une grande quantité d'eau qui augmente son volume, puis perd cette eau très rapidement par évaporation (exhalation). Mais il s'incorpore aussi plus intimement une certaine quantité d'eau à titre de partie intégrante qu'on pourrait appeler eau de gélatinisation, comme il y a pour les cristaux une eau de cristallisation.

Le globule absorbe aussi une assez grande quantité de gaz oxygène et azote et rejette de l'acide carbonique et de la vapeur d'eau, phénomènes qui constituent la *respiration*. Or, une partie de ces gaz entre plus particulièrement dans sa constitution à titre de *gaz dissous ou occlus* et y est retenu. Sous ce rapport le corps vivant ne fait pas exception et se comporte comme tous les corps bruts, métaux ou colloïdes (n° 13). Enfin toute la substance du globule est pénétrée et revêtue d'éther condensé.

Comme la plupart des corps bruts, sinon tous, le globule vivant laisse encore échapper de sa surface et de ses cavités internes quand il en existe, des particules matérielles, résultant de la sublimation des substances qui le constituent, soit à l'état *d'émanations plus ou moins odorantes*, soit à l'état de *matière radiante* (n°s 14 et 15).

Il y a donc lieu de distinguer dans le globule comme dans tous les corps (n° 13) deux parties, l'une visible et palpable, l'autre invisible et impalpable. La première est formée d'eau liquide contenant en suspension et en dissolution des substances minérales et organiques plus ou moins complexes en mutations moléculaires continuelles, constituant ce que nous appellerons désormais le *sarcosome*. — La deuxième est formée de vapeur d'eau, d'oxygène, d'hydrogène, d'acide carbonique, d'azote et d'autres gaz, de matière radiante et d'éther, contenant en suspension des particules minérales et organiques provenant de la sublimation du sarcosome et de la dissociation de ses atomes et constituant ce que nous appellerons l'*aérosome*.

Cette distinction entre l'agrégat gélatineux ou sarcodique et l'agrégat aériforme dans le corps de l'être vivant est de la plus grande importance pour l'explication des phénomènes vitaux. Elle a été négligée, cependant, jusqu'ici, par tous les physiologistes.

Les phénomènes de combinaison et de décomposition chimiques de la nutrition, outre un certain *accroissement*, donnent comme résultats généraux *un dégagement d'une certaine quantité de chaleur et quelquefois de lumière*. Ils produisent aussi un dégagement d'électricité. « D'après les données actuelles de la pnysiologie globulaire, dit M. Mendelssohn (1), on doit admettre que toute cellule vivante produit des phénomènes électriques qui accompagnent les échanges nutritifs du globule et présentent une des formes d'énergie dont les transformations s'effectuent perpétuellement dans le globule durant sa vie. La quantité d'électricité engendrée par l'activité globulaire est si faible, que sa présence et ses effets échappent le plus souvent à notre attention et à nos moyens d'investigation. L'existence des courants globulaires a pu cependant être démontrée dans certains cas spéciaux et s'impose comme conséquence logique de tout ce que nous savons sur le fonctionnement et les échanges du globule vivant. »

Enfin faisons remarquer que le globule doit en vertu des n°s 15 et 16 émettre des rayons α, β, γ, N et l'expérience confirme cette déduction, qu'il doit être aussi entouré de lohées extrêmement subtiles.

20. La relation chez le globule.

— Les phénomènes de relation du globule sont les uns d'ordre purement physique, les autres d'ordre psychique.

Nous avons supposé jusqu'ici le globule formé d'un sarcode homogène. Mais en réalité ce sarcode se compose de deux parties: une partie transparente, hyaline, fluide qu'on nomme *hyaloplasma* et qui est renfermée dans les mailles de l'autre partie qui ressemble à une éponge, à une écume, à une mousse. On a comparé cette structure du sarcode à celle de la sauce mayonnaise.

---

(1) *Les phénomènes électriques chez les êtres vivants*, p. 1.

La contractilité du *spongioplasma* modifie sans cesse la largeur des mailles dans lesquelles est emprisonné l'hyaloplasma, met celui-ci en mouvement et détermine des phénomènes de circulation intraglobulaires que les granules contenues dans l'hyaloplasma permettent de suivre aisément. Ces déplacements ont pour conséquence de distribuer et de répartir également les ingesta et les excreta dans toute la masse globulaire, y maintenant ainsi l'équilibre qui serait rompu par une stagnation prolongée de ces principes sur tel ou tel point du globule.

A. *Phénomènes physiques.* — Les manifestations physiques se localisent dans le spongioplasma. Non seulement celui-ci demeure chargé des *relations extérieures*, mais il doit encore assurer les préliminaires de la nutrition et l'introduction des aliments. C'est au contraire dans la sphère des actions chimiques que doit principalement se déployer l'activité de l'hyaloplasma, essentiellement fluide, il s'y prête merveilleusement.

Le spongioplasma subit quelquefois une modification à la région périphérique du globule. Ses mailles se rapprochent pour constituer une zone qui, par son aspect, et souvent par sa réfringence, pourrait faire croire à l'existence d'une membrane globulaire, ce qui primitivement avait fait donner au globule le nom de *cellule*. En réalité, il s'agit d'une simple condensation du spongioplasma, que l'on désigne sous le nom d'*ectosarque*, par opposition à la masse qu'elle entoure et qui reçoit le nom d'*endosarque*.

Le spongioplasma envoie souvent des prolongements au delà de la surface du globule. Exécutant des mouvements rapides, ils déterminent soit *la translation du globule* s'il est libre, soit le *déplacement du liquide qui le baigne* s'il est sédentaire ou fixé. Quand ces prolongements sont peu nombreux et fort allongés, on dit que le globule est *flagellé*; lorsqu'ils sont courts, fins et nombreux, on dit que le globule est *cilié* ou *vibratile*. C'est aussi au spongioplasma qu'est due la production des *pseudopodes*.

Le spongioplasma, par sa contractilité, propriété purement physique, est donc le *moyen* dont se sert le globule vivant pour mettre en mouvement, soit une partie de sa masse, soit sa masse entière. Mais qu'est-ce qui provoque et dirige ces mouvements?

B. *Phénomènes psychiques*. — La plupart des mouvements et des actes que l'on observe chez les protozoaires sont des réponses directes au stimulus parti du milieu où ils vivent. Examinons chaque partie de ces actes en commençant par la *phase sensorielle* et finissant par sa *phase motrice*. L'analyse révèle que dans ce phénomène on peut distinguer plusieurs moments qui sont:

1° La perception de l'objet extérieur et la perception de sa position dans l'espace;

2° Le choix entre plusieurs objets;

3° Les mouvements destinés, soit à se rapprocher du corps et à le saisir, soit à fuir loin de lui.

A. *Perception*. Chez quelques protozoaires il semble que la perception est toujours le résultat d'une *impression directe* que les corps extérieurs exercent par leur contact sur la substance de l'animalcule (soit sur le corps lui-même, soit sur les appendices plus ou moins longs de ce corps). Quelques-uns cependant paraissent percevoir *à distance et sans contact* la présence des aliments. Mais comme les actions à distance sont impossibles, l'*impression* se fait par l'intermédiaire d'un fluide: eau, air ou éther.

C'est aussi un fait général que les microorganismes ne perçoivent pas seulement les corps extérieurs, mais qu'ils indiquent par leur mouvement une *connaissance exacte* du point occupé par ce corps. Cette connaissance leur est d'ailleurs absolument indispensable, car il ne peut leur suffire de connaître la présence d'un corps extérieur, pour arriver à s'en approcher et à le saisir; il faut en outre de toute nécessité qu'ils connaissent la position pour diriger le mouvement.

B. *Choix.* Les protozoaires n'ingèrent pas indistinctement toutes les particules qu'ils rencontrent. Ils exercent un choix. Ce choix est tout à fait rudimentaire chez quelques-uns; l'être vivant se borne à distinguer des substances organiques; il repousse les unes et absorbe les autres. Chez d'autres, le choix est plus intelligent. Il en existe qui ne se nourrissent que de débris végétaux ou d'animaux. Il en est même qui ne se nourrissent exclusivement que d'une seule espèce.

Les auteurs ont essayé d'expliquer le mécanisme de ce choix. On a prétendu l'éclaircir en disant qu'il était fondé sur une relation entre la composition chimique du globule qui choisit et celle du corps quelconque qui est choisi. Ce sont là des explications purement verbales. Sans doute la faculté *d'élection alimentaire* dont l'être vivant est doué repose sur la nature de sa composition chimique, il serait surprenant qu'il en fût autrement; mais la chimie n'explique pas toute la biologie et il est bien évident que cette propriété de choisir entre plusieurs excitations est une propriété psychologique.

C. *Mouvement volontaire.* Les mouvements que font les microorganismes comme réponse à une impression ne sont pas le plus souvent de simples mouvements réflexes, ce sont des mouvements adaptés à une fin. Tout d'abord ils varient avec l'excitation; telle impression reçue amène exactement telle réponse motrice; un corps situé à droite ne détermine pas le même mouvement qu'un corps situé à gauche; un corps de nature alimentaire ne provoque pas les mêmes actes qu'un corps d'une autre nature. Tout cela suppose que des associations se sont organisées dans l'être entre certaines impressions et certains mouvements.

Depuis que l'on ne considère plus le spermatozoïde que comme un élément histologique, on a admis des actions endosmotiques, hygroscopiques, etc. Balbiani remarque que cette explication n'en est pas une; car en dernière analyse, toute espèce de mouvement peut se ramener à une action physico-chimique, le mouvement sarcodique ou ciliaire tout aussi bien que le mouvement volontaire. « Pour ma part, ajoute le savant professeur du Collège de France, je pense que les spermatozoïdes ne se meuvent pas aveuglément, mais qu'ils obéissent à une sorte d'impulsion intérieure de volonté qui les dirige vers un but déterminé. »

Une observation faite par Balbiani sur un infusoire cilié, le *didinium-nasutum*, montre que le mouvement des cirres n'est pas un mouvement involontaire, mais qu'il est parfaitement soumis à la volonté de l'animal tout comme le mouvement des organes locomoteurs des animaux plus élevés en organisation.

« Nous croyons donc, dit M. Binet, que personne encore n'a démontré que les mouvements d'un être vivant, si simple qu'il soit, lorsqu'il porte sur un objet éloigné, s'expliquent simplement par une affinité chimique s'exerçant entre cet être et cet objet. Ce n'est point l'affinité chimique qui est en jeu, mais bien plutôt un *besoin* physiologique (un appétit)... C'est chez moi une conviction profonde, elle repose, non sur des notions abstraites, sur des schémas, mais sur les observations que j'ai rapportées, observations qui ne me sont pas personnelles, qui émanent des auteurs les plus autorisés, et dont j'ai pu vérifier de mes propres yeux une grande partie. (1) »

Le globule vivant est donc incontestablement doué de propriétés psychiques. Aux *impressions* produites par le milieu extérieur (phénomène mécanique ou physique) succède *la sensation* de ces impressions (phénomène psychique), c'est-à-dire la *conscience* de ces impressions, car il n'y a pas de sensation sans conscience, le moindre degré de conscience (les mots sen-

---

(1) *Etudes de psychologie expérimentale. — La vie psychique des micro-organismes*, 1888.

sation inconsciente sont une absurdité). A la sensation succède *le choix* et *la volonté* qui dirige le mouvement (phénomène psychique), enfin vient le *mouvement* (phénomène physique ou mécanique).

D. *L'âme globulaire.* Il résulte de ce qui précède que ce qui différencie en premier lieu un globule vivant d'un corps brut, ce sont les propriétés psychiques arrivées à un degré de développement qui les rend apparentes en quelque sorte. *La sensibilité et la volonté, se manifestant au sein de composés chimiques très complexes et instables, sous l'excitation ou l'impression des influences extérieures,* voilà ce qui caractérise d'abord le corps vivant.

Ce n'est pas tout. Nous avons vu (n° 5) qu'aucun phénomène de conscience n'est explicable sans la condition d'un *sujet simple et indivisible,* d'une *monade* ou ultimate, d'un moi réel sentant, pensant et voulant, véritable *unité centrale* qui rassemble et coordonne tous les éléments de ce phénomène. Cette unité est un *centre dynamique,* un *centre directeur* de tous les mouvements de la vie, elle est la véritable *force vitale.*

Nous pouvons donc dire encore, qu'un globule vivant diffère d'un corps brut en ce qu'il a un *centre réel psychique,* une *psychée,* une *âme.* Et comme cette monade centrale a acquis un degré de développement supérieur à celui de toutes les monades dont l'agrégat forme le globule, on voit que *l'âme du globule* n'est que *la monade dominante* de l'agrégat. — Mais de quelle partie de l'agrégat? est-ce de son sarcosome ou de son aérosome? L'âme étant une monade supérieure à celles dont les agrégats de différents ordres forment les molécules du sarcosome et d'une partie de l'aérosome, ne peut faire partie constituante d'aucune de ces molécules, elle leur est intercalée et se trouve placée au sein de l'éther qui baigne les molécules du globule et qui est la partie la plus subtile de l'aérosome.
— L'être vivant est donc un *être animé* (qui est dirigé par une âme ou psychée) et son âme n'est pas une

substance différente en nature de celle qui forme le reste de l'être vivant, puisque ce reste, qu'on appelle son corps, n'est qu'un agrégat de monades qui seulement lui sont inférieures en développement psychique.

Ainsi tombent toutes les objections des matérialistes contre l'existence de l'âme, âme que dans leur ignorance ils considèrent avec les théologiens et les philosophes cartésiens comme d'une nature extranaturelle et fantastique. Le célèbre naturaliste allemand Haekel n'hésitant pas à admettre l'âme du globule, M. Joannes Chatin lui répond: « Nous n'avons pas à mêler ainsi les *conceptions psychologiques les plus subtiles* aux plus remarquables et aux plus réelles conquêtes de la biologie moderne. Les manifestations de la *sensibilité cellulaire sont assez variées et assez importantes pour se passer de toute amplification dogmatique.* » Que signifie ce verbiage? Il est probable que l'auteur ne le sait pas lui-même. Quant à moi, je ne comprends pas.

21. La génération chez le globule. — Au centre du globule on remarque un très petit corps que les naturalistes ont appelé *centrosome*. Près de lui, se trouve une formation sphéroïdale connue sous le nom de *noyau*.

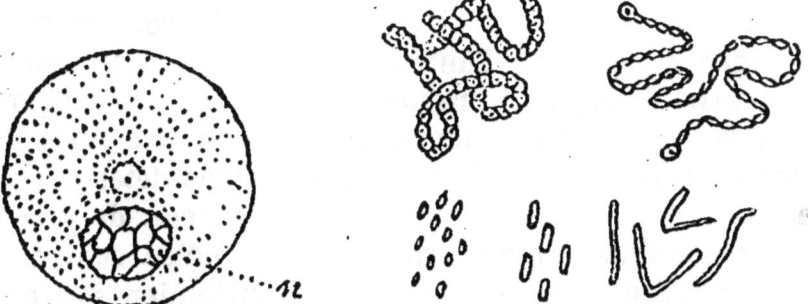

Fig. 1. — *Globule avec son noyau.*   Fig. 2. — *Formation nucléinienne*

Ce noyau consiste essentiellement en ce qu'on nomme la *formation nucléinienne*, c'est-à-dire en une sorte de filament ou de boyau plusieurs fois replié sur lui-même ou bien pelotonné (fig. 1 et 2). Ce filament ou boyau résulte de la fusion d'une multitude de grains semblables au centrosome; mais parfois les grains sont distincts et le filament prend l'aspect d'un chapelet. D'autres fois le chapelet se divise et la formation nucléinienne consiste en une multitude de petits corps libres ayant la plus grande ressemblance avec des microcoques, des bactéries, des bacilles et des vibrions. La formation nucléinienne se présente donc à nous comme une provision de centrosomes ou de germes. Elle est le plus souvent entourée d'une sorte de membrane produite par une condensation du spongioplasma semblable à celle qui se forme parfois autour du globule et dont nous avons déjà parlé. Le globule est alors composé de deux sphères concentriques. Le sarcode de la sphère intérieure du noyau semble posséder une vie plus intense que le sarcode extérieur.

A un moment donné de la vie du globule, ordinairement lorsque la croissance est terminée, une transformation s'opère dans le noyau du globule. Un centrosome ou germe se détache de la formation nucléinienne et vient s'attacher au bord du centrosome du globule (cette opération peut avoir lieu quelquefois dès le début de la vie du globule). Tous les deux sont en dehors du noyau (fig. 3, A). Les deux centrosomes s'éloignent l'un de l'autre, le nouveau centrosome contourne le noyau entraînant avec lui son contingent de sarcode ou protoplasma, et enfin se fixe au pôle opposé du noyau (fig. C). Les centrosomes déterminent la formation autour du noyau d'un fuseau de stries protoplasmiques rayonnant des deux pôles centrosomiques comme centres. Le peloton nucléinien se fragmente en bâtonnets ou bacilles qui s'incurvent pour former des *anses* qui constituent l'équateur du noyau, la couronne ou plaque nucléaire. Bientôt celle-ci se dédouble de telle sorte que la moitié des anses est attirée vers l'un des pôles, l'autre moitié vers le pôle opposé. Une nouvelle condensation de protoplasma se forme autour de chacun des deux paquets d'anses, celles-ci se déforment, s'unissent les unes aux autres, deux nouveaux noyaux sont ainsi formés. Le globule s'étrangle au niveau de son plan équatorial et divise le globule en deux, chaque moitié renfermant la moi-

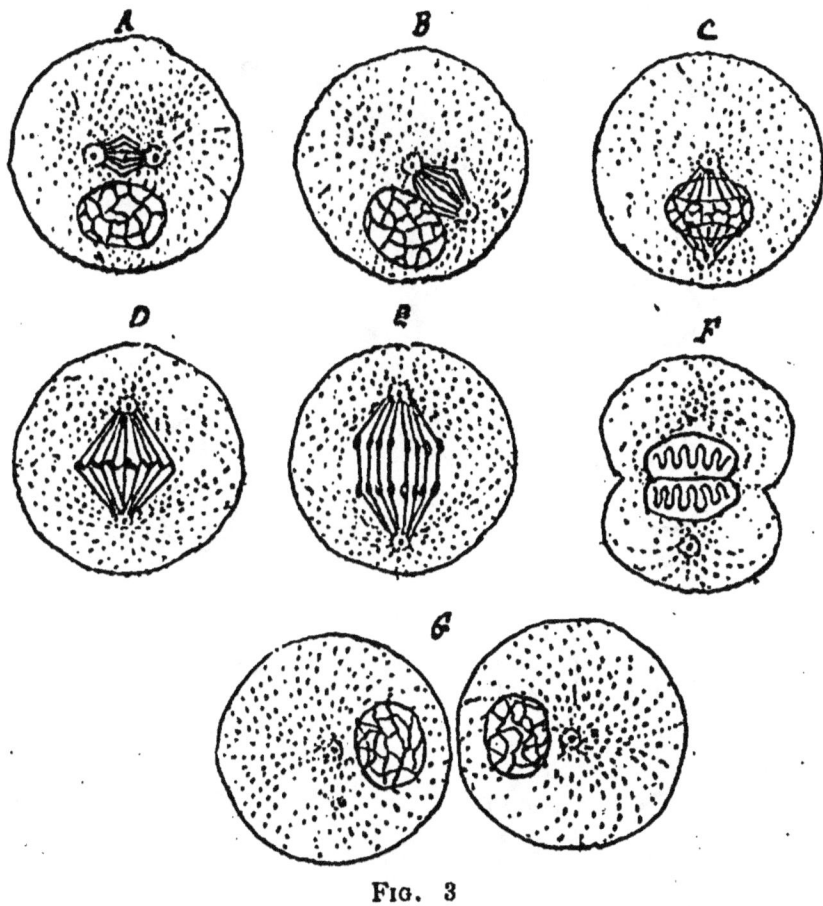

Fig. 3

tié du noyau primitif. Ainsi le globule père a engendré un globule fils, tous deux semblables (fig. G).

Les auteurs en général regardent les deux globules qui résultent de la scission comme deux globules nouveaux, l'ancien ayant disparu. Je considère cette manière de voir comme inexacte et pour moi l'un des deux globules est toujours l'ancien.

Le bourgeonnement qui n'est qu'une scission dans laquelle l'un des globules est plus petit que l'autre au début, en donne la preuve (fig. 4. — 1-2-3-4-5). Tandis que d'après les auteurs, la signification des cellules serait fig. 4 bis. — 1-2-3-5.

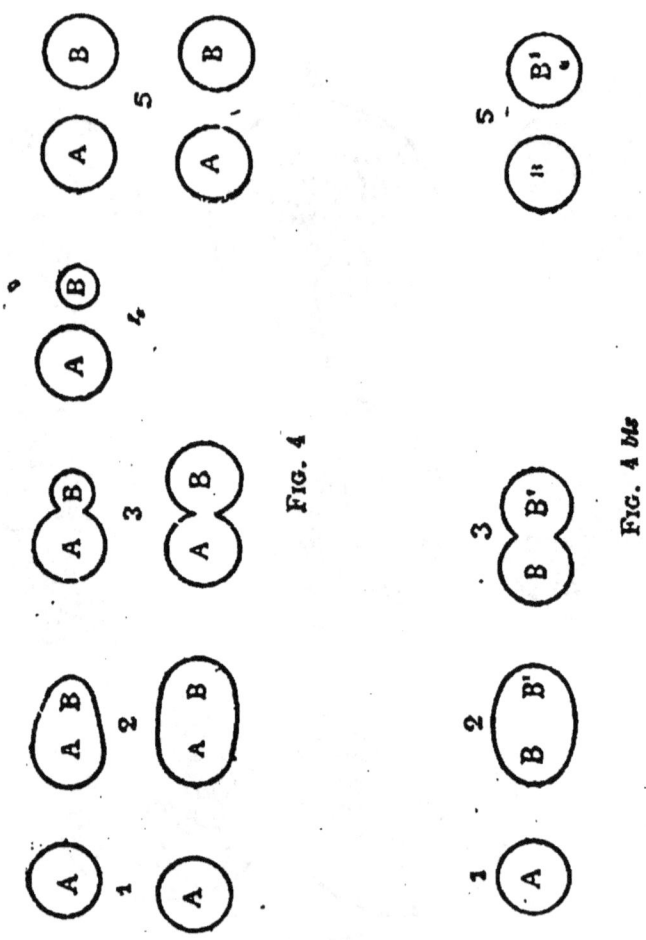

Mais le processus de la génération ne nous explique pas pourquoi à un moment donné de la vie du globule, la génération se produit. Il ne nous explique pas non plus d'où vient *cette provision de germes* ou centrosomes qui constitue le noyau. Pourquoi y a-t-il un noyau dans les globules? Le problème n'a, je crois, jamais été résolu; je vais essayer de le résoudre.

22. Mort du globule; ses causes. — Les êtres vivants, après un temps variable pour chacun d'eux, meurent; — or, qu'est-ce que la mort?

Les manifestations de la vie dépendent d'une part de l'intégrité du milieu extérieur physique et chimique, d'autre part de l'intégrité de la composition chimique du sarcosome.

Nous ne voyons pas que la composition chimique du sarcosome soit jamais altérée par une cause purement interne, tandis que nous voyons au contraire les causes externes réagir sur cette composition ou sur sa constitution moléculaire.

Les variations du milieu physique (lumière, chaleur, électricité) peuvent arrêter pour un temps les manifestations de la vie, si elles varient dans de certaines limites. Le globule passe alors à l'état de *vie latente avec les apparences de la mort;* mais il peut, si les conditions extérieures redeviennent normales, repasser à l'état de *vie manifestée*. L'intensité de celle-ci varie d'ailleurs avec ces mêmes variations, c'est pourquoi l'on dit que cette vie est *oscillante*. Mais si les variations de milieu physique dépassent une certaine limite, alors la composition chimique du globule est altérée, le sarcode est décomposé et les manifestations vitales disparaissent sans possibilité de retour. On dit alors que le globule est réellement mort, c'est la *mort réelle*. Celle-ci s'observe encore par suite de causes purement mécaniques, dans l'écrasement par exemple.

Les variations du milieu chimique produisent de même la mort réelle. Que des substances en suspension ou en dissolution dans ce milieu, amènent à la longue l'encrassement, l'incrustation, la calcification de l'espèce de membrane qui entoure le globule, les échanges nutritifs ne pourront plus avoir lieu, la composition chimique du sarcode sera altérée d'abord, ensuite ce sarcode se décomposera, il mourra. Il en est de même s'il absorbe un poison qui détruise les composés organiques dont il est formé.

La mort nous apparaît donc comme due uniquement à des causes extrinsèques et jamais comme dérivant d'une nécessité interne. Si les milieux extérieurs ne variaient jamais, si l'être vivant était toujours plongé dans un milieu parfaitement convenable, il ne mourrait jamais, sa vie aurait une durée indéfinie, il réaliserait *la vie éternelle*.

Il peut se faire que ce cas se présente pour quelques globules sur notre Terre, mais en général, il arrive toujours un moment où les altérations plus ou moins continues des milieux extérieurs produisent des changements tels dans la constitution du globule que la vie finit par ne plus pouvoir se manifester et que le globule meurt de mort réelle. — Et comme chaque espèce de protozoaire vit dans un ensemble de conditions externes déterminées, les variations qui se produisent dans ces conditions dans un temps donné, amèneront les mêmes altérations moléculaires dans le sarcode des individus de la même espèce, dans ce temps donné. La *durée de la vie* dans cette espèce sera donc à peu près la même pour tous ses représentants. Telle est la cause de la mort chez les êtres simples et libres que nous étudions.

Mais la mort réelle, c'est-à-dire la décomposition sans retour porte-t-elle sur toutes les parties du globule? — Non, la décomposition ne peut porter que sur le sarcosome, l'aérosome, lui, ne peut être que fort peu atteint, et la psychée ne peut pas l'être du tout. L'aérosome n'étant pas composé en majeure partie d'atomes chimiques, il ne peut être soumis aux lois chimiques de la décomposition. Quelques-unes de ses particules, il est vrai, peuvent être décomposées, mais la matière radiante et l'éther qui le constituent en grande partie ne peuvent pas l'être. Si d'ailleurs certaines particules sont décomposées, elles passent à l'état radiant. Donc point de mort pour la psychée, ni pour l'aérosome, tous deux survivent à la mort du sarcosome et restent unis ensemble.

Il est vrai qu'à cause de la structure raréfiée qui

rend parfaitement transparent le système résultant de l'union de la psychée avec l'aérosome, l'être qui survit est normalement *invisible*, mais cette invisibilité ne prouve pas sa non existence, car lorsqu'on prépare par exemple de l'hydrogène on ne voit pas le gaz qu'on a devant soi et cependant on ne doute pas de son existence. Et si l'on possède d'autres moyens que la vision directe pour constater la présence réelle de l'hydrogène, nous verrons plus loin que nous possédons aussi des moyens pour constater la présence réelle de l'aérosome.

De toute façon, on voit donc que l'être vivant est *immortel*. Ce que l'on appelle la mort ne peut frapper qu'une portion de lui-même, la portion la plus grossière, elle n'est que l'un des deux cas qui peuvent *suspendre momentanément la vie manifestée*. Celle-ci peut être en effet suspendue: 1° sans dépouillement d'aucune partie du corps, c'est la vie latente sous forme de mort apparente; 2° avec dépouillement d'une partie du corps (le sarcosome), c'est la vie latente sous forme de mort réelle. Mais dans l'un et l'autre cas, l'être peut de nouveau manifester la vie: dans le premier cas, c'est par *réveil*, dans le second cas par *renaissance*.

23. Renaissance du globule. — Le globule vivant dépouillé de son sarcosome se trouve toujours en conflit avec les forces qui constituent le milieu physique: la chaleur, la lumière, l'électricité, le magnétisme terrestre. Il a même à lutter contre les autres êtres qui se trouvent dans le même état que lui, et qui, plus forts que lui, veulent le dévorer, absolument comme cela se passe dans la vie manifestée. Que fait alors le protozoaire pour échapper à ses ennemis? Il condense son aérosome sur sa psychée et forme alors une sorte d'atome ou de *molécule-germe*.

Répandus dans l'air, dans l'eau, sur tous les corps, les molécules-germes attendent pour évoluer les conditions favorables. Dès qu'en un lieu quelconque les conditions de développement sont réalisées, la molécule-germe vient s'y dilater et s'entourer de protoplasma. Telle est l'origine des centrosomes accumulés dans le noyau du globule vivant. Ce sont des molécules-germes venues du dehors, ayant déjà résidé dans des êtres de la même espèce, ayant vécu même d'une vie manifestée et qui après la mort et leur dispersion dans l'espace, sont revenues s'accumuler dans un autre être vivant de même espèce pour s'entourer d'abord d'une première enveloppe, celle du centrosome, et puis d'un sarcosome tout entier. C'est ainsi que l'être mort renaît et que tout protozoaire passe par des alternatives de vie latente et de vie manifestée en refaisant son sarcosome.

On comprend maintenant la nécessité de *la génération*. Aussitôt que le sarcosome d'un globule a acquis une masse et une force suffisante pour n'avoir plus rien à craindre pour sa vie, une molécule germe dans un centrosome, se *réveille*, se *dilate*, *évolue*, se forme un sarcosome aux dépens du sarcosome récepteur et puis s'en sépare pour vivre d'une vie indépendante. En même temps, pour assurer la continuité de la vie, une partie de la provision de germes du globule maternel passe dans le globule fils et telle est la raison de la division du noyau.

CHAPITRE II

LA VIE DU SARCOSOME

24. Vie élémentaire et Vie d'ensemble. — Nous avons vu que la partie vivante du corps d'un métazoaire ou d'un métaphyte, est composée d'un nombre plus ou moins grand (60 trillions pour le corps humain) de globules semblables aux globules libres dont nous venons d'étudier la vie. Mais il est très rare que tous ces globules soient de même espèce, presque chez tous les métazoaires ils sont différenciés. Cette différenciation des globules ne se fait pas seulement quant à leur position et quant à leur forme, elle se fait aussi au point de vue physiologique. Elle consiste en ce que les globules *se spécialisent* par l'exagération de l'une de ses fonctions au détriment des autres. C'est ainsi que chez certains d'entre eux, c'est la contractilité qui prédomine; que d'autres sont plus spécialement consacrés aux échanges, d'autres à la génération, etc. Mais chaque *élément anatomique* (c'est ainsi que l'on désigne les globules fixés) en manifestant avec exagération une propriété, possède naturellement les autres sans lesquelles il ne vivrait pas.

Il résulte de là que l'animal ou la plante, au lieu d'être une unité indivisible, est *une multitude, une nation*, comme le dit Hegel; il sort d'un ancêtre globulaire commun, comme le peuple juif d'Abraham (n° 17).

« Nous nous représentons maintenant l'être vivant complexe, animal ou plante, avec sa forme qui le distingue de tout autre, comme une cité populeuse que mille traits distinguent de la cité voisine. — Les éléments de cette cité sont indépendants et autonomes au même titre que les éléments anatomiques de l'organisme. Les uns comme les autres ont en eux-mêmes le ressort de leur vie, qu'ils n'empruntent ni ne soutirent des voisins ou de l'ensemble. Tous ces habitants vivent en définitive de même, se nourrissent, respirent de la même façon, possédant tous les mêmes facultés générales, celles de l'homme; mais chacun a, en outre, son métier, son industrie, ses aptitudes, ses talents par lesquels il contribue à la vie sociale et par lesquels il en dépend à son tour. Les corps d'état, le maçon, le boulanger, le boucher, le manufacturier, l'artiste, exécutent des tâches diverses et fournissent des produits différents et d'autant plus variés, plus nombreux et plus nuancés, que l'état social est parvenu à un plus haut degré de perfection. L'être vivant, animal ou plante, est une cité de ce genre (1). »

L'animal complexe est donc organisé comme une cité. — Mais la loi supérieure de la cité c'est que les conditions de la vie élémentaire ou individuelle de tous les citoyens anatomiques y soient respectées, ces conditions étant les mêmes pour tous. Il faut que les aliments, l'air et la lumière soient amenés partout à chaque élément sédentaire, et que les déchets soient emportés aux décharges qui débarrasseront l'agglomération de l'incommodité ou du danger de ces débris; c'est pour cela qu'existent les divers appareils de l'économie circulatoire, respiratoire, excréteur. L'organisation de l'agglomération est donc dominée par les nécessités de la vie globulaire. L'édifice organique est constitué de manière qu'il soit fourni à chaque élément anatomique les conditions et les matériaux nécessaires à l'entretien de sa vie et à l'exercice de son activité.

Ainsi la vie de l'animal complexe, du métazoaire, comporte deux degrés: à la base, l'activité propre à chaque globule, la *vie élémentaire*, la vie globulaire; au-dessus, les formes d'activité résultant de l'association des globules, la *vie d'ensemble*, somme ou plutôt complexus des vies particelles élémentaires.

25. Vie des globules fixés. — Les globules qui ont pour spécialité de présider aux échanges des matériaux tapissent la surface externe du sarcosome ou les surfaces des cavités internes. Certains d'entre eux agissent comme barrière: ils sont imperméables et s'opposent exactement aux phénomènes de passage, ce sont des *globules neutres*. D'autres absorbent au contraire activement les gaz et les substances du milieu vital nécessaires à la nutrition : ce sont les *globules d'absorption*. Enfin une autre catégorie attirent à eux certaines substances contenues dans les

---

(1) A. Dastre. *La vie et la mort.*

tissus ou liquides voisins et en débarrassent l'organisme dont ils se détachent eux-mêmes : ce sont les *globules de sécrétion*.

Tassés les uns contre les autres, ces globules ont la faculté de sécréter autour d'eux, une mince couche de substance qui les sépare et les agglutine en un tissu qu'on nomme *tissu épithélial*. Cette substance transparente et molle forme au-dessous et au-dessus des surfaces épithéliales des couches continues *(membrane basale, plateau cuticulaire)*.

La compression régulière que les globules épithéliaux exercent latéralement les uns sur les autres en raison même de leur accroissement en tout sens leur fait prendre des formes polygonales ou aplaties. D'autres fois ils deviennent cylindriques. Lorsqu'ils sont aplatis pour former un carrelage ou paviment, on a l'épithélium *pavimenteux;* quand ils sont cylindriques, on a l'épithélium *cylindrique*. Lorsque les globules sont ciliés, on a l'épithélium *vibratile*. Enfin si les globules sont superposés, on a l'épithélium *stratifié*.

D'autres globules à forme ordinairement étoilée sont distribués sous les épithéliums. Ils sécrètent d'abord une substance transparente, muqueuse, formant une sorte de lien glaireux entre les globules. C'est la substance fondamentale ou unissante du tissu *muqueux*. Bientôt dans cette substance transparente apparaissent, suivant un mode inconnu, des *fibrilles* qui se groupent en faisceaux. Ce sont les faisceaux de fibrilles *conjonctives*, faisceaux non rigides, mais inextensibles. Des fibres d'une autre nature apparaissent ensuite. Ce sont les *fibres élastiques*, extensibles, comme leur nom l'indique. Ces deux sortes d'éléments forment toute la trame résistante des divers tissus conjonctifs. Dans la masse énorme de ces tissus, qu'ils soient lâches ou condensés, et qui constituent pour ainsi dire la charpente même du sarcosome, les faisceaux de fibrilles et les fibres élastiques se prêtent un mutuel concours. La substance unissante du tissu muqueux continue à les envelopper de sa gelée et à les réunir.

En certaines régions du corps, le tissu primitif évolue vers une autre forme: ses globules sécrètent une substance interglobulaire, encore transparente, mais à réaction spéciale. Cette substance s'interpose entre les globules, les isole de plus en plus au fur et à mesure de sa formation. C'est la substance fondamentale du *cartilage*. Elle peut s'inclure de fibres élastiques ou s'imprégner encore de sels calcaires. Enfin, les globules du tissu primitif peuvent évoluer vers la forme *osseuse*. Ils sécrètent une substance fondamentale, dure, rigide, pierreuse; la substance fondamentale de l'os.

Des globules à forme allongée qui se sont spécialisés pour la *contractilité* se soudent bout à bout de façon à former une fibre variqueuse, avec noyaux allongés de place en place et contenu granuleux pour constituer la *fibre musculaire lisse* dans laquelle on distingue encore tous les éléments du globule. Enfin si cette fibre se régularise, si la fusion des globules devient complète, on a la *fibre musculaire striée* dans laquelle les granulations du contenu se groupent en séries transversales. Les fibres musculaires, en se réunissant en faisceaux forment les *muscles*.

Enfin d'autres globules munis de prolongements en s'agglomérant forment les masses encéphaliques et ganglionnaires, tandis que certains autres en s'ajoutant bout à bout et en enfermant les longs prolongements des cellules précédentes ou *nerveuses* constituent les *fibres nerveuses*. Celles-ci en se réunissant en faisceaux forment les nerfs.

C'est dans les cavités et les interstices de tous ces tissus que circule le *milieu vital* qui imbibe aussi leur substance unissante. Il est la partie purement liquide des tissus, l'atmosphère *liquide*, selon l'expression de M. R. Quinton, baignant tout globule doué de vie et où celui-ci trouve le milieu propre à sa vie et à sa rénovation. Le milieu vital s'oppose ainsi d'une façon absolue à la matière vivante, comme le liquide de culture s'oppose à la bactérie qui y cultive. Le milieu vital est *le liquide de culture des globules*. Son importance quantitative est considérable, car chez le vertébré supérieur, le milieu vital peut être évalué au tiers du poids du sarcosome.

26. Mort des globules fixés. — Les globules épithéliaux doués de vie sont en continuelle prolifération; mais soit que la nutrition ne soit pas suffisamment assurée au delà des premiers rangs globulaires (les vaisseaux ne pénètrent pas l'épithélium), soit par suite de toute autre cause, les globules des rangs plus éloignés se déforment, se mortifient peu à peu et composent une couche externe de globules encore parfaitement reconnaissables, à noyau visible, mais aplatis, desséchés, sans vie, *morts*, privés du protoplasma granuleux du globule vivant. Ce protoplasma est remplacé par une substance nouvelle, la kératine.

Les ongles, les griffes, les serres, les sabots, le bec, les cornes, les écailles des reptiles, les cheveux, la laine, les plumes, etc., toutes productions épidermiques, sont invariablement composées par le squelette de ces globules morts, plus ou moins pressés les uns contre les autres, plus ou moins modifiés par le phénomène de la kératinisation.

D'autres fois les globules morts et desséchés tombent en poussière et constituent le furfur épidermique produit de la desquamation incessante de l'épiderme.

Plus fréquemment les globules fixés meurent d'une autre manière. Le globule s'infiltre de graisse ou d'autres substances sur lesquelles il exerce une puissante attraction; puis il se liquéfie, il tombe en déliquium, et ses débris forment divers liquides; tel est le mécanisme de la plupart des *sécrétions;* telle est l'origine de la plupart des *liquides sécrétés*. — Ceux-ci se divisent en trois groupes celui des matières sécrétées récrémentielles (salive, bile, suc gastrique, etc.);

celui des matières sécrétées excrémentielles (urine, sueur, etc.); et celui des matières sécrétées formatives (lait).

Quant aux globules des divers tissus conjonctifs, connus sous le nom de *globules plasmatiques*, ils semblent se momifier au milieu de leurs tissus, mais la plupart conservent à l'état latent leurs propriétés vitales.

Alors, à un moment donné, sous l'influence d'une excitation suffisante, ils se réveillent tout à coup et se mettent à fonctionner activement, soit en réparant des brèches faites aux tissus, soit en donnant naissance à des produits nouveaux, le plus souvent pathologiques.

27. Résumé : composition du Sarcosome. —
Si nous résumons tout ce que nous avons dit jusqu'ici sur le *sarcosome* ou *corps charnel* des métazoaires, nous voyons que ce corps se compose :

1° De l'ensemble des globules vivants de tous les tissus, ensemble qui forme la *partie vivante* du sarcosome.

2° Du *milieu vital*, liquide extraglobulaire, baignant les globules, leur fournissant, soit par contact direct, soit par la voie des substances unissantes que ce liquide imbibe : A — le milieu chimique, propice à leur vie (eau de mer); B — les matériaux de nutrition.

3° De la substance *non vivante* et plus ou moins solide élaborée par les globules constituant la charpente du sarcosome.

4° Des produits des globules morts, constituant : 1° des couches de revêtement et de protection du sarcosome; 2° des liquides sécrétés, dont plusieurs servent au fonctionnement de ce sarcosome.

Chez les animaux supérieurs : la partie vivante compte pour un tiers dans la composition du sarcosome; le milieu vital pour un autre tiers et toutes les autres substances non vivantes ou mortes pour le dernier tiers.

LIVRE II

Du Psycholone

28. Idée générale d'un Psycholone. — Nous avons vu (n° 20, d) que chaque globule est dirigé dans tous ses actes par une monade supérieure à toutes celles qui composent son agrégat et que nous l'avons dénommée *monade dominante* ou *psychée*. Or, si le sarcosome d'un métazoaire résulte de l'agglomération d'un grand nombre de globules vivants, il s'ensuit qu'il doit exister aussi en lui, une agglomération d'un égal nombre de dominantes ou de psychées. A cet ensemble de psychées, je donne le nom de *Psycholone* (de ψυχή âme et τὸ ὅλον ensemble). Ce psycholone correspond à ce que les philsophes ont appelé jusqu'ici l'âme de l'animal.

Les psychées qui composent le psycholone, ne sont pas toutes égales entre elles; nous avons vu qu'elles se sont spécialisées par catégories, car la spécialisation des globules dont nous avons parlé est due à la spécialisation de leurs psychées. Il y en a de divers degrés de développement psychique. Mais le psycholone des animaux supérieurs est encore plus complexe. Ces animaux en effet sont, outre les globules, composés de métazoaires de divers ordres de complexité d'où il résulte dans leur psycholone la présence des dominantes propres à chacun de ces métazoaires inférieurs constituants. L'ordre de complexité des psycholones est donc le même que l'ordre de complexité des organismes constituants.

C'est ce qui sera mieux compris quand nous aurons fait passer sous les yeux du lecteur, les divers degrés de complexité des organismes métazoaires,

CHAPITRE I

DES DEGRÉS DE COMPLEXITÉ DU PSYCHOLONE

29. Des trois degrés de complexité organique des métazoaires. — Les animaux pluriglobulaires, encore appelés métazoaires, présentent trois degrés de complexité organique.

1º Agglomération d'une multitude de globules semblables ou peu différents les uns des autres, formant une sphère plus ou moins déformée *pleine* ou *creuse*. La symétrie de ces organismes est *sphérique*.

2º Agglomération de plusieurs organismes à symétrie sphérique autour d'un organisme central. La symétrie est *rayonnée*.

3º Réunion bout à bout de plusieurs organismes rayonnés. La symétrie est alors *bilatérale*. L'homme est compris dans ce troisième degré.

Ainsi des globules ou *individus élémentaires* que nous nommerons *plastides* s'agglomèrent pour former des *individus de deuxième ordre* que nous nommerons *mérides*. Les mérides s'agglomèrent pour former des *individus de troisième ordre* que nous nommerons *zoïdes*. Et des zoïdes se réunissent bout à bout pour former des *individus de quatrième ordre* que nous nommerons *dèmes*. L'homme est un *dème*. Il n'y a pas sur la terre, d'organismes supérieurs aux dèmes.

30. Les mérides. — Un globule ou plastide, peut par des divisions répétées engendrer plusieurs globules semblables à lui (nº 21). Lorsque ces globules au lieu de se séparer, restent associés, en conservant la même forme et les mêmes propriétés, ils composent un méride.

Or considérons un méride ayant la forme d'une

PLANCHE I

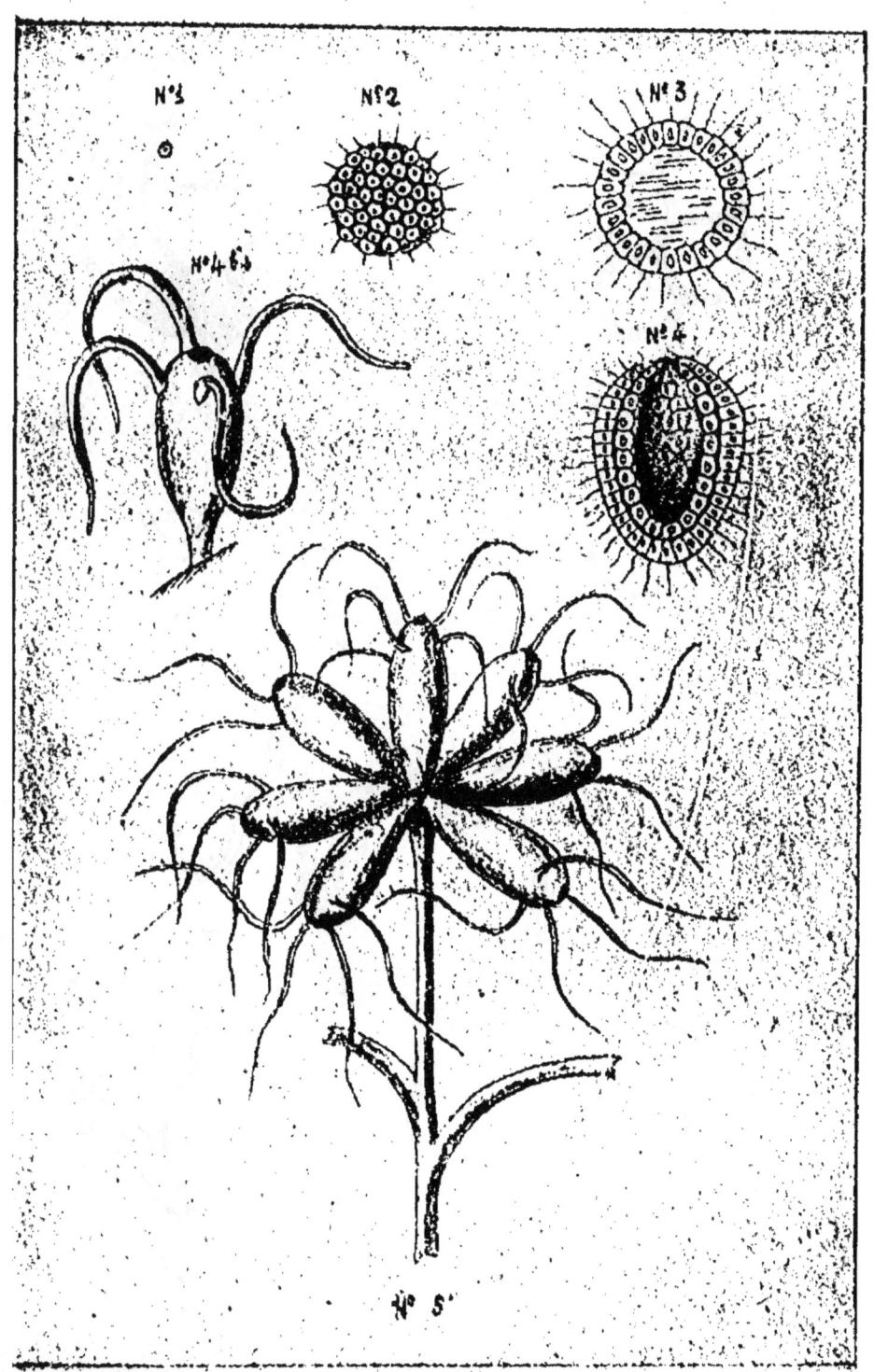

PLANCHE II

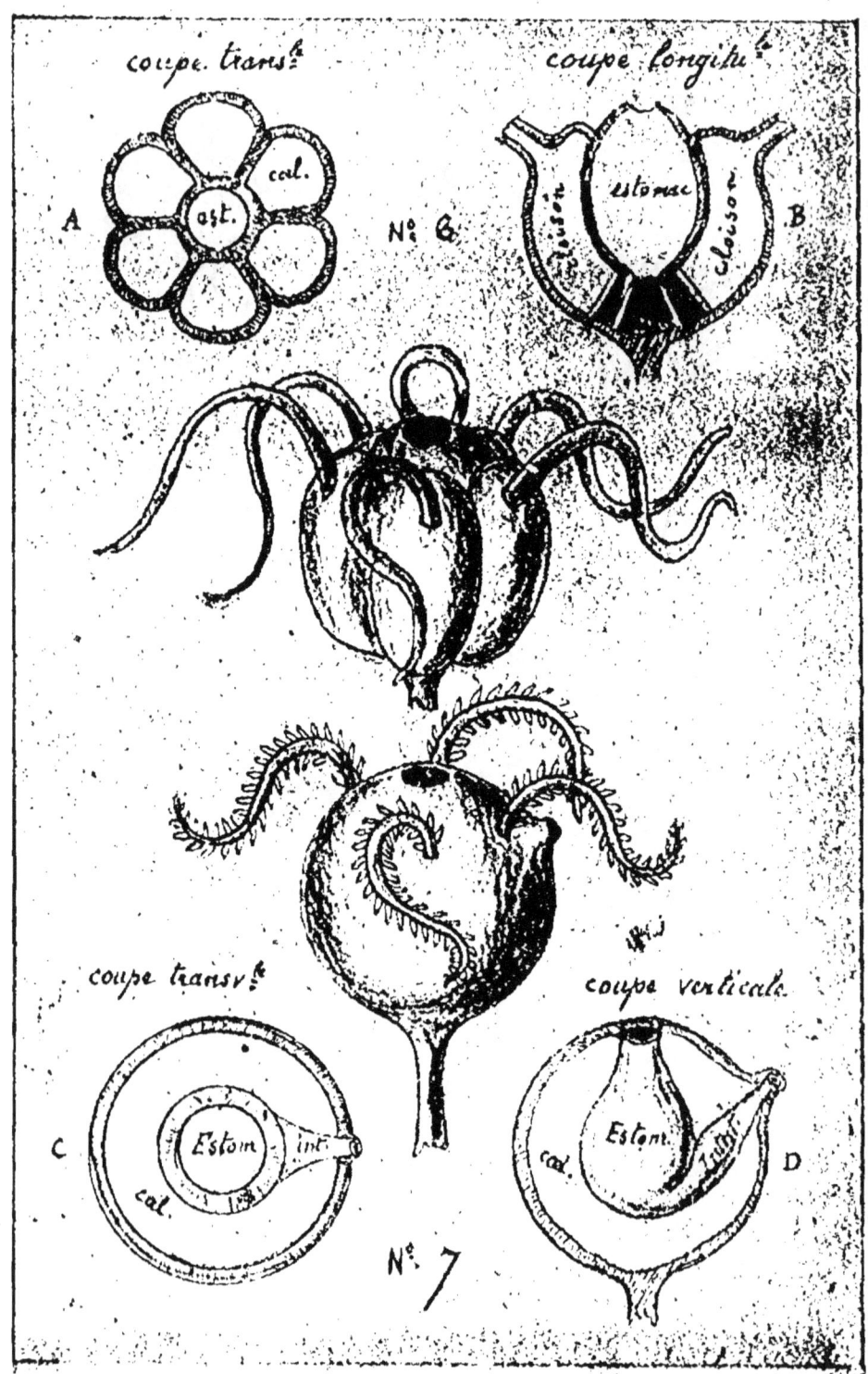

sphère pleine comme celui représenté par le n° 2 dans la Pl. I, et qu'à cause de son aspect on a comparé à une mûre et nommé *morula*. Sa symétrie est sphérique comme le montrent les appendices de sa surface externe tous dirigés dans le sens des rayons de la sphère. — Dans un pareil organisme, tous les globules étant semblables, les psychées globulaires ne diffèrent pas sensiblement les unes des autres et aucune d'elles n'a par conséquent qualité pour commander et diriger toutes les autres. Cependant, par la force des choses, sous peine du plus grand désordre dans les mouvements de l'être vivant, la psychée de l'un des globules de la surface prendra le commandement de l'animal, mais cela n'aura pas été sans lutte. Au début, ses voisines lui disputeront la direction; mais à la fin, elle deviendra supérieure aux autres et elle deviendra la *dominante* et la *directrice* de tout l'organisme. — Presque tous les végétaux dérivent de cette sphère pleine plus ou moins déformée, plus ou moins aplatie. Ces formes primitives des végétaux sont connues en botanique sous le nom de *thalles*.

Supposons maintenant qu'un liquide s'accumule au centre de la *morula* et repousse vers la surface tous les globules qui alors perdent la forme sphérique. Nous aurons ainsi une sphère creuse, composée d'un rang ou de deux rangs de globules, qui pourra être percée ou non d'une ouverture, et qu'on nomme dans un cas *blastula* (Pl. I, n° 3) et dans l'autre *gastrula* (Pl. I, n° 4). C'est de cette sphère creuse que dérivent toutes les *formes animales*. — Dans ce méride, il y aura encore une *dominante directrice*, comme dans la morula. Le psycholone d'une méride se compose donc de l'ensemble des psychées des globules constituants, dominées par la psychée de l'un d'eux. En supposant même que le sarcosome du globule auquel elle appartient meure et disparaisse, elle pourra rester dans le méride pour continuer à le diriger en vertu du n° 22.

Mais le lien qui unit entre elles toutes les psychées

d'un méride peut être facilement brisé. Si, à l'exemple de Tremblay, on divise l'animal en plusieurs morceaux, chaque portion continue à vivre et reforme une gastrule entière. Le psycholone du méride a donc été disloqué; les psychées sont restées attachées chacune à son globule en se séparant de la directrice et l'une des psychées de chaque fragment de l'animal primitif est devenue directrice d'un nouvel animal. Nous verrons que plus les globules sont différenciés, et que plus l'organisme est complexe et renferme de dominantes supérieures, moins il est facile de diviser l'organisme sans le tuer et moins il est facile de disloquer le psycholone.

Autour de l'ouverture orale d'une gastrule, il se forme ordinairement un verticille d'appendices creux dont la cavité communique avec la cavité centrale ou estomac primitif. La fig. 4 bis présente une gastrule munie de ses *tentacules*. La couche externe des globules porte le nom d'*ectoderme* et la couche interne l'*endoderme*. Le liquide qui dans la blastule occupait le centre de la sphère est contenu chez la gastrule dans la cavité plus ou moins mince qui sépare l'ectoderme de l'endoderme. Bientôt il se détache des deux couches primordiales des globules qui tombent dans le liquide interposé et qui exsudent une substance gélatineuse pour constituer le *mésoderme* origine comme nous l'avons vu (n° 25 de tous les tissus conjonctifs.

Les gastrules ont la propriété de bourgeonner comme les plantes et chaque bourgeon devient une gastrule (polype) qui reste fixée sur celle qui lui a donné naissance. Il se forme ainsi des êtres complexes qui rappellent par leur port les végétaux (zoophytes) chez lesquels on sait que les feuilles (analogues des polypes) affectent sur la tige des dispositions alternes, opposées et verticillées.

31. Les zoïdes. — Si tout autour de la base d'une gastrule allongée, nous imaginons qu'il bourgeonne un verticile de 4, 6, 8 gastrules ou polypes, nous obtiendrons un animal ayant la forme du n° 5, Pl. I. — ordinairement il se fait une spécialisation des fonctions dans le groupe des polypes. Celui du milieu conserve sa bouche et joue le rôle de nourricier du groupe, tandis que ceux qui forment le verticille sont des individus simplement préhenseurs dépourvus de bouche et munis d'un long tentacule. C'est ce qui est réalisé, par exemple, chez les *Bougainvillea*, les *Cladonema*, les *Podocorynes*, les *Syncorines*. — Si les polypes préhenseurs se soudent entre eux et se rabattant sur le polype nourricier se soudent aussi avec lui, nous aurons un animal représenté par le n° 6, Pl. II, et dont A et B donnent les coupes. — Si enfin les cloisons qui séparent les polypes rabattus et soudés viennent à disparaître, les deux coupes A, B deviendront les deux coupes n° 7 C et D. Dans ce cas, le polype du milieu constitue l'*estomac* qui se ferme à sa partie inférieure et ne communique plus avec la cavité qui l'entoure et qui prend le nom de *cœlome* ou cavité périviscérale. Nous avons ainsi un animal qui ressemble à une gastrule et se trouve composé d'un estomac, d'un ectoderme, d'un endoderme et d'un mésoderme, mais dont ce dernier est creusé d'une cavité péristomacale tapissée par un épithélium. Très souvent aussi, l'estomac se continue en un large tube qui vient s'ouvrir sur l'un des côtés de l'animal par un *anus*, n° 7, Pl. II. Tel est le *zoïde*.

Les globules qui forment ces organismes sont plus différents les uns des autres que dans les *mérides*. En même temps, il se forme de nouveaux organes.

Si les polypes rabattus sur le central sont au nombre de quatre, par exemple, on voit se former à la partie supérieure et interne de chacun d'eux un petit amas de cellules spéciales qui constituent quatre *cerveaux* rudimentaires ou *ganglions* destinés à accumuler le fluide éthéré. De chacun de ces cerveaux partent des appendices filamenteux et latéraux qui forment des *nerfs*. Les nerfs latéraux relient les quatre cerveaux entre eux et forment autour de la partie orale ou supérieure de l'estomac un *anneau ou collier nerveux*. — A la partie inférieure de l'estomac et extérieurement à cet organe, il se produit quatre diverticules formant une croix et ouverts à leurs extrémités, rudiment de ce qui sera plus tard un système circulatoire. Ces diverticules qui se séparent de l'estomac ont une disposition qui alterne avec celle des ganglions nerveux. — Enfin par une invagination interne du tégument externe, sur quatre points situés autour de la bouche, il se forme quatre petits tubes longs et minces, qui parfois se pelotonnent sur une partie de leur longueur et constituent les *reins* primitifs (1).

Dans le psycholone d'un pareil organisme, c'est la *dominante* de la gastrule centrale qui est devenue supérieure aux autres et par suite directrice générale de l'organisme. Les dominantes des différentes gastrules du primitif verticille, lui sont subordonnées, comme toutes les dominantes des globules sont subordonnées aux dominantes gastrulaires.

La section de l'animal sans amener la mort est ici plus difficile à exécuter que dans le méride, mais certains animaux du type zoïde la réalisent eux-mêmes. Un des meilleurs exemples est *l'étoile de mer*. Cet organisme est formé de cinq individus soudés à un individu médian. Seulement il est tellement aplati dans le sens vertical que les cinq individus font sur le pourtour une saillie très considérable, ce qui fait que l'animal a la forme d'une étoile à cinq branches. Or lorsqu'on saisit une étoile de mer par une de ses branches et qu'on la tire hors de l'eau, la branche reste dans vos doigts. L'étoile peut à volonté détacher ses cinq branches et chacune d'elles est capable de reconstituer un animal tout entier. Nous reviendrons sur ce singulier phénomène.

L'animal rayonné ou zoïde qui n'est point fixé au

---

(1) Pour ne pas compliquer les figures, je laisse de côté les organes générateurs.

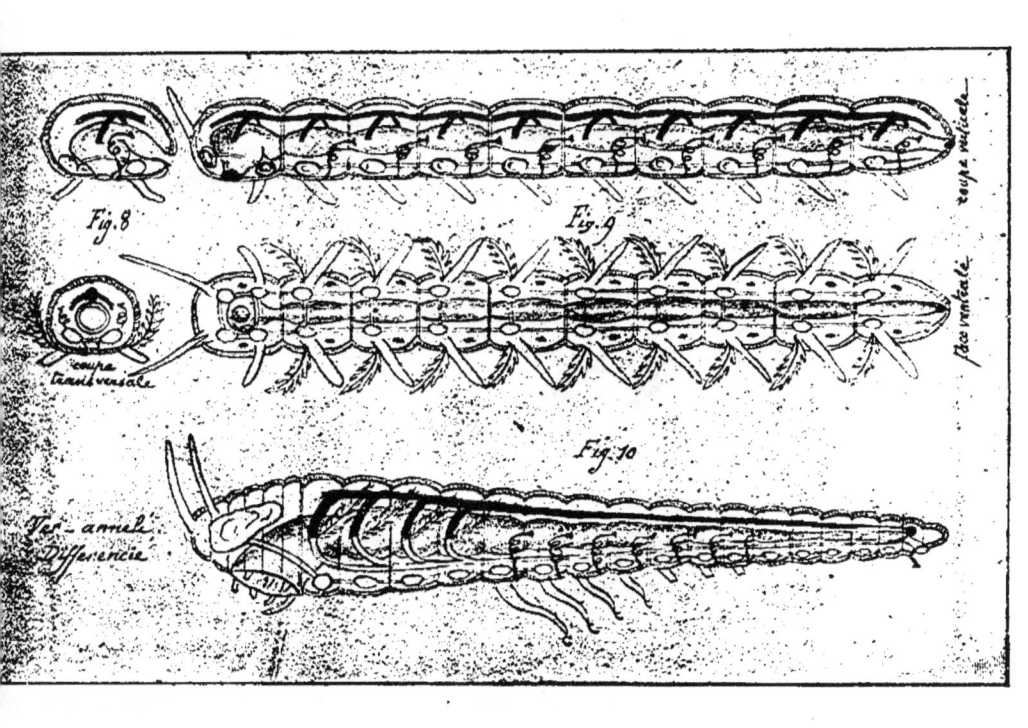

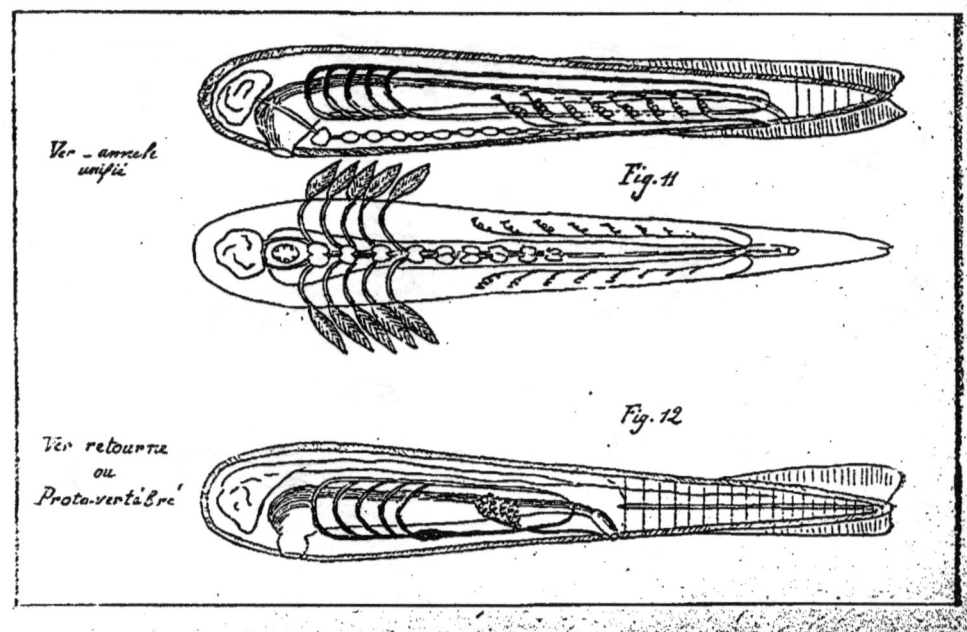

sol, nage dans la mer ou rampe au fond de l'eau. Il perd alors sa forme plus ou moins allongée dans le sens de l'axe qui passe par la bouche et le pôle opposé, pour s'aplatir plus ou moins. La face buccale est tournée vers la terre et se nomme la *face ventrale* et la face pôle aboral devient la *face dorsale* (n° 8, Pl. III). L'animal se meut sur le sol au moyen de ses tentacules devenus des *pattes*, et la locomotion s'exécute de telle sorte que l'anus suit toujours en arrière.

32. Les dèmes. — Si nous ajoutons bout à bout un nombre plus ou moins grand de zoïdes, nous aurons l'organisme à symétrie bilatérale dont le n° 9, Pl. III donne la représentation. Plusieurs remarques sont à faire.

L'examen de la figure montre que le zoïde qui est en tête a conservé sa bouche, son anneau nerveux composé de quatre ganglions et ses quatre pattes redevenues des tentacules; que le zoïde qui est à la queue n'a conservé que son anus, une paire de pattes et deux ganglions nerveux, que tous les zoïdes intermédiaires n'ont ni bouche, ni anus, mais seulement une partie de l'estomac, une paire de pattes et une paire de ganglions. Ces modifications se sont produites par suite de l'accolement des zoïdes composants et de la nécessité de faire communiquer tous les estomacs entre eux pour en faire un *tube digestif*.

Dans cet organisme qu'on nomme aussi *annelé* ou *articulé* parce qu'il est composé d'anneaux ou d'articles, la dominante totale est celle du zoïde tête. Elle a sous sa dépendance les dominantes des autres zoïdes, qui ont sous leur dépendance les dominantes des mérides, qui elles-mêmes, ont sous leur dépendance, les dominantes globulaires.

La section de l'organisme annelé ne peut être faite dans un sens quelconque, elle doit toujours passer par les plans de séparation des anneaux. La dominante d'un anneau quelconque devient alors la dominante générale de tous les zoïdes qui la suivent.

Comme nous l'avons déjà dit, il n'existe pas sur la terre, d'organismes dont le degré de complexité soit supérieur au type annelé. Ce qui ne veut pas dire qu'il n'y a pas des animaux *plus perfectionnés* que celui qui est ici figuré. C'est ce que nous allons apprendre dans le chapitre suivant.

CHAPITRE II

PERFECTIONNEMENT DU PSYCHOLONE

33. Différenciation des zoïdes ou zoonites. — Laissant de côté tous les psycholones des métazoaires inférieurs aux annelés, nous ne considérerons ici que le perfectionnement du psycholone du troisième degré de complexité, et celui qui lui correspond dans le sarcosome.

Un premier degré de perfectionnement s'obtient par la différenciation des anneaux. D'abord tous n'ont pas la même dimension (n° 10, P. III). Plusieurs anneaux composent la tête et contribuent à l'agrandissement de la bouche et à celui du cerveau. Les appendices de ces anneaux deviennent soit des tentacules, soit des organes entourant la bouche et servant à broyer les aliments. Les anneaux qui suivent la tête augmentent de diamètre, puis ce diamètre diminue plus ou moins rapidement jusqu'à l'extrémité opposée. La région qui suit la tête prend le nom de *thorax* et celle qui suit le thorax, le nom d'*abdomen*. Parfois celui-ci est lui-même suivi d'une région plus ou moins atrophiée, le *post-abdomen* ou *queue*. Les appendices des anneaux du thorax prennent en général un grand développement, ceux de l'abdomen vont en diminuant et manquent dans la queue. Quelquefois cependant on en voit des rudiments dans le post-abdomen, et ils manquent absolument dans l'abdomen, à l'intérieur, les vaisseaux subissent des modifications analogues.

Les premières pattes tantôt se dédoublent en pattes proprement dites et en une sorte de panache servant à la respiration qu'on nomme *branchies*, tantôt les branchies existent seules, tantôt les branchies sont desséchées et atteignent un grand développement pour constituer des ailes (insectes).

34. Unification de l'organisme.

Un second degré de perfectionnement s'obtient par l'unification de l'organisme. D'abord la trace extérieure des anneaux s'efface et la surface de l'animal devient uniforme. Puis les cloisons fibreuses qui séparent les différents anneaux disparaissent en grande partie ne laissant que des *vestiges* (1). Les traces de segmentation qu'on remarquait sur le tube digestif s'effacent aussi. Les ganglions nerveux se rapprochent de la ligne médiane et se soudent deux à deux. Enfin les reins, au lieu de déboucher au dehors chacun par une ouverture spéciale, débouchent de chaque côté dans un tube commun qui les réunit tous, et les deux tubes se rejoignent pour déboucher dans le tube digestif, près de l'anus (n° 11, Pl. IV).

Les pattes ambulatoires peuvent disparaître, même les pattes mâchoires, et il ne reste plus de chaque côté de l'animal que quelques branchies. En revanche, pour mieux permettre à l'organisme de nager par des mouvements ondulatoires, le post-abdomen s'aplatit latéralement, et il se forme sur la ligne médiane du dos et du ventre une membrane plissée continue ou discontinue.

---

(1) *Origine du squelette des animaux vertébrés.*

35. Développement du système nerveux et du squelette.

— Une troisième modification d'une extrême importance se produit. Le système nerveux, prend un très grand développement, par la soudure de tous les ganglions nerveux bout à bout, et par le volume exceptionnel qu'acquiert le cerveau. Il en résulte que le collier œsophagien n'existe plus, que la bouche ne peut plus se produire sur la face ventrale de l'animal et qu'elle est obligée de se former sur sa face dorsale. Or, comme c'est la position de la bouche qui détermine la face ventrale du corps, celle qui se tourne vers le sol, l'attitude du nouvel organisme ainsi modifié va être l'inverse de celle des organismes examinés plus haut, c'est-à-dire que la face dorsale deviendra la ventrale, et la ventrale la dorsale. Dès lors, l'anus s'ouvrira aussi sur cette face ventrale n° 12, Pl. IV).

A partir de ce moment, une nouvelle formation va se développer dans l'organisme, les restes des cloisons fibreuses vont s'épaissir et se transformer en arcs vertébraux. Ces cloisons épaississent leur partie médiane ; ces épaississements se rejoignent et finissent par former un *cordon* médian qui unit toutes les cloisons défoncées en haut et en bas, les unes aux autres. Ce cordon et les restes périphériques des cloisons deviennent pour la plupart cartilagineux, puis osseux et telle est l'origine du squelette des animaux supérieurs appelés *vertébrés* (fig. 5).

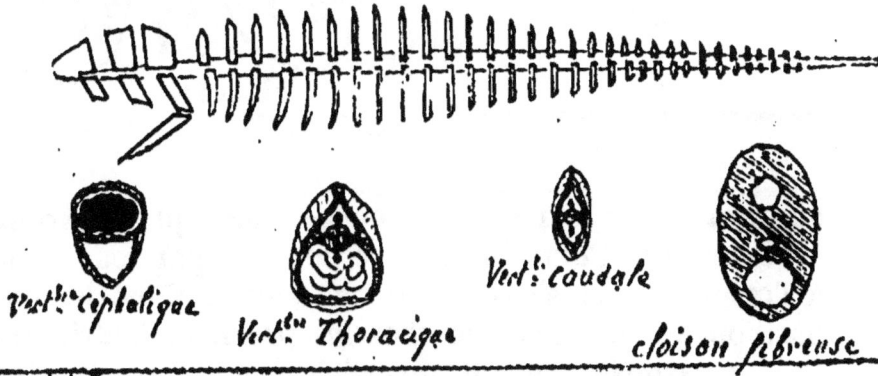

Fig. 5

36. Passage de la vie aquatique à la vie aérienne. — Le dernier organisme *vermiforme* perfectionné que nous venons de faire connaître est muni de *branchies externes* qui servent à la respiration aquatique. Mais il peut perdre ces branchies pour en acquérir d'autres qui sont *internes* et qui sont ici représentées (fig. 6). Ce sont d'abord des sacs garnis

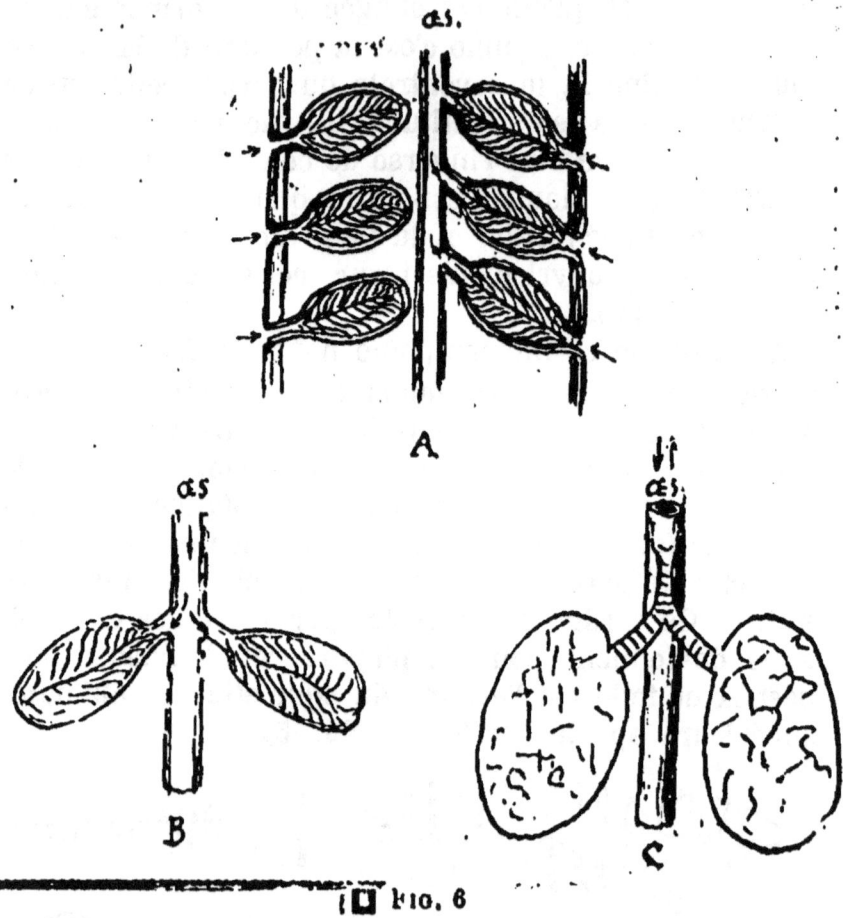

Fig. 6

de franges sur leur surface interne, sacs qui s'ouvrent à l'extérieur. Puis ces sacs se soudent par leur fond à l'œsophage et s'ouvrent dans celui-ci. C'est la disposition qu'on remarque chez les *poissons inférieurs*. Ces poissons peuvent acquérir de nouveau des membres. Ils sont au nombre de deux paires : l'une

5.

est située immédiatement en arrière des branchies ; l'autre, immédiatement avant la queue. L'animal étant aquatique, ces deux paires de membres sont des nageoires qui peuvent affecter les deux formes représentées par la fig. 7, n°s 1 et 2.

Pour s'adapter à la vie aérienne, le poisson doit d'abord modifier son appareil respiratoire. Pour cela, certaines de ses branchies internes se transforment en oreilles *externes* et *moyennes*, et une paire de ses sacs branchiaux se détachent de la paroi du corps et ferment l'ouverture qui les mettait en communication avec l'extérieur ; ils ne communiquent plus qu'avec l'intérieur de l'œsophage. Ils augmentent de volume les vaisseaux sanguins se multiplient sur leurs parois, ils se pédonculisent et les deux pédoncules creux se réunissent en un seul tube (fig. 6). L'animal a perdu ses branchies, appareil respiratoire aquatique, pour les remplacer par des *poumons*, appareil respiratoire aérien. Il peut désormais nager à la surface de l'eau.

37. Passage à la locomotion terrestre. —
Pour sortir tout à fait de l'eau et venir habiter la terre ferme, il faut maintenant que l'animal transforme ses

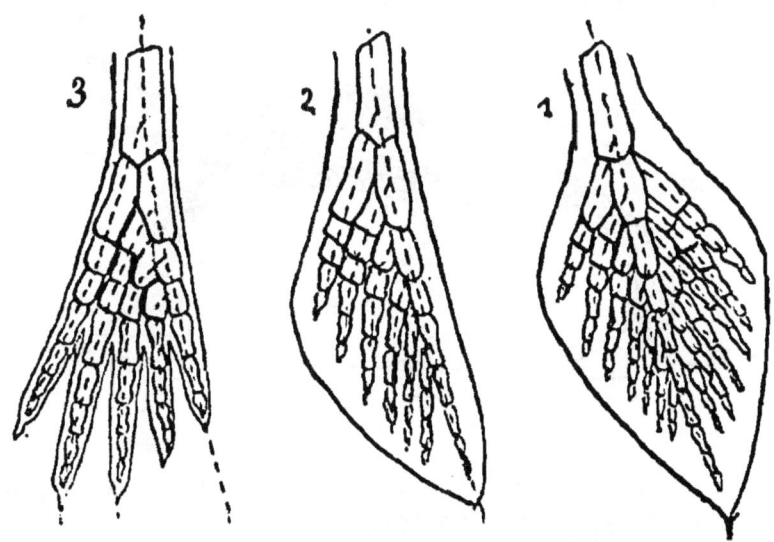

Fig. 7

nageoires, en pattes à cinq doigts. Les fig. 15. 1, 2, 3 montrent comment se fait cette transformation. Mais ce n'est pas tout. Chez l'animal nageur, même après les modifications qui précèdent ; les pattes de devant sont semblables à celles de derrière, toutes les deux ont un genou comme l'indique la fig. 8 1. Pour qu'il

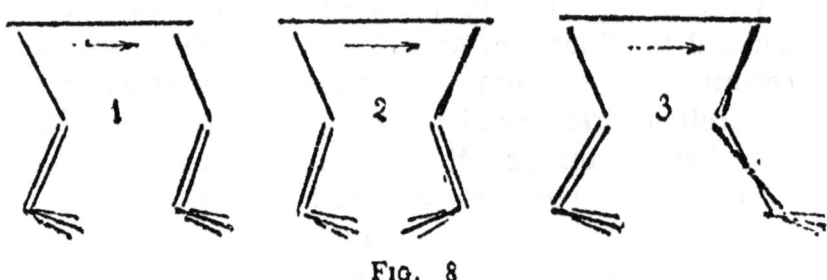

Fig. 8

se produise un coude, il faut que l'*humérus* ou bras exécute une torsion de 180°, et on remarque cette conformation chez tous les animaux terrestres. Mais alors (fig. 8 2) la main est tournée en arrière.

Pour la ramener en avant, il faut que le *radius* puisse se croiser avec le *cubitus*, et c'est ce qui a lieu en effet (fig. 8 3).

En même temps que se produisent les modifications des membres, la queue se réduit à n'être plus que la prolongation du cordon médian, qui ossifié porte le nom de *colonne vertébrale*. L'organisme

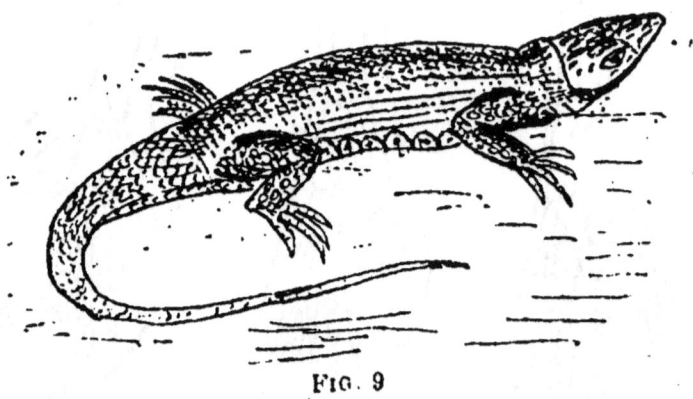

Fig. 9

prend alors la forme indiquée par la fig. 9. Les pattes sont courtes, le ventre touche à terre, c'est la *forme reptilienne.* Mais les pattes s'allongeant, le ventre de l'animal se trouve porté à une certaine distance du sol (fig. 18). A un premier degré, l'animal s'appuie sur le sol avec toute la face inférieure de son pied et celle

Fig. 10

de sa main, il est *plantigrade* (fig. 10), à un second degré, la paume de la main et la plante du pied se redressent, cessent d'appuyer sur le sol et l'animal ne marchant plus que sur ses doigts est *digitigrade* (fig. 11, A) ; à un troisième degré, tous les doigts eux-mêmes se redressent, ne portent sur le sol que par leur extrémité libre, dont les ongles forment des sabots le digitigrade est devenu *unguligrade* (fig. 11 B).

38. L'Homme. — L'homme est un animal *plantigrade.* Il n'est ni *carnivore,* ni *herbivore,* mais *frugivore* comme l'indique la conformation de ses dents. Toutefois, il peut devenir *omnivore.* Son régime alimentaire, le nombre de ses dents, tout son organisme, le rapprochent des *singes de l'ancien continent.*

Il s'est ainsi formé un groupe d'animaux les *Primarii*, qui d'après leurs habitudes ont pris trois conformations différentes. Les petites espèces sont devenues arboricoles et à pieds préhenseurs comme les mains, la longueur de leur quatre membres étant à peu près égale. Les grandes espèces ont pris l'habitude de vivre sous les lianes des forêts vierges et ont dû adapter la marche accroupie ; leurs membres antérieurs sont devenus plus longs que les postérieurs. De plus, obligés de lutter avec les grands animaux des fo-

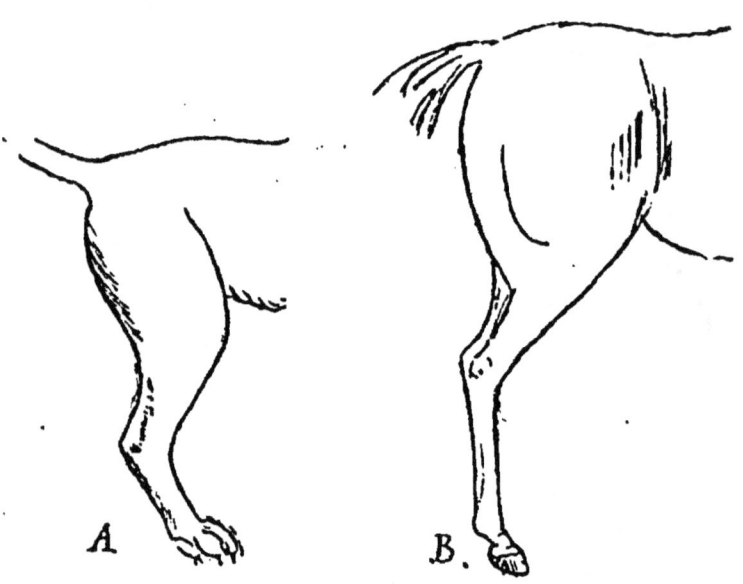

Fig. 11

rêts, leurs canines sont devenues formidables, et les muscles de leurs bras et de leur thorax très forts. Ce sont les *anthropoïdes*, fautivement nommés singes anthropomophes. D'autres grandes espèces ont fréquenté les plaines et les hauts plateaux couverts de graminées élevées, ils se sont dressés sur leurs membres postérieurs, les antérieurs étant devenus plus courts, et le pied n'a plus été préhensible. Ce sont les *hommes*.

La station verticale a amené chez ceux-ci quelques modifications secondaires commandées par l'équilibre et entr'autres, la diminution de la face et le grand développement de la masse encéphalique et du crâne.

Les perfectionnements successifs du *ver primitif* au point de vue organique ont marché de pair avec le perfectionnement psychique et par conséquent avec le développement des dominantes, et la dominante de l'homme est incontestablement supérieure à celle de tous les autres animaux. Plus les plasmides composant le sarcosome se sont différenciées, plus se sont diversifiés les mérides et les zoïdes constituant l'organisme, plus se sont perfectionnées aussi les fonctions vitales et les facultés psychiques.

Chez les animaux les plus supérieurs, les mammifères où figure à leur tête l'homme, toutes les parties de l'organisme ont tellement besoin les unes des autres pour vivre, sont tellement bien subordonnées les unes aux autres, et tellement liées entre elles, qu'elles ne peuvent plus être séparées expérimentalement, sans entraîner la mort du sarcosome tout entier. Par conséquent, toutes les monades composant le psycholone sont aussi inséparables les unes des autres. Quelques globules seuls peuvent en être distraits et continuer à vivre, pourvu qu'ils soient placés dans des conditions voulues (greffes).

CHAPITRE III

LE ROLE DU PSYCHOLONE
DANS LE SARCOSOME

39. Le rôle des psychées globulaires. — Les globules ou individus élémentaires qui entrent dans la composition d'un grand organisme, celui de l'homme par exemple, ne diffèrent des protozoaires qu'en ce que ces derniers étant libres, les autres ont perdu une grande partie de leur indépendance individuelle, pour se subordonner aux psychées supérieures du psycholone.

Dans tout globule de l'organisme humain, il se passe donc des phénomènes physico-chimiques et des phénomènes psychiques. Il y a : 1° la perception de l'objet extérieur contenu dans le liquide nourricier ou milieu vital qui le baigne ; 2° le choix entre plusieurs des substances qui lui conviennent ; 3° certains, exécutent des mouvements soit, pour rapprocher les corps et les saisir, soit afin de les éloigner.

Nous ne répéterons pas ici, ce que nous avons déjà dit touchant ces propriétés, à propos des protozoaires, car tout cela s'applique aux globules qui composent l'organisme humain. L'*élection alimentaire* dont le globule est doué est avant tout une propriété psychique, qu'on nomme aussi vitale, elle n'est pas une propriété purement chimique comme l'enseignent les matérialistes qu'ils soient *cinématiques* ou *énergétiques*. Le *mouvement volontaire* existe à l'intérieur des globules qui sont soudés les uns aux autres, quelquefois à leur extérieur comme on le voit chez ceux qui sont ciliés. Et quant au mouvement de translation, on le constate chez les globules migrateurs, chez les leucocytes et les spermatozoïdes. Nous avons rapporté plus haut l'opinion de Balbiani et nous pourrions citer d'autres savants.

Les actes des individus globulaires sont conscients et volontaires pour les psychées de chaque globule, mais ils sont inconscients et involontaires pour la dominante de tout l'organisme en dehors de laquelle ils s'accomplissent et pour les autres dominantes du sarcosome. Notre *moi*, ne peut pas avoir conscience de ce qui se passe chez les autres *moi*, comme les autres *moi* ne peuvent avoir conscience de ce qui se passe dans notre *moi*.

La psychée globulaire choisissant les matériaux du milieu vital qui lui conviennent pour s'en entourer et les garder, le sarcosome globulaire est l'œuvre de cette psychée. *Chaque psychée construit et conserve son sarcosome.*

La nutrition générale et proprement dite du sarcosome humain est ainsi due à l'ensemble des psychées globulaires en travail. Mais les autres dominantes de l'organisme exercent aussi leur influence sur elles. Ce sont d'abord les dominantes des mérides qui agissent sur elles directement, ensuite les dominantes des zoïdes par l'intermédiaire de celles des mérides ; en dernier lieu, la dominante totale par l'intermédiaire des précédentes.

40. Rôle des dominantes des mérides et des zoïdes. — Nous avons vu les *Etoiles de mer*, au moment où elles sont saisies par le pêcheur, se briser d'elles-mêmes en plusieurs pièces de terreur ou de désespoir. Si l'on conserve quelque temps dans l'eau de mer des *synaptes* vivantes et qu'on les soumette à un jeûne forcé, on est témoin d'un bien étrange phénomène. L'animal ne pouvant se nourrir, se retranche successivement à lui-même diverses parties de son corps ; il s'ampute volontairement. « On dirait, dit de Quatrefages, que l'animal sentant qu'il ne peut se nourrir tout entier, supprime successivement les parties dont l'entretien coûterait trop à l'ensemble, à peu près comme on chasse les bouches inutiles d'une ville assiégée. »

Ce singulier moyen de combattre la famine, la synapte l'emploie jusqu'au dernier moment. Au bout de quelques jours, en effet, il ne reste de l'animal qu'un petit ballon sphérique surmonté de tentacules. Pour conserver la vie de sa gastrule médiane, la synapte s'est retranchée successivement toutes les autres parties de son corps.

Réciproquement les *Echinodermes* jouissent au plus haut degré du phénomène de la *rédintégration*, c'est-à-dire de reconstituer les parties qu'ils ont perdues.

Ainsi l'intégrité du zoïde libre, sa dissociation ou sa rédintégration sont soumises à la volonté, aux émotions de ses centres psychiques. Il doit en être de même du zoïde qui est entré dans la composition d'un sarcosome supérieur. Seulement, il n'est pas entièrement libre de ses actes, parce qu'il a au-dessus de lui la dominate générale, et plus celle-ci domine, moins il est libre. La dissociation d'une partie du corps ne pourra donc pas s'exécuter aussi facilement, ni la rédintégration non plus, mais elles pourront cependant avoir lieu dans une certaine mesure. C'est ainsi que repoussent : la patte arrachée de la salamandre, la queue coupée du lézard, etc. Chez les mammifères et l'homme, la rédintégration sera impossible.

Et ces actes du zoïde composant notre corps sont bien conscients et volontaires. S'ils ne s'attestent pas à la conscience de *notre moi*, il ne s'ensuit pas qu'ils soient en eux-mêmes inconscients. Ils ne sont conscients et ne peuvent l'être que vis-à-vis d'eux-mêmes. Les sensations et les volitions de Paul peupeuvent-elles donc être présentes à la conscience de Pierre ? Il serait absurde de le supposer. Et secondement de ce que Pierre n'a pas conscience des sensations éprouvées par Paul, il serait insensé d'en conclure que Paul a des sensations dénuées de conscience, ou que ces sensations ne sont pas réelles, mais purement apparentes, et que Paul n'est qu'un pur automate.

Les dominantes de notre organisme emploient les ganglions sympathiques et spinaux pour commander aux viscères : cœur, poumons, estomac, intestin, vaisseaux, etc. Les mouvements produits sont dits *réflexes*. Or, les premiers rudiments de fonctions cardiaques et respiratoires, tels qu'ils se rencontrent chez les zoïdes libres, sont des mouvements qui s'accomplissent, non point avec une constance automatique, comme chez nous, mais à des intervalles plus ou moins réguliers. Ils ont lieu, selon Wjndt « sous l'influence directe de certains *instincts* nutritifs ». Or, les instincts nutritifs, qui sont l'origine de tous les autres, sont les types même de l'appétit forme rudimentaire de la volonté : ce sont des mouvements provoqués par des émotions plus ou moins vagues de malaise ou d'aise, en vue d'une fin qui « pour n'être pas pensée, n'est pas moins cherchée » a dit Pouillé : suppression de la peine et accroissement de plaisir. Il n'y a pas de réflexes chez les zoïdes libres, tout est volontaire et conscient.

C'est par la répétition et l'habitude que des mouvements à l'origine intelligents et volontaires sont devenus automatiques chez les organismes supérieurs. Quand l'intelligence d'un être est de plus en plus spécialisée, ses actes finissent par devenir automatiques et comme inintelligents. Les actions volontaires n'ont pas eu pour origine des réflexes, comme l'enseigne la science matérialiste, mais tout au contraire, les actions réflexes sont des actions volontaires devenues mécaniques, grâce aux modifications qu'elles ont imprimées peu à peu dans l'organisme héréditaire.

41. Rôle de la dominante générale. — La dominante générale exerce son influence sur les dominantes qui lui sont inférieures. Les mouvements rythmiques de la respiration sont moitié volontaires et moitié involontaires. En y faisant la moindre attention, nous avons conscience de ces mouvements et par la volonté, nous pouvons nous en emparer, les suspendre ou les précipiter. Les mouvements du cœur, chez certaines personnes peuvent être soumis à la volonté : il est des hommes qui suspendent à leur gré les battements de leur cœur.

On connaît l'action des soucis, des chagrins, des ambitions déçues sur la genèse des maladies par ralentissement de la nutrition. On connaît aussi les effets de l'imagination sur la peau qui va jusqu'à la production de plaies sanglantes ou *stigmates*.

L'action de la dominante générale sur les réflexes est mise en évidence par la décapitation d'un animal supérieur. La dominante privée tout à coup de ses instruments ne peut plus agir et les mouvements réflexes sont exagérés.

Notre moi d'ailleurs a une sensation vague de la vie organique qui l'avertit continuellement de la présence du corps, de la distribution de nos organes et d'un nombre infini de parties de notre sarcosome. Suivant l'état du corps, suivant le degré d'attention que nous lui donnons, ces perceptions du sens de la vie sont plus ou moins confuses ou distinctes. Elles sont confuses quand tout va bien dans le corps, quand tout suit la marche accoutumée, quand les fonctions de la vie s'accomplissent régulièrement. Cependant quoiqu'elles ne se distinguent alors que difficilement les unes des autres et ne produisent chacune en particulier, aucun effet appréciable, toutes réunies donnent un effet sensible, le sentiment du bien-être ou de la santé, que fait surtout ressortir le contraste avec l'état de malaise ou de maladie.

Ajoutons que dans certains cas de lucidité somnambulique développée par l'hypnose, notre moi prend connaissance des différents organes de notre corps. Ces cas sont connus dans la science sous la dénomination d'*auto-représentation organique*.

42. Permanence du psycholone durant la vie.

— Puisque le psycholone construit, entretient et répare le sarcosome, c'est à lui que l'on doit attribuer la conservation de la forme spécifique et des traits individuels de ce sarcosome durant toute la vie. Le *sarcosome est la matérialisation* et l'expression charnelle *du psycholone*. La complexité organique n'est que l'expression de la complexité du psycholone, le perfectionnement organique et la forme spécifique expriment la perfection et la forme du psycholone. Les traits individuels du sarcosome expriment l'état psychique du psycholone, c'est-à-dire que le caractère, les habitudes, etc., du psycholone sont imprimés sur le sarcosome.

Cette action du psycholone sur le sarcosome ne peut

se concevoir que si durant la vie entière, les parties constitutives du psycholone ne se renouvellent pas, au milieu du changement continuel des parties intégrantes du sarcosome.

Nous avons d'ailleurs conscience de cette permanence du psycholone pendant la vie et c'est cette conscience qu'on nomme en philosophie le sentiment de *l'identité personnelle*.

La substance corporelle est sans cesse détruite et sans cesse renouvelée. Que cette destruction et ce renouvellement se fassent très lentement pour certaines parties (substance vivante) assez rapidement pour d'autres (matériaux de réserve), peu importe, le résultat est toujours le même, le sarcosome est en mutation perpétuelle. Cependant malgré ces changements nous conservons de la naissance à la mort le sentiment et la conscience de notre identité personnelle. Il y a donc en nous quelque chose qui ne change pas, et ce quelque chose ne peut être que substantiel, comme l'est le psycholone.

Les matérialistes cherchent à expliquer *l'identité* en disant que le renouvellement corporel se fait molécule par molécule, et la molécule nouvelle prend exactement la place de celle qui disparaît. Cette hypothèse ne tient pas.

« Voici un cristal, dit J. Delbœuf (1). Si, par supposition, on enlève tour à tour les atomes qui le composent pour les remplacer par d'autres identiques aux **premiers**, quand l'opération sera achevée, pourra-t-on dire que le cristal résultant est identique au premier? Semblable oui; identique, non. Si cependant, contre toute évidence, on voulait soutenir qu'il est identique, que dira-t-on du cristal qu'on parviendrait à refaire avec les particules soustraites et remises dans le même ordre? Il y aurait alors deux identiques, ce qui est une contradiction.

« Imaginons une installation ingénieuse. Le cristal

---

(1) *La matière brute et la matière vivante*, p. 103

sera plongé par un bout dans un bain qui le raccourcit, tandis que par l'autre bout un autre bain le rallonge. Cette image a le mérite de figurer exactement l'usure et la réparation des organismes telles qu'on se les représente d'ordinaire, l'organisme se détruisant dans toute son étendue et se refaisant par intussusception. Admettons en outre que les molécules enlevées soient par un procédé inverse, reconstituées et replacées dans leur ordre primitif, de sorte que, en fin de compte, on ait deux cristaux, qui s'avisera de penser et de soutenir que le cristal plongé dans le double bain est resté identique à lui-même pendant tout le temps de l'opération, et qu'il l'est encore quand elle est achevée et qu'il ne contient plus une seule de ses molécules primitives tandis que le cristal s'est reformé avec ses molécules n'aurait rien de commun avec lui ? Personne.

La substance du sarcosome n'étant jamais identique à elle-même ne peut pas nous donner la conscience de notre identité. L'identité de l'animal pendant son existence d'adulte tient donc à la permanence d'une certaine substance. A côté de la substance fluente destructible et réparable, il y a une substance fixe et immuable par où s'explique son identité. Cette substance fixe, permanente, c'est le psycholone.

LIVRE III

De l'Aérosome

43. Idée générale de l'aérosome. — Si chaque globule vivant possède un aérosome comme nous l'avons constaté au n° 19, un métazoaire possédera aussi un aérosome composé de l'ensemble des aérosomes des globules constituants. — Cet aérosome sera composé de vapeur d'eau, de tous les gaz dissous ou occlus, des produits de la sublimation et de la dissociation des atomes, de toutes les parties du sarcosome et de l'éther condensé dans ces mêmes parties. — L'existence de l'aérosome des métazoaires est d'ailleurs constatée par l'observation, par l'expérience et par la photographie.

CHAPITRE I

LOHÉES, ÉMANATIONS ET RAYONS

44. L'Ether électrique de l'organisme. — Nous avons vu (n° 19) que tout globule vivant produit des phénomènes électriques qui accompagnent les échanges nutritifs du globule. La quantité d'électricité est très faible, mais la somme de toutes ces quantités est assez forte pour produire des effets appréciables au moyen de nos instruments. Du reste, les actions chimiques de l'organisme ne constituent pas les seules sources d'*électricité animale;* l'inégal échauffement des différentes parties du sarcosome, le changement de forme et de surface que subissent les divers organes et particulièrement le système musculaire, sont aussi des sources de phénomènes électriques.

Le fluide éthéré électrique qui se dégage incessamment des différentes parties de l'être vivant, à cause de la bonne conductibilité de presque tous les tissus, tend à se répandre à la périphérie de l'organisme. Mais là, sa déperdition dans l'air est rendue très faible par l'existence de la couche cornée de l'épiderme, qui revêt tout le corps et qui est mauvaise conductrice de l'électricité. Celle-ci s'accumule donc sur la couche cutanée sous-épidermique.

Le sarcosome tout entier se trouve de la sorte imbibé d'éther plus ou moins condensé suivant les régions, mais dont la plus forte condensation a lieu dans la zone cutanée. *Ce corps éthéré* qui pénètre tout le sarcosome constitue *la partie la plus subtile* de ce que nous avons appelé l'aérosome.

La tension électrique de la zone cutanée dépend du degré d'humidité ou de sécheresse de la peau. Lorsque celle-ci est sèche, comme chez certains sujets rares, on a pu noter l'existence de tensions électriques parfois considérables. L'observation rapportée par M. Féré à la Société de biologie (séance du 14 janvier 1888) est des plus probantes à cet égard.

« Mme X... est une névropathe qui, depuis son enfance, a présenté divers accidents de nature hystérique. Étant jeune fille, elle s'était déjà aperçue que sa chevelure dégageait des étincelles dans l'obscurité. Depuis ce phénomène n'a fait qu'augmenter et il est devenu permanent, sauf dans les temps humides et par les vents du sud. Mme X... remarque que ses doigts attirent les corps légers. Quand ses vêtements s'approchent de la peau, il se produit une crépitation lumineuse, puis les vêtements adhèrent ensuite au corps avec assez d'intensité pour gêner les mouvements.

« La tension électrique et l'intensité des décharges augmentent encore sous l'influence des émotions morales. Un des premiers faits qui ont été remarqués, c'est que la crépitation s'exagérait à la suite de l'audition de certains morceaux de musique, qui amenaient une grande excitation générale.

« Les temps secs, les gelées, la neige favorisent les phénomènes, les temps humides et brumeux produisent un effet contraire.

« A l'exagération de tension correspond un état de surexcitation générale, une suractivité nettement appréciable. Lorsqu'au contraire, sous l'influence de l'humidité, la tension diminue, il se produit une sensation de lassitude, d'impuissance. *La même sensation se produit lorsqu'on a déterminé des décharges répétées.* »

La couche épidermique est percée d'un grand nombre de trous plus ou moins rapprochés les uns des autres, des pores des glandes sébacées et sudoripares, des villosités, par conséquent de petits canaux recouverts partout et abreuvés d'un liquide salin, qui donnent aisément passage aux *décharges électriques*. C'est ce qu'a expérimentalement démontré M. de Tarchanoff en 1889. Voici ce qu'on observe sous différentes conditions d'activité nerveuse chez l'homme sain.

1° Chaque chatouillement par un pinceau ou par la barbe d'une plume de n'importe quel point chatouilleux chez l'homme, provoque après une période latente d'une ou trois secondes, un courant cutané qui se développant lentement au commencement, augmente de force après. Ce courant persiste longtemps, c'est-à-dire quelques minutes après la période d'excitation. Les mêmes effets électriques s'observent dans d'autres formes d'excitation de la peau et d'autres organes des sens, comme par exemple, sous l'influence de son, excitation thermique douloureuse, sous l'influence du bruit d'une clochette électrique, de la lumière tombant dans l'œil, des substances odoriférantes les agissant sur l'organe de l'odorat, des substances gustatives agissant sur les organes du goût, etc.

2° *La représentation psychique* des différentes sensations et émotions retentit parfaitement sur les phénomènes électriques cutanés. Il suffit de se représenter la sensation du chatouillement, la sensation du chaud, de l'aigre, etc., une émotion de vive frayeur ou de joie, pour qu'il se produise des décharges électriques cutanées qui parfois peuvent dépasser en force la décharge provoquée par l'excitation immédiate et réelle des organes des sens.

3° *L'activité mentale* pour différents problèmes d'arithmétique, d'addition, de multiplication, etc. plus ou moins compliqués s'accompagne de décharges électriques cutanées d'autant plus manifestes que le travail intellectuel a été plus difficile. L'*attention expectative* s'accompagne toujours de décharges.

4° Chaque *contraction musculaire* nécessitant *un effort volontaire conscient*, s'accompagne de décharges électriques cutanées répandues *dans tous les membres du corps*. Le mouvement volontaire d'un orteil peut provoquer une décharge cutanée dans la main qui restait tout le temps parfaitement immobile. De sorte que *ce n'est pas la contraction elle-même qui est la source immédiate de la décharge, mais l'effort psychique volontaire lancé par la volonté pour son accomplissement*. Et en effet, j'ai remarqué, dit Tarchanoff, que plus l'effort volontaire pour l'accomplissement d'un mouvement est grand, plus il est intense, plus fortes sont les décharges électriques cutanées.

On répète dans les cours de physique l'expérience suivante due à Du Bois-Raymond, et qui montre l'existence de la décharge électrique produite par la volonté au moment de la contraction musculaire.

On plonge un doigt de chaque main dans deux vases séparés pleins d'eau salée dans laquelle s'enfoncent les lames de platine communiquant avec le fil d'un galvanomètre à 2.400 tours. L'aiguille étant au repos, on contracte fortement les muscles d'un des bras en serrant une barre de bois et en ayant soin de ne pas remuer les doigts plongés dans l'eau salée; on voit aussitôt l'aiguille dévier, de manière à indiquer un courant dirigé dans le galvanomètre communiquant avec le bras non contracté au vase opposé. — Pour répéter cette expérience, on peut simplement serrer dans ses mains des cylindres de cuivre soudés aux deux bouts du fil du galvanomètre de 2.000 tours. — Buff a formé une chaîne de 16 personnes se tenant par les mains mouillées, et a obtenu une déviation de 10° à 12° quand elles contractaient le même bras.

Si on *enlève l'épiderme*, le courant est beaucoup plus intense. Du Bois-Raymond ayant enlevé, au moyen de vésicatoires appliqués sur la face dorsale de ses bras, l'épiderme mauvais conducteur et ayant mis les deux parties dénudées en contact avec les lames du galvanomètre, obtint une déviation de 60° à 70°, tandis qu'elle n'était que de 2° à 3° quand les mêmes points étaient garnis de leur épiderme.

Dans ces dernières années, le comte de Puyfontaine a répété les expériences de Du Bois-Raymond et de Buff, au moyen d'un galvanomètre à fil d'argent (l'argent est meilleur conducteur que le cuivre) d'une longueur de 80 kilomètres, tandis que dans les galvanomètres ordinaires, la longueur du fil n'est que de 300 à 400 mètres. Beaucoup plus sensible que les appareils ordinaires, ce galvanomètre, outre les faits signalés par Du Bois-Raymond et Buff, a constaté que le dégagement fluidique est plus ou moins actif, selon l'état général dans lequel se trouve l'organisme, et particulièrement selon son état nerveux, selon la température extrême, etc.

Dans certains *cas rares*, l'intensité du courant peut être telle que des étincelles intenses sont obtenues. *La Revue scientifique* de 1865 a signalé le cas d'un sous-officier d'artillerie qui, étant chargé de faire communiquer avec la pile les deux fils destinés à déterminer l'explosion d'une mine, obtint involontairement cette explosion dès qu'il eut saisi un fil dans chacune de ses mains.

Ce qui rend particulièrement intéressantes les expériences de Puyfontaine, c'est qu'avec son galvanomètre la contraction musculaire est inutile, ce qui montre mieux la direction du fluide éthéré par la *volonté*. Il annonce à l'avance dans quel sens il veut faire dévier l'aiguille, et la fait dévier en effet; bien plus, il peut sans changer de main les électrodes, faire passer à son gré le courant négatif ou le courant positif, à la demande du spectateur; c'est donc la volonté seule qui fait changer le signe du courant.

On n'a point besoin d'un galvanomètre pour déplacer l'aiguille aimantée. Certains sujets n'ont qu'à imposer leur main au-dessus de l'aiguille pour la faire sensiblement dévier.

45. Les gaz de l'organisme. Émanations, sublimation. — Le sarcosome des métazoaires est rempli de gaz absorbés, occlus, dans les globules constituants et emprisonnés dans toutes les cavités de l'organisme. Ce sont : de la vapeur d'eau, de l'azote, de l'acide carbonique, de l'oxygène, de l'hydrogène, de l'hydrogène sulfuré, etc. Tous ces gaz font équilibre à la pression atmosphérique et lorsque celle-ci diminue, l'équilibre étant rompu, nous éprouvons un certain malaise que nous exprimons en disant que le temps est lourd, alors justement qu'il est plus léger. La perspiration cutanée aussi bien que la respiration pulmonaire déterminent une entrée et une sortie continuelles de ces gaz dont une partie reste adhérente à la surface des organes internes et à la surface extérieure du sarcosome, lui formant ainsi une sorte de légère atmosphère ou d'*aura* (1).

A ces gaz viennent se joindre des particules infiniment petites des substances constituantes odorantes

---

(1) Voir les expériences du D' Merget et les *Actions moléculaires dans l'organisme*, par H. Bordier, p. 93.

ou non odorantes. C'est un fait connu de tout le monde, que le chien suit la trace de son maître à l'odeur qu'il a laissée sur les lieux de son passage, et cela malgré les odeurs que les différents autres individus, hommes ou animaux, ont laissées sur les mêmes lieux. Le chien sent aussi son maître venir d'assez loin, et cela, même malgré l'interception des murs, des portes ou des fenêtres closes. Comment expliquer ce phénomène? D'abord par *l'hyperesthésie* ou sensibilité excessive des cornets du nez du chien comparée à la sensibilité des nôtres, ensuite par *les particules excessivement ténues que son maître laisse constamment échapper de sa personne*. Ces particules se répandent dans l'air, pénètrent dans les maisons, même à travers certains obstacles, s'attachent à certains objets placés sur les lieux par où le maître est passé. C'est ainsi que l'organe *très sensible* du chien les décèle.

Chacun de nous émet donc une multitude de particules de son propre corps, qui peuplent l'*aura* dont nous avons parlé et dont une partie est projetée à une assez grande distance de nous. Les courants d'air aident encore à la diffusion de ces particules. De plus, puisque le chien reconnaît son maître entre mille, nous sommes obligés d'admettre que chaque personne a une *aura spéciale* qui diffère de celle de son voisin, particulièrement au point de vue de l'odorat.

L'émission de molécules augmente toutes les fois que le corps est soumis à une agitation quelconque de sa masse, et cette émission se fait surtout par les aspérités, les angles et les arêtes du corps (n° 14).

L'éther électrique qui parcourt le fil entraîne avec lui un certain nombre de particules qu'il arrache au conducteur avec des atomes et des corpuscules sous-atomiques (électrons). Toute décharge électrique entraîne de même des particules du corps où elle se produit. Par conséquent, les décharges qui ont lieu constamment à la périphérie de l'organisme et à celle des organes internes entraînent avec elles des molé-

6.

cules appartenant au sarcosome et ces molécules contribuent à la formation de l'*aura*. La diffusion ou la sublimation de la matière est facilitée par l'action chimique, cette dernière écartant, supprimant les parties dont la présence continue arrêterait la diffusion des molécules en formant autour d'elles une espèce d'atmosphère qui empêcherait la désagrégation des molécules restantes. Or, dans les corps vivants, les combinaisons et les décompositions chimiques étant incessantes, la diffusion des molécules organiques doit y être très grande et le flux électrique doit transporter avec lui une bien plus forte proportion de matière pondérable que dans les corps bruts. On peut donc être certain que les décharges électriques de la peau sont composées outre l'éther électrique d'une certaine quantité de matière organique portée à un très haut degré d'atténuation.

46. Radiations lâchées. — Une partie de cette matière atténuée provient de la dissociation des atomes qui ne peut manquer de se produire au milieu de toutes les réactions chimiques dont l'organisme est le théâtre (n° 15). Dans cet état supragazeux ou radiant les ions et les corpuscules sous-atomiques sont entraînés par la décharge électrique à peu près comme les feuilles d'automne par le vent ou comme les balles que crache une mitrailleuse. Dans l'état radiant, les corpuscules cheminant en ligne droite les uns derrière les autres, forment de véritables *rayons matériels* comme on les concevait dans l'ancienne théorie de l'émission de la lumière. Nous avons vu que ces rayons α et β sont mêlés de rayons analogues aux rayons X, et qu'ils ne diffèrent entre eux que par l'atténuation des corpuscules (n° 15).

Les radiations qui s'échappent du corps humain ou des autres métazoaires sont capables de traverser certains corps tels que le verre, le zinc, etc., d'exercer une pression sur les obstacles qu'elles rencontrent, de provoquer la condensation des vapeurs sursaturées, d'agir sur la plaque sensible, etc.

MM. Charpentier (de Nancy) et Blondlot ont découvert que le corps humain dégageait aussi des radiations analogues aux rayons N; et que la puissance de ces rayons est influencée par la surexcitation nerveuse et par la contraction musculaire.

Si l'on promène en effet devant l'être humain un écran enduit de sulfure de calcium, on constate que l'éclairage ou la phosphorescence s'accentuera légèrement. Si l'on fait fonctionner activement un des muscles du corps, l'éclairage augmentera à l'endroit correspondant de la projection. Mêmes résultats si on provoque une action nerveuse quelconque; on peut suivre à la trace, sur l'écran, le travail d'un nerf donné. En un mot, l'intensité du phénomène lumineux sera directement proportionnelle à la somme d'énergie musculaire ou nerveuse dépensée. — Les mêmes effets seraient obtenus si on remplaçait le sulfure, par un ver luisant ou des bacilles phosphorescents.

Les faits découverts par M. Charpentier doivent être rapprochés de ceux observés par le Dr William James Morton (de New-York), publiés par lui dans le *Médical Record* du 8 août 1903, sous le titre de « Fluorescence artificielle des tissus de l'homme vivant ». M. Morton a vu, en effet, qu'en faisant ingérer à des malades trente ou cinquante centigrammes de sulfate de quinine, en leur pratiquant des injections sous-cutanées de la même substance, il les rendait *fluorescents*, c'est-à-dire capables d'impressionner des plaques photographiques, dans l'obscurité la plus absolue.

L'*aura* entourant le sarcosome se révèle par une faible lueur, à certains sujets ayant la rétine hyperesthésiée ou d'une excessive sensibilité, comme elle se révèle aux cornets très sensibles du nez du chien par une odeur.

A la lumière diffuse, les sensitifs aperçoivent l'aura

qui entoure la tête ou les doigts de la main, sous forme de flammes ou *lohées* incolores, comme un courant d'air chaud ou d'air mobile; mais dans l'obscurité ils voient les lohées faiblement lumineuses et colorées. La longueur et l'intensité de ces lohées, ils les voient aussi selon leur degré de sensibilité. Ainsi tandis qu'un sujet attribue aux effluves une longueur de 20 à 30 centimètres, d'autres sujets voient ces effluves se projeter à 4 ou 5 mètres (1).

La coloration de la lumière des lohées semble due aux mêmes causes que celle de la lumière électrique dans les gaz raréfiés. Les sensitifs voient les lohées du côté droit de l'homme et des mammifères colorées en *bleu*, couleur caractéristique des vapeurs de carbone et de l'oxygène; ils voient celles du côté gauche colorées en rouge, couleur caractéristique de l'hydrogène et des métaux.

Enfin Luys a constaté que les effluves disparaissent avec la vie ou sont très faibles et persistent peu de temps après la mort.

47. Variations de potentiel électrique et de condensation dans l'aérosome. — La coloration des lohées nous montre que le côté droit de l'homme est électrisé *positivement* et son côté gauche *négativement*. A droite, il y a reformation et condensation de la matière avec tendance à la phosphorescence ainsi que l'a montré P. de Heen (2). A gauche, il y a dissociation et dilatation, expansion de la ma-

---

(1) Ce que nous connaissons d'un être vivant n'est qu'une partie de sa forme réelle. Il est entouré de vapeurs qu'il exhale, des radiations de grande longueur qu'il émet constamment par suite de sa température. Si nos yeux pouvaient tout voir, un être vivant nous apparaîtrait comme un nuage aux changeants contours.

(D' Gustave Le Bon. *L'Évolution de la matière*, p. 253)

(2) *La Matière, sa naissance, sa vie, sa fin*.

tière et par suite radio-activité plus ou moins intense.

Les décharges électriques et les émissions de matière sont très variables d'un instant à l'autre chez le même sujet et par moment lui font entièrement défaut.

D'une manière générale, l'action favorise la dissociation et la dispersion des corpuscules ou des molécules. Quand, traqué par les chasseurs, un lièvre s'enfuit, il émet une quantité d'électricité d'autant plus considérable que la peur et l'énergie qu'il déploie dans sa course sont plus intenses, et ces décharges électriques entraînent une très grande quantité de matière à tous les degrés de dissociation. Un homme qui se donne beaucoup de mouvement est plus maigre que s'il avait des habitudes sédentaires.

Après le mouvement, l'organisme a besoin de repos; après avoir dépensé de la force et de la matière, il a besoin d'en absorber. « Qui dort dîne », dit avec raison la sagesse des nations. Et en effet, si l'homme, si l'animal dépense d'un côté de la substance, l'expérience prouve qu'il en absorbe de l'autre au milieu ambiant. De même qu'il rejette et absorbe des gaz par toute la surface de son sarcosome, de même il rejette et absorbe de la matière supragazeuse par tous les points de sa surface, seulement le plus ordinairement l'absorption prédomine sur le côté droit et l'émission sur le côté gauche. C'est ce dont il est facile de s'assurer au moyen de l'appareil suivant.

Il consiste essentiellement en une aiguille en aluminium suspendue au-dessus d'un cadran, par un fil de cocon sans torsion. Le tout est renfermé dans un cylindre de verre

Si l'on présente la main gauche à l'une des extrémités de l'aiguille sans toucher le cylindre de verre, cette aiguille est bientôt repoussée, bombardée qu'elle est par la matière radiante qui s'échappe des doigts et passe à travers le verre. — Si on présente la main droite à la même extrémité de l'aiguille, après qu'elle est revenue au repos, il s'opère, à travers le verre, une sorte de succion de la matière radiante ambiante et l'aiguille est attirée. — En approchant de l'aiguille n'importe quelle partie du corps on obtient les mêmes résultats qu'avec les mains.

Ainsi par le côté droit, il pénètre dans le corps de la matière radiante qui va reformer des atomes et des molécules, il y a condensation de la matière. — Par le côté gauche, il sort du sarcosome de la matière radiante résultant de la dissociation de la matière, il y a dilatation, expansion. Par le côté droit le corps absorbe, refait sa substance, et se matérialise; par le côté gauche il émet, défait sa substance et se dématérialise.

On observe quelquefois une inversion de la polarité, surtout chez les gauchers: le positif est à gauche, le négatif à droite. Dans d'autres circonstances, dans la gaîté, par exemple, tout le corps devient négatif et est enveloppé de lohées rouges ; le sujet émet de la matière radiante de toutes les parties de son corps, il est rayonnant et diminue de poids d'une manière sensible. Au contraire dans la tristésse, le corps devient positif, et est enveloppé de lohées bleues. Le sujet ne rayonne pas, il absorbe et augmente de poids. Dans ces cas peuvent se produire des phénomènes surprenants.

Supposons, comme le représente la fig. 12 A un homme entièrement négatif; il est placé sur le sol qui est électrisé négativement tandis que les couches supérieures de l'atmosphère sont électrisées positivement. Dans ce cas, l'homme est repoussé par la terre et attiré par l'atmosphère il tendra à s'élever.

En second lieu, s'il se produit un écoulement très intense de fluide électrique par ses pieds, il se produira un phénomène semblable à celui du tourniquet électrique qu'on voit tourner en sens contraire de l'écoulement de l'électricité; par conséquent l'homme tendra encore à s'élever. Enfin, s'il a perdu suffisamment de matière de manière à devenir assez léger (s'il s'est assez dématérialisé comme on dit) il s'élèvera en l'air. Une autre cause viendra encore ajouter son influence à celle des précédentes. On sait que le corps des animaux est diagmanétique et que la terre est un aimant. Or, de même que les corps pesants s'éloignent de la surface de la terre quand ils pèsent moins, à égal volume, que le milieu environnant, de même un aimant repousse le corps qui est moins magnétique que le milieu où il est plongé.

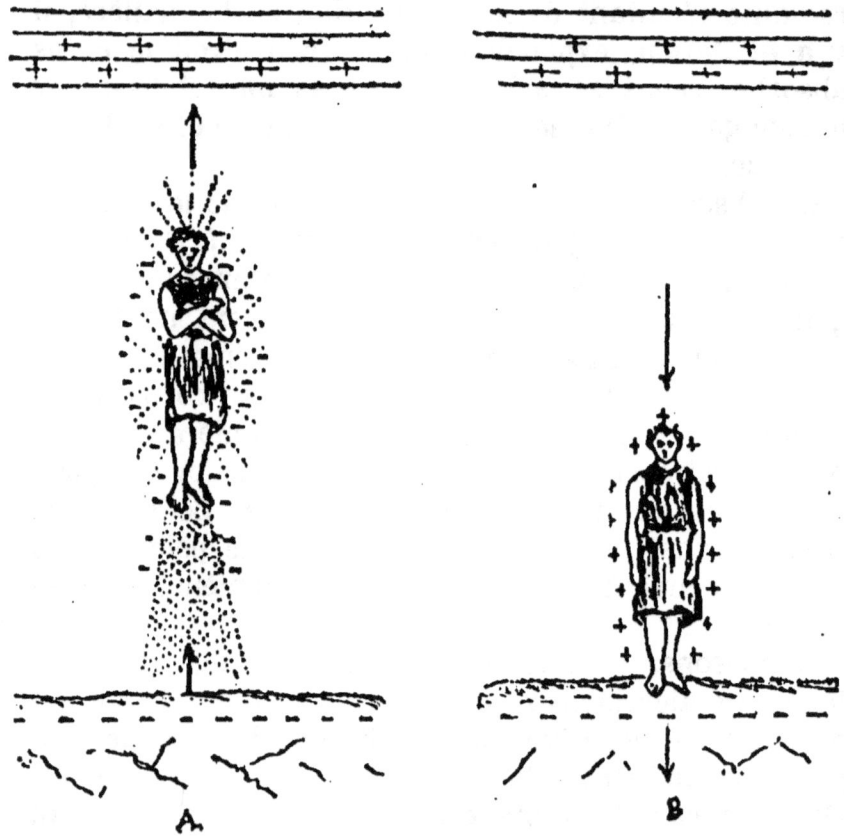

Fig. 12

Supposons au contraire, un homme entièrement positif (fig. 12 B), il sera attiré par la terre et repoussé par les couches supérieures de l'atmosphère. Son corps absorbe, se matérialise, devient plus lourd, il est cloué au sol. Il sera accablé et se laissera choir.

La quantité de matière radiée n'est jamais égale à la quantité de matière absorbée, cela est indiqué par l'appareil que nous avons décrit ci-dessus. Par conséquent, il reste dans le sarcosome une certaine quantité de matière absorbée. Cette quantité de matière supragazeuse, jointe à celle fournie par l'organisme, fait que le sarcosome est imbibé d'une sorte de nuage de poussière extrêmement subtil qui avec l'éther, la vapeur d'eau et les gaz, constitue notre *aérosome*, encore appelé *corps aromal, corps pneumatique*. Ajoutons que ce nuage, ce corps *météorique* est toujours électrisé plus ou moins fortement.

CHAPITRE II

AÉROSOME ET SARCOSOME

48. Phénomène de la bilocation. — L'existence de l'aérosome dans le sarcosome, du corps invisible dans le corps visible, outre toutes les raisons données ci-dessus, nous est directement enseignée par l'observation.

1er Cas. — Sir Robert Dole-Owen était ambassadeur de la République des États-Unis à Naples. En 1845, raconte ce diplomate, existait en Livonie le pensionnat de Neuwelke, à 12 lieues de Riga et une demi-lieue de Wolmar. Là se trouvaient 42 pensionnaires, la plupart de familles nobles, et parmi les sous-maîtresses figurait Émilie Sagée, française d'origine, âgée de 32 ans, de bonne santé, mais nerveuse, et de conduite méritant tous les éloges.

Peu de semaines après son arrivée, on remarqua que quand une pensionnaire disait l'avoir vue dans un endroit, souvent une autre affirmait qu'elle était à une place différente. Un jour, les jeunes filles virent tout à coup deux Émilie Sagée exactement semblables et *faisant les mêmes gestes;* l'une cependant tenait à la main un crayon de craie et l'autre rien. Peu de temps après, Antoinette de Wrangel faisant sa toilette, Émilie lui agrafa sa robe par derrière; la jeune fille vit dans un miroir, en se retournant, *deux Émilie agrafant* ses vêtements et s'évanouit de peur. Quelquefois aux repas la double figure paraissait debout derrière la chaise de la sous-maîtresse, *et imitait les mouvements qu'elle faisait* pour manger; mais les mains ne tenaient ni couteau, ni fourchette. Cependant la substance dédoublée ne semblait imiter qu'accidentellement la personne réelle, et quelquefois lorsque Émilie se levait de sa chaise, l'être dédoublé paraissait y être assis. Une fois, Émilie étant souffrante et alitée, Mlle de Wrangel lui faisait la lecture. Tout à coup, la sous-maîtresse devint raide, pâle et parut près de s'évanouir. La jeune fille lui demanda si elle se trouvait plus mal; elle répondit négativement mais d'une voix faible. Quelques secondes après, Mlle de Wrangel vit très distinctement le *double* d'Émilie se promener çà et là dans l'appartement.

Un jour, les 42 pensionnaires brodaient dans une même salle au rez-de-chaussée, et quatre portes vitrées de cette salle donnaient sur le jardin. Elles voyaient dans ce jardin Émilie cueillant des fleurs, lorsque tout à coup sa figure paraît installée dans un fauteuil devenu vacant. Les pensionnaires regardèrent immédiatement dans le jardin et continuèrent d'y voir Émilie; mais elles observèrent la lenteur de sa locomotion et son air de souffrance; elle était comme assoupie et épuisée... Deux des plus hardies s'approchèrent du double et essayèrent de le toucher; elles sentirent une légère résistance, qu'elles comparèrent à quelque objet en mousseline ou en crêpe. L'une d'elles passa au travers d'une partie de la figure; et après que la pensionnaire eût passé, l'apparence resta la même quelques instants encore, puis disparut enfin, mais graduellement... Ce phénomène se produisit de différentes manière aussi longtemps qu'Émilie occupa un emploi, c'est-à-dire en 1845 et 1846 pendant le laps d'une année et demie; mais il y eut des intermittences d'une à plusieurs semaines. On remarqua d'ailleurs que plus le double était distinct et d'une apparence matérielle, plus la personne réellement matérielle était gênée, souffrante et languissante. Lorsqu'au contraire l'apparence du double s'affaiblissait, on voyait la patiente reprendre des forces. Émilie, du reste, n'avait aucune conscience de ce dédoublement et ne l'apprenait que par ouï-dire, jamais elle n'a soupçonné l'état dans lequel il la jetait.

Plusieurs remarques sont à faire ici:

1° L'image ou plutôt la statue vaporeuse de la sous-maîtresse se produisait non tout à coup, mais par degrés insensibles. D'apparence très fluide au début, ce n'était qu'au bout de quelques instants qu'elle offrait toute sa consistance. Il en était de même quand elle s'évanouissait.

2° A mesure que l'image grandissait les pensionnaires voyaient Émilie se décolorer, ralentir ses mouvements et perdre sa **vigueur**. Lorsque l'image avait atteint son complet développement, Émilie paraissait épuisée et dans un état complet de prostration. Lorsqu'au contraire l'image s'évanouissait la patiente reprenait ses forces. Par conséquent, le double se formait aux dépens de la substance d'Émilie, et l'épuisait. Lorsque cette substance extériorisée rentrait dans le sarcosome d'Émilie, elle la réconfortait. Un lien invisible rattachait donc le double au sarcosome de la sous-maîtresse.

3° Le double n'était point une image purement subjective, puisque 42 jeunes filles le voyaient à la fois.

4° Enfin la résistance qu'opposait le double au toucher, indique qu'il était composé de corpuscules très ténus animés d'un mouvement très rapide. Quant aux contours de la statue, ils sont vraisemblablement délimités par des *lignes de force* contre lesquelles viennent rebondir les corpuscules, à peu près comme un cerceau lancé à la main et qui retourne sur ses pas après avoir parcouru un certain espace, à peu près comme le boomérang qui revient aux pieds du sauvage qui l'a lancé.

2º Cas. — Dans l'exemple précédent, le fantôme se produisait et disparaissait avec une certaine lenteur, mais il est des cas où il se forme et disparaît brusquement. Le *cas de la rue Jacob* rapporté par le Dr Dariex dans les *Annales des sciences psychiques* (mai-juin 1892) en est un exemple.

Le fait que nous allons rapporter se passa un soir du mois de janvier 1878 dans la salle à manger du Dr Isnard à Paris. Cette salle de forme triangulaire avait trois portes. Sur l'un des côtés se trouvait la porte donnant accès dans le vestibule, sur la droite en entrant celle donnant accès dans la chambre de Mme Isnard mère. Ces deux portes étaient séparées par une fenêtre donnant sur une cour. Sur l'autre mur, en face de la porte de l'antichambre, la porte d'un long couloir.

Mme Isnard gravement malade gardait le lit depuis quatre mois. Ce soir-là cependant, elle paraissait moins souffrante et dit à ses enfants: « Aujourd'hui je veux que vous diniez ensemble; depuis longtemps déjà, vous n'avez pas eu ce plaisir, et cela à cause de moi (l'un d'eux restait toujours auprès d'elle): je vous verrai de ma chambre, et de cette façon je prendrai un peu part à votre repas. » On fit selon son désir.

Au moment de se mettre à table, arriva un ami, M. Menon-Cornuet, qu'on invita à dîner. Or voici le récit abrégé de Mlle L. Isnard: « J'avais à ma droite la chambre à coucher, directement en face de moi la porte du corridor. M. Menon était assis à ma gauche, ainsi que mon frère; ma sœur dont le couvert était à ma droite, était allée à la cuisine préparer la boisson que ma mère prenait chaque soir.

« La conversation s'engagea sur les bruits et faits du jour. Ma mère y prit quelque part. Je la voyais de ma place. Son visage faiblement éclairé par une petite lampe posée près d'elle semblait calme.

« Un moment après, se sentant fatiguée, elle voulut se reposer et nous demanda de fermer sa porte vitrée: je la poussai seulement, la laissant entre-bâillée; et l'entretien continua, presque gai, mais à voix plus basse, pour ne point empêcher le sommeil de la malade.

« Neuf heures venaient de sonner; au dehors la nuit était profonde et sans bruit, le temps *était lourd*, brumeux, *presque pluvieux*. Tout à coup, du fond du corridor, *le vent sembla s'élever, accompagné de cette voix mugissante* et plaintive qui lui est particulière. La porte du corridor, fermée au bec-de-cane, s'ouvrit avec violence : les deux battants vitrés s'entre-choquèrent avec fracas. Étonnée d'un coup de vent dans ce grand calme, je regardai alors. Une chose étrange, inexplicable, se passa: une ombre, comme une ombre de femme, était là, à l'entrée de la chambre de ma mère; *elle se détachait* de la portière *et glissait* sans hâte dans la direction du couloir. Je la vis *vague d'abord, plus nette ensuite* quand elle se profila sur le mur. Arrivée à l'angle qu'il formait en cet endroit, elle le quitta, s'avança dans la salle, et se dirigea à nouveau vers le corridor. A cet instant elle se découpa nettement sur le fond blanc de la porte ouverte; là elle m'apparut distincte, précise. C'était bien une ombre de femme, *plutôt compacte que transparente*, et pourtant?... Elle avait, si je puis m'exprimer ainsi, *la diaphanéité de certains nuages*. — Elle était petite, légèrement courbée, avec la tête baissée et les bras croisés sur la poitrine; elle avait un je ne sais quoi de recueilli et de résigné dans l'attitude. La tête et les épaules étaient recouvertes d'une espèce de voile grisâtre, cendré; le visage était entièrement caché: on eût dit d'une religieuse. — Elle entra dans le corridor, s'y enfonça et disparut dans l'obscurité. Un coup de vent, moins violent que le premier, poussa la porte derrière elle, celle de la chambre de ma mère s'était refermée sans bruit. Ce phénomène avait duré quelques secondes... A partir de cette nuit l'état de la malade empira et elle mourut le 25 janvier de la même année.

Le docteur Isnard a fait également un récit de l'apparition qui confirme exactement celui de sa sœur, inutile de le rapporter ici. M. Menon-Cornuet a fait aussi à peu près le même récit. Parlant de la disparition du double, il ajoute: « Elle me parut bientôt de moins en moins nette, et, arrivée à l'embrasure de la porte conduisant au salon, elle disparut. On eût dit *qu'elle disparaissait sous le parquet.* »

Ce qu'il y a de remarquable dans le phénomène que nous venons de décrire, c'est la brusquerie et la violence de son apparition. L'émission des corpuscules s'est faite ici avec une telle intensité qu'elle a produit un *mugissement* semblable à celui d'un grand vent et des *effets mécaniques* considérables (ouverture des portes). Les gaz contenus dans le sarcosome étaient à une pression plus forte que la pression atmosphérique (temps lourd) et l'humidité de l'air était favorable aux déperditions électriques.

Quant à la forme, le double, quoique debout, avait la même attitude que celle de Mme Isnard dans son lit. Le Dr Isnard l'a bien vue dans l'espace, nettement détachée des portes et du mur, comme quelque chose d'objectif : pour lui, elle était occultante, c'est-à-dire qu'elle masquait ce qui était derrière elle, comme pourrait le faire un objet plus ou moins translucide. — Il la compare à une *toile d'araignée* qui aurait, d'une manière bien nette et bien simple, la forme d'une femme.

Les deux cas que nous venons de rapporter (on pourrait en citer plusieurs autres) nous montrent qu'il existe une différence entre la partie invisible d'un corps brut et la partie invisible d'un corps vivant. Si par un moyen quelconque on oblige la partie invisible d'un corps brut à quitter ce corps, elle se dissipe immédiatement dans l'espace. Au contraire lorsque la partie invisible d'un corps vivant s'extériorise, cette partie au lieu de se disperser, reste agglomérée et reproduit en général la forme du corps visible qu'elle doublait. Chaque sarcosome se trouve donc doublé d'un véritable corps aérien que j'ai nommé l'aérosome.

Il était de la plus haute importance de provoquer expérimentalement la sortie de l'aérosome d'un corps vivant, afin de pouvoir acquérir sur cet aérosome des notions plus complètes. C'est ce qu'a fait M. de Rochas.

49. Extériorisation expérimentale de l'aérosome. — M. de Rochas a fait avec divers sujets une série d'expériences sur l'extériorisation de l'aérosome qui peuvent se résumer de la manière suivante :

A. — *Extériorisation de la couche sensible.* — Prenons un sujet B présentant à l'état de veille la sensibilité cutanée normale et agissons sur lui avec des passes analogues à celles que l'on fait pour déterminer l'aimantation d'un barreau d'acier, de manière à le plonger dans un sommeil spécial. Dès le début de l'hypnose, nous verrons la sensibilité disparaître de la surface de la peau. De plus un sensitif A, verra les lohées et rayons qui sortent des yeux, des oreilles et des extrémités des doigts, se modifier et l'*aura* se dissoudre peu à peu dans l'atmosphère.

Quand le sommeil est devenu assez profond, le sensitif A voit se former à 3 ou 4 centimètres de la peau du sujet B, un léger brouillard qui, peu à peu, se condense en devenant plus brillant de façon à prendre en définitive l'apparence d'une *couche très mince qui suit à la distance indiquée, les contours du corps*. Si nous agissons sur cette couche d'une façon quelconque, en la pinçant, piquant, etc., B éprouve les mêmes sensations que si l'on avait agi sur la peau, et il ne sent rien si l'on agit ailleurs que sur cette couche.

Si l'on continue les passes, A verra se former d'une manière analogue autour de B une série de couches équidistantes et B ne sentira les attouchements, les brûlures, les piqûres, etc., que si l'on agit sur ces couches qui se succèdent parfois jusqu'à une distance de plusieurs mètres. La sensibilité décroît proportionnellement à leur éloignement du corps. Elles traversent un grand nombre de substances.

D'après les sujets sensibles qui voient bien les couches, on peut représenter le phénomène par la fig. 13

Fig. 13

où l'intensité de la sensibilité est indiquée par l'intensité de la teinte, qui pour eux est une lueur plus ou moins vive; on y reconnaît la présence de *nœuds* et de *ventres* comme dans toutes les propagations de mouvements scientifiquement étudiés jusqu'ici.

Ces couches représentent des maxima de sensibilité; leur équidistance qui est généralement de 7 à 8 centimètres, mais varie avec l'état de santé du sujet et la profondeur de l'hypnose, est toujours le double de la distance de la première couche à la peau, dont la surface présente le premier minimum de sensibilité. Il est probable que ces maxima et minima de la sensibilité sont dus à l'interférence des vibrations causées par les mouvements rythmiques du cœur et de la respiration se propageant dans l'air avec la même vitesse normalement à la surface du corps, mais avec des périodes différentes. L'expérience a montré, en effet, que si l'on modifiait le rythme de la respiration, la position des zones sensibles se déplaçait dans l'espace.

B. — *Extériorisation de l'aérosome*. — En continuant les passes, au bout d'un temps variable, les couches dont l'intensité se développait principalement sur les côtés du sujet, se coagulent pour ainsi dire en une sorte de *fantôme bleuâtre* placé à sa droite à la distance d'un mètre environ. Ce fantôme prend rapidement la forme et la position de la moitié droite du sujet qui ne sent plus que les actions exercées sur la portion de l'espace occupé par ce fantôme ou (mais à un bien moindre degré) sur les *liens* qui réunissent les parties correspondantes du sarcosome et de l'aérosome. Ce dernier répète du reste comme une ombre tous les mouvements exécutés par le premier.

De nouvelles passes déterminent la formation, à gauche du sujet et à peu près à la même distance, d'un second demi-fantôme jouissant des mêmes propriétés que le premier, mais qui est rouge au lieu d'être bleu.

Poursuivons encore et après de nouvelles passes, le sensitif verra que les deux demi-fantômes de B se sont peu à peu allongés du côté de l'opérateur en émettant des *flammes mobiles* et ont fini par se souder de manière à former entre cet opérateur et le sujet B un fantôme complet bleu à droite et rouge à gauche. Le sujet sensitif A, non seulement le voit, mais il peut le palper et en reconnaître toutes les formes avec la main dont B ressent l'attouchement. L'impression reçue est celle *de fraîcheur comparable à un vent léger*.

Quant au sujet B, il a perdu progressivement ses forces, il ne peut plus maintenant remuer aucun de ses membres; mais par sa volonté, il est *capable de faire mouvoir son fantôme*, de lui faire *traverser des murailles* et de voir aussi confusément ce qui se passe dans une pièce voisine (1).

50. Quelques propriétés de l'aérosome. —

Le fantôme obtenu expérimentalement par M. de Rochas n'est pas visible pour tous les spectateurs, il n'est visible que pour un sensitif. Néanmoins, comme toute la sensibilité du sujet s'est concentrée en lui, il est possible de constater sa présence en un point de l'espace en le pinçant, en le piquant, etc. M. de Rochas ordonne à son sujet de faire parvenir son double sur la muraille où il a appliqué une feuille de papier et alors en piquant en plusieurs points le papier, il peut trouver les points sensibles du pourtour du fantôme. En réunissant tous ces points par une ligne au crayon, il obtient la silhouette du double qui n'est autre que celle du sujet. C'est là une méthode autre que la vision pour constater l'objectivité de l'aérosome extériorisé.

M. de Rochas dans ses diverses expériences a constaté:

---

(1) M. de Rochas a toujours arrêté ses expériences au moment où les sujets, n'ayant plus la force de parler et de le guider par leurs impressions, il redoutait un accident ; mais il est porté à supposer que s'il avait eu l'audace de les pousser jusqu'à ce qu'ils eussent perdu connaissance, comme le médium qui se dédoublait spontanément, il serait arrivé à rendre perceptible à tous le fantôme perçu seulement par les sensitifs.

7.

Qu'à proportion que l'aérosome s'extériorise le sujet *se sent vider*.

Que le fantôme s'éloigne ou se rapproche selon la volonté du sujet en expérience, tout en ayant une tendance à s'éloigner.

Qu'il est semblable à une nuée lumineuse qui semble éclairer les objets sur lesquels il se pose.

Qu'il est parfois tremblotant comme une flamme de gaz.

Que lorsqu'il veut s'enlever il commence à osciller comme un ballon qu'on gonfle d'hydrogène, puis, qu'il se détache de terre et monte verticalement. — Que le double tend à prendre la forme d'une boule.

Que parfois, le fantôme se forme tout d'une pièce mi partie bleu et rouge, mais irrégulièrement; des traînées bleues s'enfonçant dans la partie rouge et réciproquement.

Que d'autrefois il prend une couleur violacée, le bleu et le rouge étant intimement mêlés.

Que le double se réfléchit dans un miroir. — Qu'il émet également des rayons capables d'impressionner la plaque sensible et peut être photographiée.

M. de Rochas ayant placé dans le double une plaque de porcelaine enduite de noir de fumée, constata que le noir de fumée avait roussi sur une partie de son étendue. La couleur de la couche se modifia par zones comme si elle avait été léchée par des flammes. Le sujet prétendit que pendant que la plaque était dans son double, elle s'était illuminée de points brillants. Il semblerait donc que les particules de noir de fumée brûlent dans le double et que celui-ci est incandescent par suite des chocs intermoléculaires..

Dans son beau livre, *Les Sentiments, la Musique et le Geste*, M. de Rochas donne une très curieuse photographie du sujet qui servait à ses expériences et sur laquelle on voit l'aérosome en partie extériorisé et modifié dans sa forme sous l'influence des vibrations sonores. Ce qu'il y a de plus remarquable c'est que cette photographie du double n'avait pas été recherchée et qu'au développement, on fut très surpris de la voir apparaître sur la plaque (1).

D'autres photographies de l'aérosome ont été prises en Angleterre et les opérateurs s'appelaient W. Crookes, Varley, R. Hare, Zoellner, Russel Wallace, Vagner, etc. Il serait présomptueux de rejeter sans contrôle le témoignage tant de fois réitéré de pareils savants, mais je n'ai pas l'intention de m'étendre plus longuement sur ce sujet.

51. De quelques phénomènes qui accompagnent parfois l'extériorisation de l'aérosome

Lorsque la sortie de l'aérosome se fait insensiblement les émissions radio-électriques du sarcosome se font par *ondées*, d'une manière intermittente, semblables à celles qui se forment dans toutes les veines fluides lancées avec force ou dans les courants liquides lorsque, rencontrant un obstacle ils produisent pour le vaisseau des poussées qui se superposent. Les bouffées de fumée qui sortent de la cheminée d'une locomotive représentent aussi bien le phénomène. — Crookes, dans ses expériences sur la force psychique a constaté, en effet, que les émissions se faisaient par pulsations intermittentes et non pas sous la forme d'un mouvement continu.

M. de Saussure raconte que, se trouvant sur une montagne par laquelle se faisait un dégagement intense de fluide électrique, les bâtons que lui et ses guides tenaient à la main chantaient avec force, produisant un bruissement analogue à celui d'une bouilloire dont l'eau est sur le point d'entrer en ébullition.

---

(1) M. de Rochas a en outre photographié le fantôme de droite (bleue) d'une jeune femme à l'aide d'une pose d'un quart d'heure dans un cabinet complètement noir. L'objectif était dirigé à un mètre à sa droite et la photographie a donné exactement ce que le sujet disait voir à cet emplacement : la partie droite de sa figure et le rayonnement de ses ads.

Ils *vibratent* dans la main. Les mouvements moléculaires et autres qui se manifestent subitement pendant l'aimantation par un courant sont aussi parfois assez prononcés pour produire des vibrations sonores. Mais indépendamment de ces sons musicaux, on entend encore, dans tous les cas, *des chocs ou battements*, qui coïncident avec les interruptions du courant, et que de la Rive compare au bruit que font des gouttes de pluie en tombant sur des feuilles de tôle.

Des effets identiques s'observent dans les émissions radio-électriques de provenance sarcosomatique.

A. Chevillard, professeur à l'Ecole nationale des Beaux-Arts, a très bien observé l'émission vibratoire dans laquelle étaient assis les sujets s'extériorisant partiellement. Il a même constaté que ces émissions cessaient aussitôt qu'on établit, au moyen d'une chaîne de cuivre, une communication entre la chaise ou la main du sujet et le sol (1). Enfin tout le monde sait depuis longtemps que des battements comparables à des gouttes de pluie se font entendre dans les tables sur lesquelles un pareil sujet appuie ses mains.

Donc le phénomène de l'émission plus ou moins lente de la matière radio-électrique s'accompagne assez souvent de *battements* ou chocs *plus ou moins intenses* dus à l'interruption brusque de l'émission, interruption produite par diverses circonstances. L'intensité des battements varie avec l'intensité et la brusquerie de l'émission. Le Dr Paul Gibier a entendu le fameux Slade produire des coups violents sur le milieu d'une table, comme si on eût frappé à l'aide d'un marteau avec l'intention de briser le meuble. Parfois on aurait dit qu'une grosse pierre venait de tomber. En 1894 j'ai été témoin d'un fait extraordinaire. Une dame de 65 ans en proie à une grande émotion au reçu d'une lettre, voulut prendre ses lunettes qui se trouvaient sur la cheminée de ma salle à manger.

---

(1) *Etude expérimentale sur certains phénomènes nerveux*, 1872.

En reposant l'étui en bois, le couvercle sauta en l'air et frappa la porte d'un placard avec le bruit qu'aurait fait une grosse pierre lancée et produisit un coup de même intensité en tombant à terre. Étonné d'un pareil bruit, je repris le couvercle de l'étui et le jetai de toutes mes forces contre le placard, mais je n'obtins que le bruit ordinaire que pouvait faire un tel objet.

Lorsque la sortie de la matière radio-électrique se fait brusquement et en masse, nous avons vu qu'il se produit un *coup de vent* capable d'ouvrir et de fermer les portes (n° 48). W. Crookes et d'autres ont observé ce vent. « Tous ces phénomènes, dit l'illustre savant, sont généralement précédés par un *refroidissement* de l'air tout particulier qui arrive quelquefois à être un vent bien marqué. Sous son influence j'ai vu des feuilles de papier s'enlever et le thermomètre baisser de plusieurs degrés. »

M. Armstrong, en Angleterre, a fait quelques expériences relatives à la perte de poids que doit subir le sujet qui extériorise son aérosome. Avec la balance de Blackburn, et avec des appareils enregistreurs, il est arrivé à des résultats qui n'étant pas peut-être très exacts, sont intéressants cependant à signaler. Il ressort de ces expériences que lorsque le double du sujet est formé à l'extérieur, le sujet a diminué sensiblement de poids et que lorsque le double est rentré, le sujet a augmenté de poids. Néanmoins le poids du sujet après l'extériorisation est un peu plus faible qu'avant. Cette perte représente, sans doute, la quantité de matière émise dans l'espace par l'aérosome durant le temps de son extériorisation.

CHAPITRE III

AÉROSOME ET PSYCHOLONE

52 Pouvoir iconographique du psycholone. — L'aérosome est tout d'abord extériorisé sous la forme d'une colonne nuageuse et faiblement lumineuse sans contour bien arrêté; puis, qui peu à peu, prend une forme humaine de plus en plus nette. Il ne reproduit pas le corps nu du sujet qui l'extériorise, mais seulement sa surface extérieure visible comme une statue qui, à l'intérieur n'est qu'un bloc de marbre, mais qui par sa surface reproduit un personnage avec sa tête, les traits du visage, les mains et le vêtement. Or, quelle est la force qui sculpte ainsi le nuage?

Nous avons vu que toute la sensibilité du sujet était concentrée dans l'aérosome extériorisé et que tout pincement de l'aérosome était ressenti par le sujet. Nous avons vu aussi que l'éloignement ou le rapprochement de l'aérosome de son sarcosome dépendaient de la volonté du sujet. Par conséquent, il est évident que l'aérosome et le psycholone sont dans des relations les plus étroites. Toute modification produite en un point du double, se répercute et est sentie au point correspondant du sujet, et toute modification du sujet se répercute dans le double. Le double est ainsi un véritable organe du sujet. Tous les bruits, toutes les vibrations qui se produisent dans le sujet, sont perçus dans son double, et réciproquement toutes les vibrations produites par cause externe dans le double sont transmises au sujet. Tout se passe un peu comme dans un téléphone. Il est donc certain que le psycholone agit sur l'aérosome. Or, le psycholome est doué d'un pouvoir iconographique assez énergique.

Priestley ayant fait passer une forte décharge électrique à travers une chaîne de fer étendue sur une lame de verre, vit chaque chaînon se dessiner sur le verre, au moyen d'une poudre noire qui s'en était détachée, et la chaîne avait un peu diminué de poids. Lorsqu'on dirige l'étincelle d'une batterie à travers une médaille frottée de plombagine posée à plat sur une feuille de papier, on obtient une reproduction exacte de la pièce dessinée sur une feuille, *image qu'on peut rendre très apparente en y projetant l'humidité de l'haleine*. Ces effets à l'intensité près, ne diffèrent point des empreintes laissées par la foudre lorsqu'elle retrace, *à des distances* souvent très grandes, l'image des objets atteints par la décharge. M. E. Santini en a rapporté un assez grand nombre d'exemples dans son remarquable ouvrage (1) sous le nom d'images *photofulgurales*. Il fait de plus remarquer, que dans le corps de certains foudroyés, on a vu une partie notable d'un membre disparaître, se volatiliser même « sans qu'aucune trace de chair se vit autour... et sans que les vêtements portassent la trace du passage de cette substance ». Il fallait donc que la dissociation moléculaire produite par la fulguration fût suffisante pour rendre possible le passage à travers les vêtements.

Le n° 44 nous ayant montré que les décharges électriques de l'être vivant sont sous l'influence de la volonté, des désirs et des idées de son psycholon, on comprend que celui-ci puisse arranger les corpuscules radiants projetés dans son aérosome extériorisé, selon ses idées ou images.

On a fait l'expérience suivante. On prend un certain nombre de feuilles de papier blanc et, après avoir marqué l'une d'elles d'un signe imperceptible, on remet la feuille à quelqu'un qui *mentalement* y dessine une figure quelconque. On replace ensuite la feuille parmi les autres, on mêle les feuilles comme un jeu de cartes et on remet le tout à un sujet préparé par l'hypnose. Celui-ci feuillette le paquet et d'un coup s'arrête sur l'une des feuilles où *il voit la figure pensée*.

---

(1) *La photographie à travers les corps opaques*, 1896.

Au contrôle, on reconnaît que cette feuille est bien celle qui a été marquée par l'assistant. Donc la figure pensée a dû être matériellement imprimée sur le papier, comme dans l'expérience de Priestley, la figure de la chaîne sur le verre, et cela à l'aide de corpuscules radiants, émis par l'expérimentateur. Invisible, pour les yeux ordinaires, l'image se révèle aux yeux plus sensibles du sujet hypnotique. Si l'on présente le même paquet à plusieurs sujets, tous reconnaissent sur la feuille la même figure.

Le Dr H. Baraduc produit de la même manière des images sur la plaque sensible. « Avec ou sans électricité, dit-il, on peut projeter sur une plaque dans l'obscurité une image bien imaginée, façonnée, modelée par l'esprit. Celui-ci doit donc concevoir mentalement avec force et netteté, l'image à laquelle il va donner un corps fluidique, et sous une douce pression de la volonté, cette *image s'évacue par la main et vient se graphier sur la plaque.*

« Pour aider son extériorisation, une faible tension, comme le souffle ou le vent électrique, peut être employée, intermédiairement entre la main et la plaque située en dehors à l'état neutre (le corps se trouvant dans un bain d'électricité statique positive).

« Si l'électricité est trop intense, la plaque recueille les fragments épars de l'image et les éclats de la signature électro-neurique.

« Il faut donc, durant l'opération, apercevoir à peine dans l'obscurité la gerbe électrique qui sort des doigts.

« L'électricité n'est pas nécessaire pour les personnes dont l'imagination et la volonté sont puissantes.

« Ces personnes, dans l'obscurité complète projettent les images qu'elles créent et souvent leurs *propres formes,* ou *celles des personnes auxquelles elles pensent.*

« La plaque reçoit et garde l'image produite ».

C'est donc bien le psycholone qui donne à la colonne

nuageuse sa forme dans tous ces détails, projetant sa matière très atténuée dans la nuée. Les savants anglais dont nous avons parlé dans le chapitre précédent qui ont photographié des doubles ont remarqué que, tandis que les images photographiques des objets tangibles présentaient toujours un certain relief à l'examen à la loupe, les images fantomales n'en présentaient jamais. Pour élucider ce problème, ils employèrent alors un objectif stéréoscopique donnant une double image dont le relief s'accusait énergiquement au stéréoscope, pour les objets tangibles ; mais les images fantomales conservaient, malgré la netteté du dessin, leur aspect pictural uniformément plat. De ceci, l'on conclut que la formation de l'image fantomale ne suivait pas les mêmes lois que celle de l'image des objets tangibles ; que les effluves producteurs de cette image n'étaient pas, comme les rayons lumineux, réfractés par l'objectif ; que, par conséquent, l'objectif était inutile pour le graphisme du fantôme sur l'émulsion sensible. On se trouvait en présence d'un phénomène de transport moléculaire.

53. Dédoublements homologues ou hétérologues — D'après ce que nous avons dit au numéro précédent, savoir que l'image formée par le psycholone peut être la forme propre à son individu ou celle de personnes auxquelles il pense, nous distinguerons deux sortes de dédoublements. J'appelle *dédoublement homologue* celui dans lequel le fantôme engendré est le portrait du sujet producteur, et *dédoublement hétérologue*, celui dans lequel le fantôme représente un personnage du sujet.

Comme exemple de dédoublement homologue, je citerai celui d'Emilie Sagée dont nous avons parlé dans le chapitre précédent. Comme exemple de dédoublement hétérologue, je citerai le cas observé par l'ingénieur Donald Mac-Nab bien connu à Paris. En 1889, il put photographier le fantôme d'une jeune fille qui apparut dans sa chambre à côté d'un sujet en léthargie. Présentée à ce sujet à son réveil, cette photographie et par suite l'apparition fut reconnue n'être que la reproduction d'un vieux dessin datant de plusieurs siècles, et qui avait beaucoup frappé jadis le sujet, alors qu'il était éveillé. C'était donc une image existant dans le cerveau du sujet, qui s'était non seulement objectivée, comme dans une simple hallucination, mais encore matérialisée.

Un autre exemple célèbre est le cas de Bernadette Soubirous qui a produit l'apparition de la grotte de Lourdes. Je n'exposerai pas ici ce cas, et je renvoie le lecteur à l'ouvrage que j'ai publié, à ce sujet, il y a quelques années (1). La Vierge n'est pas autre chose que l'image objectivée et matérialisée qui hantait le cerveau de Bernadette lorsque dans son imagination elle se représentait *jeune fille habillée en enfant de Marie* (1).

On voit par ces exemples qu'il n'y a rien d'extraordinaire à ce que parmi les dédoublements hétérologues, on ait pu observer, soit le diable tel qu'il est représenté dans certaines images ou comme se l'imagine un sujet, soit un ange, soit un saint, soit quelqu'autre personne défunte. Dans tous ces cas, il n'y a que des formes sculptées dans la nuée par le psycholone, selon l'image qui momentanément a pris fortement place dans son imagination.

Si le psycholone peut donner au double extériorisé la forme d'une autre personne, on conçoit qu'il puisse aussi donner à ce double la forme d'un être extraordinaire et bizarre comme l'imagination en crée quelquefois ou bien encore la forme de quelque animal.

Ceci donne la raison des cas appelés *Lycantropie* (2)

---

(1) D' Noriagof, *Notre Dame de Lourdes et la Science de l'Occulte.*

(2) Le psycholone donne à l'aérosome, de préférence à toute autre, les traits de sa propre personne. Et même, lorsqu'il lui donne les traits d'une autre personne pensée par lui, on

On sait que les fous jouent le personnage qu'ils s'imaginent être. Lorsque le psycholone d'un sujet est hanté par l'image d'un personnage qu'il réalise, il fait jouer à ce personnage réalisé, c'est-à-dire à son propre double, le rôle qu'il lui attribue. Ainsi s'expliquent les mouvements et les gestes des fantômes hétérologues.

54. Extériorisation du psycholone. — Jusqu'ici nous avons vu la plus grande partie de l'aérosome s'extérioriser pendant que l'autre partie restait dans le sarcosome avec le psycholone. Nous allons voir maintenant le psycholone s'extérioriser avec la plus grande partie de l'aérosome pendant que l'autre partie reste dans le sarcosome.

L'observation suivante est rapportée par Jung Stil-

---

retrouve dans sa création quelques-uns de ses propres traits. En cela, il ne fait que suivre une impulsion naturelle qu'on remarque souvent chez les peintres. Quand un dessinateur ou un peintre fait un personnage sans modèle, il lui donne quelques-uns de ses traits. Et s'il peint un groupe de personnages, on trouve entre tous ceux-ci une certaine ressemblance due aux traits du peintre reproduits en chacun d'eux. — Le psycholone qui a extériorisé son aérosome, comme le peintre qui veut peindre un autre personnage que lui-même, reproduit de préférence, mais sans le savoir, les personnages qu'il a été dans ses précédentes existences.

La plupart des auteurs disent que l'aérosome extériorisé seul, est le calque exact de tous les organes internes du sarcosome. C'est une erreur, car s'il en était ainsi, les cas de lycantropie seraient impossibles. L'aérosome ressemble à une statue qui n'est modelée qu'à l'extérieur. Mais lorsqu'il s'extériorise en même temps que le psycholone, alors il reproduit tous les détails de ce dernier, car le psycholone est le calque exact de tous les organes internes et externes du sarcosome. Si le psycholone s'extériorisait seul, il serait le double du sarcosome tout nu et ne se montrerait jamais habillé. Mais quand il s'extériorise avec le psycholone, le fantôme peut alors se montrer habillé; car les habits sont modelés dans l'aérosome.

ling et recueillie, par Dupotet. En 1740, vivait au voisinage de Philadelphie, un homme original qui passait pour devin. Une dame qui n'avait pas reçu depuis longtemps des nouvelles de son mari, capitaine de navire, parti pour l'Europe, étant très inquiète de son sort, reçut le conseil de s'adresser à ce devin ; il la pria de l'excuser pendant qu'il allait chercher les renseignements qu'elle désirait. Il passa dans une chambre voisine, et elle s'assit en l'attendant. Comme son absence se prolongeait, elle s'impatienta et crut qu'il l'avait oubliée ; elle s'approcha doucement de la porte, regarda à travers une fente, et fut étonnée de le voir couché sur un sofa, sans aucun mouvement, comme s'il était mort. Elle ne crut pas devoir le troubler, mais elle attendit son retour. Il lui dit que son mari avait été dans l'impossibilité d'écrire pour telles ou telles raisons, qu'il était en ce moment dans un café de Londres, et qu'il serait bientôt de retour chez lui. Le retour du mari eut lieu conformément à ce qui avait été annoncé, et la femme lui ayant demandé les motifs de son silence, si longtemps prolongé, il allégua, précisément, les raisons qu'avait données le devin. La femme eut un grand désir de vérifier le surplus de ses indications. Elle eut pleine satisfaction à cet égard, car son mari n'eut pas plutôt jeté les yeux sur le devin, qu'il le reconnut pour l'avoir vu, un certain jour, dans un café de Londres, où cet homme lui avait dit que sa femme était très inquiète de lui ; à quoi le capitaine avait répondu en expliquant pourquoi il avait été empêché d'écrire, et avait ajouté qu'il était à la veille de s'embarquer pour l'Amérique. Le capitaine avait ensuite perdu de vue cet étranger, qui s'était confondu dans la foule, et n'en avait plus entendu parler.

Autre observation rapportée par Gougenot des Mousseaux.

Sir Robert Bruce, de l'illustre famille écossaise de ce nom, est second d'un bâtiment ; un jour, il vogue près de Terre-Neuve, et, se livrant à des calculs, il croit voir son capitaine assis à son pupitre, mais il regarde avec attention, et celui qu'il aperçoit est un étranger dont le regard froidement arrêté sur lui l'étonnait. Le capitaine, près duquel il remonte, s'aperçoit de son étonnement, et l'interroge.

— Mais qui donc est à votre pupitre ? lui dit Bruce.
— Personne.
— Si, il y a quelqu'un ; est-ce un étranger ?... et comment ?
— Vous rêvez ou vous raillez ?
— Nullement, veuillez descendre et venir voir.

On descend, et personne n'est assis devant le pupitre. Le navire est fouillé en tous sens ; il ne s'y rencontre aucun étranger.

— Cependant celui que j'ai vu écrivait sur votre ardoise ; son écriture doit y être restée, dit le capitaine.

On regarde l'ardoise ; elle portait ces mots : Steer to the north-west, c'est-à-dire : gouvernez au Nord-Ouest.

— Mais cette écriture est de vous ou de quelqu'un du bord ?
— Non.

Chacun est prié d'écrire la même phrase, et nulle écriture ne ressemble à celle de l'ardoise.

— Eh bien, obéissons au sens de ces mots ; gouvernez le navire au Nord-Ouest ; le vent est bon et permet de tenter l'expérience.

Trois heures après, la vigie signalait une montagne de glace et voyait y attenant un vaisseau de Québec, démantelé, couvert de monde, cinglant vers Liverpool, et dont les passagers furent amenés par les chaloupes du bâtiment de Bruce.

Au moment où l'un de ces hommes gravissait le flanc du vaisseau libérateur, Bruce tressaillit et recula, fortement ému. C'était l'étranger qu'il avait vu traçant les mots de l'ardoise. Il raconta à son capitaine le nouvel incident.

— Veuillez écrire : *Steer to the north-west* sur cette

ardoise, dit au nouveau venu le capitaine, lui présentant le côté que ne recouvre aucune écriture.

L'étranger trace les mots demandés.

— Bien ; vous reconnaissez là votre main courante, dit le capitaine frappé de l'identité des écritures.

— Mais vous m'avez vu vous-même écrire ? Vous serait-il possible d'en douter ?

Pour toute réponse, le capitaine retourne l'ardoise, et l'étranger reste confondu voyant des deux côtés sa propre écriture.

— Auriez-vous rêvé que vous écriviez sur cette ardoise, dit à celui qui vient d'écrire, le capitaine du vaisseau naufragé.

— Non, du moins je n'en ai nul souvenir.

— Mais que faisait à midi ce passager ? demande à son confrère le capitaine sauveur.

— Etant très fatigué, ce passager s'endormit profondément, et autant qu'il m'en souvient, ce fut quelque temps avant midi. Une heure au plus ; après, il s'éveilla et me dit : « Capitaine, nous serons sauvés aujourd'hui même ! » ajoutant : « J'ai rêvé que j'étais à bord d'un vaisseau et qu'il venait à notre secours ». Il dépeignit le bâtiment et son gréement ; et ce fut à notre grande surprise, lorsque vous cinglâtes vers nous, que nous reconnûmes l'exactitude de sa description. Enfin, ce passager dit à son tour : « Ce qui me semble étrange, c'est que ce que je vois ici me paraît familier et cependant, je n'y suis jamais venu ! »

Ces deux observations nous montrent que le psycholone et son aérosome peuvent aller très loin pour voir ce qui s'y passe. Mais ce qu'il y a de plus extraordinaire, c'est d'entendre le fantôme *parler* comme dans le premier cas. Nous reviendrons plus loin sur l'explication de ce fait.

Pendant l'extériorisation du psycholone, nous voyons que le sarcosome dort d'un profond sommeil, il serait impossible qu'il en fût autrement et on comprend facilement pourquoi. Mais dans des sommeils plus légers, le psycholone ne peut-il pas aussi s'extérioriser ?

Nous avons des preuves que dans le sommeil ordinaire le pycholone peut s'extérioriser, seulement son aérosome au lieu d'être visible, comme dans les cas précédents est invisible et alors, on ne se doute pas qu'il y a eu extériorisation, on dit qu'il y a eu simple rêve ou vue à grande distance. En réalité, il y a eu extériorisation. Il suit de là, que l'extériorisation du psycholone est plus fréquente qu'on ne serait tenté de le croire.

55. Résumé sur la constitution de l'être humain. — Si nous résumons les trois livres qui précèdent nous verrons que l'homme est constitué par :

1º Un corps charnel ou *sarcosome*, visible et palpable, agglomération de nombreux individus de plusieurs ordres de complexité organique et de perfection : de plasmides, de mérides et de zoïdes. La vie d'ensemble du sarcosome résulte de la vie de tous ces individus subordonnés les uns aux autres ;

2º Un corps aérien ou *aérosome*, invisible et impalpable, sorte de nuage composé de corpuscules de divers degrés de complexité : ultimates, corpuscules sous-atoniques, atomes, molécules et particules.

Parmi les ultimates de l'éther qui entre dans la composition de cet aérosome, il y en a d'un développement psychique supérieur à celui des autres, nous les appelons des *psychées*, et l'ensemble de toutes ces psychées à différents degrés de développement constituent ce que nous appelons le *Psycholone*.

Dans des cas *très rares*, l'aérosome peut sortir du sarcosome et s'en éloigner plus ou moins, tout en restant uni à lui, et puis rentrer dans le sarcosome. Dans des cas *plus rares encore*, le psycholone peut sortir avec l'aérosome et aller fort loin pour rentrer aussi dans le sarcosome au bout d'un certain temps.

La sortie de l'aérosome seul, se fait pendant un assoupissement plus ou moins marqué, tandis que la sortie du psycholone n'a lieu que pendant un sommeil très profond.

Tous ces phénomènes sont rares, parce que toutes les conditions nécessaires à leur production se trouvent rarement réunies. Cependant leur connaissance est absolument indispensable si l'on veut avoir une *notion véritable* de l'être humain et des autres métazoaires.

DEUXIÈME PARTIE

La Survivance des Métazoaires

LIVRE I

De la Mort

56. Définition ; — distinction. — La mort est la cessation des phénomènes qui caractérisent la vie dans le sarcosome. Cette cessation peut être *temporaire* ou *définitive*. Dans le premier cas, les phénomènes vitaux sont si atténués, et il est parfois si difficile de reconnaître leur persistance, qu'il semble bien qu'ils ont tout à fait disparu. Mais cette cessation n'est qu'*apparente*, c'est la *mort apparente*. Dans le second cas, les phénomènes vitaux ont réellement cessé de se produire dans le sarcosome, et c'est la *mort réelle*, la *mort véritable*. Celle-ci est suivie d'autres phénomènes résumés dans le mot de *putréfaction* ou de *dissolution* du sarcosome.

La définition précédente est exempte de toute hypothèse philosophique et c'est la seule. Nous ne pouvons donc accepter la manière dont M. Dastre définit la mort, lorsqu'il dit qu'elle est « la dissolution de la conscience que l'individu possède de lui-même » ; ou bien « la mort, c'est ne plus sentir, c'est ne plus penser, c'est *être assuré* que plus jamais on ne sentira, on ne pensera. » Qu'en savez-vous, Monsieur Dastre? Ce livre-ci a été écrit pour prouver le contraire.

Au lieu d'avancer que « la mort est un sommeil sans rêves et sans conscience et *sans réveil* », nous prétendons que la mort est « un sommeil dont le *réveil se fait plus longtemps attendre* ».

CHAPITRE I

LA MORT APPARENTE

57. Animaux dits ressuscitants. — Pour que la vie se manifeste dans un sarcosome quelconque, il faut (n° 19) que certaines conditions de milieu physique et chimique soient remplies. Si l'une de ces conditions fait défaut, la vie ne se manifeste pas. Ainsi, par exemple, la vie de la graine est purement virtuelle, elle existe prête à se manifester, si on lui fournit les conditions extérieures convenables, mais elle ne se manifeste aucunement si ces conditions font défaut. La graine a en elle, dans son organisation, tout ce qu'il faut pour vivre ; mais elle ne vit pas, parce qu'il lui manque les conditions physico-chimiques nécessaires.

Un grand nombre d'animaux sont susceptibles de tomber dans un état tout à fait comparable à celui de la graine. Tels sont beaucoup d'infusoires et entre autres les *kolpodes*.. Mais les plus célèbres de ces animaux appelés *ressuscitants* ou *reviviscents*, sont les *rotifères, les tartigrades* et les *anguillules* du blé niellé

. Les *rotifères* sont des animaux appartenant au troisième degré d'organisation, c'est-à-dire aux annelés quoique très petits ; leur longueur est de 1 millimètre environ. On les trouve dans les mousses et surtout dans celles qui forment des touffes vertes sur les toitures. — Les *tartigrades* sont des animaux encore plus parfaits que les précédents. Ils appartiennent à la classe des *arachnides*; ils vivent dans la poussière des toits ou sur les mousses qui y végètent, dans l'eau qui baigne le sable des gouttières.

Lorsque l'eau vient à leur manquer, ces animaux se rétractent, se racornissent et se confondent avec la poussière voisine. Ils peuvent rester plusieurs mois, *sans manifestations de la vie*, dans cet état de dessiccation. Mais si on humecte cette poussière, on voit au bout d'une heure les animaux y fourmiller actifs et mobiles; ils reprennent, en un mot, toute la plénitude de leur vitalité jusqu'à ce que la sécheresse vienne l'interrompre encore une fois. On a pu même les faire revivre après les avoir desséchés par la chaleur artificielle portée à une température élevée ordinairement incompatible avec toute espèce de vie manifestée. Il est donc bien certain que *la vie est complètement arrêtée chez les animaux* malgré la complexité de leur organisation.

Les mêmes phénomènes nous sont offerts par les *anguillules* du blé niellé. Baker, en 1771, observa que des anguillules conservées mortes depuis 27 ans, reprenaient leur activité quand on les humectait, et Claude Bernard en a vu revenir à la vie après avoir été conservées pendant quatre années, dans un flacon très sec et bien bouché. Cette propriété de reviviscence explique pourquoi les blés ne sont sujets à la nielle que dans les années humides, où les pluies sont abondantes au temps de la formation de l'épi.

Voilà donc des métozoaires, chez lesquels la vie est complètement arrêtée et qui nous offrent toutes les *apparences de la mort*. Ils se dessèchent, se ratatinent et perdent leur forme habituelle d'animaux vivants pour prendre l'aspect d'un grain de poussière, d'un corps brut. Il suffit de les humecter pour les ressusciter; pour leur rendre la vie avec la forme de leur espèce.

58. — Animaux hibernants; les yoghis; la léthargie. — La plupart des mammifères et des oiseaux produisent assez de chaleur pour conserver la même température en été et en hiver et pour résister aux causes ordinaires de refroidissement, même à un froid très vif. Mais tous les autres : reptiles, poissons, insectes, ne produisent que la chaleur nécessaire pour élever leur température de 12° à 15° au-dessus de celle de l'atmosphère. Il en résulte que, pendant l'été, leur température est à peu près la même que celle des autres animaux à sang chaud (mammifères et oiseaux), mais que, pendant la saison froide, elle s'abaisse beaucoup; or, toutes les fois que ce refroidissement atteint une certaine limite, le *mouvement vital se ralentit*, la vie s'atténue, la respiration se ralentit, la digestion se suspend, les mouvements deviennent faibles ou nuls, l'animal tombe dans un état de torpeur ou de sommeil qui dure jusqu'à ce que la température se relève de nouveau.

Quelques animaux à sang chaud présentent les mêmes phénomènes, tels sont la marmotte, la chauve-souris, le loir, le hérisson, la gerboise, le hamster. On les appelle des *animaux hibernants*.

Ces animaux ont l'instinct de se préparer une retraite et un lit moelleux, et bouchent l'entrée de leur demeure lorsque l'époque de leur sommeil hibernal approche.

Il semble cependant que le froid n'est pas seul en cause dans la production du sommeil léthargique des animaux, car le tanrec, l'échidné, le pétrel, l'albatros des tropiques, les grands serpents, tombent aussi en léthargie sous le ciel de l'équateur. Cela ne survient pas spontanément. Pour y parvenir, l'animal se soumettrait à un jeune volontaire. La respiration se ralentit et devient à peine perceptible, le sang quitte les extrémités, se refroidit, la sensibilité disparaît au point qu'on peut agiter les animaux, les disséquer même sans les tirer de leur torpeur.

L'homme peut, par une méthode d'entraînement devenir une sorte d'animal hibernant. C'est le singulier phénomène que nous présentent certains mystiques indous, les yoghis.

Ils demeurent dans des retraites souterraines, ils s'abstiennent de sel dans leurs aliments et sont extrêmement friands de lait dont ils font leur principale nourriture ; ils sont noctambules et restent enfermés pendant le jour : leurs mouvements sont lents et leurs manières engourdies ; ils mangent et se promènent dans la nuit. Ils prennent deux postures, en vue de respirer aussi peu fréquemment que possible. Ils se servent du haschisch pour diminuer encore la force respiratoire; car cet hypnotique, associé à d'autres végétaux et employé d'une façon toute particulière, supplée au manque d'air et de nourriture. Quand ils sont capables de se tenir deux heures dans les deux postures tranquilles dont nous venons de parler, ils entrent volontairement en *transe* caractérisée par une transpiration abondante, par des tremblements dans tout le corps et un sentiment de légèreté dans l'économie. Alors la sensibilité et les mouvements volontaires cessent complètement et comme les animaux hibernants, ils ont acquis le pouvoir de se passer de l'air atmosphérique, de nourriture et de boisson

Quand il sent la léthargie venir, le yoghi se bouche le nez et les oreilles avec de la cire, l'incision du filet lui permet de retourner sa langue en arrière, il regarde fixement le bout de son nez, entre en des rêves délicieux, s'endort enfin et reste inanimé et froid pendant des jours et des mois. On peut alors l'enterrer comme un mort. Au bout de dix jours, de six semaines, on déterre le faux mort, on remet sa langue dans la position normale, on lave tout le corps à l'eau chaude, et peu à peu le Yoghi revient à la vie.

L'état léthargique qu'on peut provoquer de différentes manières chez les hystériques, arrive parfois spontanément et peut-être assez profond pour simuler

8.

la mort. De temps à autre, les journaux rappellent des erreurs lamentables de léthargiques enterrés.

Un des faits les plus curieux est celui rapporté par Bouchut, d'une léthargique mariée que son amant aurait déterrée pour la revoir une dernière fois. Il l'aurait trouvée vivante et aurait vécu de nombreuses années avec la prétendue décédée.

La similitude avec la mort réelle est quelquefois tellement frappante, que le grand anatomiste André Vésale porta un jour le scalpel sur un corps qui semblait privé de vie, et auquel la léthargie seule donnait ainsi l'image de la mort.

Le Dr Simon Carleton dit que sur 30.000 inhumations, il y a une personne enterrée vivante. D'après ses calculs, depuis l'ère chrétienne et rien qu'en Europe, il y aurait eu environ 4.000.000 d'hommes enterrés vivants.

Si la léthargie simule à ce point la mort qu'on puisse s'y tromper, on ne s'étonnera pas que les sauvages et les peuples anciens l'aient prise pour elle. Le réveil était pour eux une *véritable résurrection* voulue par les dieux.

Outre le jeûne (suppression des aliments), la dessication (privation d'eau), l'asphyxie (privation d'air), la léthargie peut encore être déterminée par une grande fatigue, une forte émotion, la fixation du regard sur un objet, l'exaltation religieuse, la maladie, le traumatisme, etc.

59. — Extériorisation du psycholone et de son aérosome dans la mort apparente. —

— C'est pendant la mort apparente que s'extériorise le plus ordinairement le psycholone avec son aérosome. Les cas d'extériorisation dont nous avons parlé au n° 54, ont eu lieu pendant le sommeil léthargique mais nous allons en citer d'autres exemples.

Chardel (1) rapporte qu'un jour, ayant poussé très

---

(1) *Esquisse de la Nature humaine*, Paris 1826.

loin un sujet en état de somnambulisme, il lui récita, sur sa demande, une tragédie de Racine, et il le fit en exprimant avec émotion les sentiments suscités par le poète. La jeune femme qui l'écoutait s'exalta au point de tomber sans connaissance. *Jamais privation de sentiment ne fut plus effrayante; le corps avait toute la souplesse de la mort : chaque membre que l'on soulevait retombait de son propre poids, la respiration s'était arrêtée, le pouls et les battements du cœur ne se faisaient plus sentir; les lèvres et les gencives se décolorèrent et la peau, que la circulation n'animait plus, prit une teinte livide et jaunâtre ?* Chardel parvint à réveiller son sujet qui, dès que la parole lui fut revenue, l'assura que, bien que la circulation sanguine fût revenue partout, la circulation nerveuse n'était encore rétablie que dans la tête et la poitrine, en sorte *qu'elle voyait son corps comme un objet étranger dont elle répugnait à se revêtir.* Elle n'y consentit qu'en cédant à la volonté du docteur.

Le Dr Charpignon avait une malade qui tombait spontanément en léthargie pendant la nuit et éprouvait des sensations analogues.

« J'entre, dit-elle, dans un état semblable à celui que l'hypnotisme me procure ; puis peu à peu mon corps (sarcosome) se dilate et je le vois très distinctement loin de moi, immobile, pâle et froid comme un mort ; quant à moi, je me parais une vapeur lumineuse, je me sens penser *séparée de mon corps* (sarcosome) et dans cet état je comprends et je vois bien plus de choses que dans le somnambulisme. Après quelques minutes, un quart d'heure au plus, cette vapeur se rapproche de plus en plus de mon corps ; je perds connaissance et le phénomène a cessé. »

Le Dr Gibier [1] cite un cas plus compliqué. Il s'agit d'un jeune homme d'une trentaine d'années, artiste-graveur de talent.

« Il y a peu de jours, me dit-il, je rentrais chez moi

---

[1] *Analyse des choses*, p. 149 et suiv.

le soir, vers dix heures, lorsque je fus saisi d'un sentiment de lassitude étrange que je ne m'expliquais pas. Décidé, néanmoins, à ne pas me coucher de suite, j'allumai ma lampe et la laissai sur la table de nuit, près de mon lit. Je pris un cigare, le présentai à la flamme de mon carcel, et j'en aspirai quelques bouffées, puis je m'étendis sur une chaise longue.

« Au moment où je me laissai aller nonchalamment à la renverse pour appuyer ma tête sur le coussin du sofa, je sentis que les objets environnants tournaient, j'éprouvai comme un étourdissement, *un vide*; puis, brusquement, je me trouvai *transporté au milieu de ma chambre*. Surpris de ce déplacement dont je n'avais pas eu conscience, je regardai autour de moi, et mon étonnement s'accrut bien autrement.

« Tout d'abord, *je me vis étendu sur le sofa*, mollement, sans raideur, seulement ma main gauche se trouvait élevée au-dessus de moi, le coude étant appuyé, et tenait mon cigare allumé dont la lueur se voyait dans la pénombre produite par l'abat-jour de ma lampe. — La première idée qui me vint fut que je m'étais sans doute endormi et que ce que j'éprouvais était le résultat *d'un rêve*, néanmoins, je m'avouais que jamais je n'en avais eu de semblable et qui me parût si intensivement la réalité. Je dirai plus, j'avais l'impression que jamais je n'avais été autant dans la réalité. Aussi me rendant compte qu'il ne pouvait être question d'un rêve, la deuxième pensée qui se présenta soudainement à mon imagination fut que *j'étais mort*. Et, en même temps, je me souvins d'avoir entendu dire qu'il y a des Esprits, et je pensai que j'étais devenu Esprit moi-même.

« Je m'approchai de moi ou plutôt de mon corps ou de ce que je croyais être *mon cadavre*. Un spectacle que je ne compris pas tout de suite appela mon attention : je me vis respirant, mais, de plus, je vis l'intérieur de ma poitrine, et mon cœur y battait lentement par faibles à-coups, mais avec régularité. A ce moment, je compris que je devais avoir eu une *syncope* d'un *genre particulier*, à moins que les gens qui ont une syncope, pensai-je à part moi, ne se souviennent plus de ce qui leur est arrivé pendant leur évanouissement. Et alors, je craignis de ne plus me souvenir quand je reviendrais à moi..

« Me sentant un peu rassuré, je jetai les yeux autour de moi, me demandant combien de temps cela allait durer, puis, je ne m'occupai plus de mon corps qui reposait toujours sur sa couche. Je regardai ma lampe, qui continuait à brûler silencieusement, et je me fis cette réflexion qu'elle était bien près de mon lit et pourrait communiquer le feu à mes rideaux ; je pris le bouton, la clef de la mèche pour l'éteindre, mais, là encore, nouveau sujet de surprise ! je sentais parfaitement le bouton avec sa molette, je percevais pour ainsi dire chacune de ses molécules, mais j'avais beau tourner avec mes doigts, ceux-ci seuls exécutaient le mouvement, et c'est en vain que je cherchais à agir sur le bouton.

« Je m'examinai alors moi-même et je vis que, bien que ma main pût passer au travers de moi, je me sentais bien le corps, qui me parut, si ma mémoire ne me fait pas défaut sur ce point, comme revêtu de blanc. Puis je me plaçai devant mon miroir, en face de la cheminée. Au lieu de voir mon image dans la glace, je m'aperçus que ma vue semblait s'étendre à volonté, et le mur, d'abord, puis la partie postérieure des tableaux et des meubles qui étaient chez mon voisin, et ensuite l'intérieur de son appartement, m'apparurent. Je me rendis compte de l'absence de lumière dans ces pièces où ma vue s'exerçait pourtant, et je perçus très nettement comme un rayon de clarté qui partait de mon épigastre et éclairait les objets.

« L'idée me vint de pénétrer chez mon voisin, que d'ailleurs je ne connaissais pas et qui était absent de Paris à ce moment. A peine avais-je eu le désir de visiter la première pièce, que je m'y trouvais transporté : comment ? je n'en sais rien, mais il me semble que j'ai dû *traverser la muraille* aussi facilement que ma vue la pénétrait. Bref, j'étais chez mon voisin pour la première fois de ma vie. J'inspectai les chambres, me gravai leur aspect dans la mémoire et me dirigeai vers une bibliothèque où je remarquai tout particulièrement plusieurs titres d'ouvrages placés sur un rayon à hauteur de mes yeux.

« Pour changer de place, je n'avais qu'à vouloir et, sans effort, je me trouvais là où je devais aller.

« A partir de ce moment, mes souvenirs sont très confus ; je sais que j'allai loin, très loin, en Italie, je crois, mais je ne saurais donner l'emploi de mon temps. C'est comme si, n'ayant plus le contrôle de moi-même, n'étant plus maître de mes pensées, je me trouvais transporté ici ou là, selon que ma pensée s'y dirigeait. *Je n'étais pas encore sûr d'elle* et elle me dispersait en quelque sorte avant que j'aie pu la saisir ; la folle du logis, à présent, emmenait le logis avec elle.

« Ce que je puis ajouter, en terminant, c'est que je m'éveillai à cinq heures du matin, raide, froid sur mon sofa et tenant encore mon cigare inachevé entre les doigts. Ma lampe s'était éteinte; elle avait enfumé le verre. Je me mis au lit sans pouvoir dormir et je fus agité par un frisson. Enfin le sommeil vint; quand je m'éveillai, il était grand jour.

« Au moyen d'un innocent stratagème, j'induisis mon concierge à aller voir dans l'appartement de mon voisin s'il n'y avait rien de dérangé et, montant avec lui, je pus retrouver les tableaux, les meubles vus par moi la nuit précédente, ainsi que les titres des livres que j'avais attentivement remarqués. »

J'ai cité ces trois exemples d'extériorisation parce que le souvenir des événements survenus pendant la durée du phénomène est ici très net, surtout dans le dernier cas. Ordinairement, il est beaucoup moins vif et le sujet, en se réveillant, ne sait plus ou s'il a rêvé ou s'il a quitté son sarcosome. Le plus souvent même, le sujet oublie tout à fait en rentrant dans le sarcosome ce qui s'est passé pendant l'extériorisation.

80. Autres cas d'extériorisation produits dans une léthargie très courte.

— M. Algermon Joy, ingénieur, employé aux docks de Pénarth, à Cardiff, dans le sud du Pays de Galles, se promenait dans un chantier champêtre, près de la ville, absorbé par un calcul ayant rapport aux docks ; quand il fut attaqué et terrassé par deux jeunes houilleurs. Ses pensées, à ce moment, se portèrent immédiatement sur la cause probable de l'attaque, sur la possibilité de reconnaître les assaillants et d'avertir la police. Il affirme que ni environ une demi-heure avant, ni une heure ou deux après l'attaque, il n'y eut aucun rapport quelconque entre sa pensée et un de ses amis de Londres. Cependant, presque au moment précis de l'attaque, cet ami reconnut le pas de M. Joy, derrière lui, dans la rue. S'étant retourné, il le vit « aussi distinctement qu'il l'eût jamais vu de sa vie », s'aperçut qu'il avait l'air angoissé, lui demanda ce qu'il avait, et reçut cette réponse : « Retourne chez toi, mon vieil ami, j'ai été blessé. » Tout cela fut raconté par l'ami en question dans une lettre qui en croisa une de M. Joy, donnant le compte rendu de l'accident.

Autre exemple raconté par Mme Randolph Lichfied, et arrivé en 1883 (1).

« J'étais assise dans ma chambre, un soir, avant mon mariage, près d'une table de toilette, sur laquelle était posé un livre que je lisais ; la table était dans un coin de la chambre, et le large miroir qui était dessus touchait presque le plafond, de sorte que l'image de toute personne qui se trouvait dans la chambre pouvait s'y refléter tout entière. Le livre que je lisais ne pouvait nullement affecter mes nerfs, ni exciter mon imagination. Je me portais très bien, j'étais de bonne humeur, et rien ne m'était arrivé depuis l'heure où j'avais reçu mes lettres, le matin, qui eût pu me faire

---

(1) *Phantasms of the living*, par Gurney, Myers et Podmore.

penser à la personne à laquelle se rapporte l'étrange impression que vous me demandez de raconter.

« J'avais les yeux fixés sur mon livre. Tout à coup, je *sentis*, mais sans le *voir*, quelqu'un entrer dans ma chambre. Je regardai dans le miroir pour savoir qui c'était, mais je ne vis personne. Je pensais naturellement que ma visite, me voyant plongée dans ma lecture, était ressortie, quant à mon vif étonnement, je sentis sur mon front un baiser, un baiser long et tendre. Je levai la tête nullement effrayée, et je vis mon fiancé debout derrière ma chaise, penché sur moi comme pour m'embrasser de nouveau. Sa figure était très pâle et triste au delà de toute expression. Très surprise, je me levai et, avant que j'aie pu parler, il avait disparu, je ne sais comment. Je ne sais qu'une chose, c'est que, pendant un instant, je vis bien nettement tous les traits de la figure, sa haute taille, ses larges épaules, comme je les ai toujours vus, et le moment après, je ne vis plus rien de lui. »

La narratrice raconte alors qu'elle n'a pas eu de nouvelles de son fiancé pendant trois jours et qu'enfin elle apprit qu'il avait été victime d'un accident en voulant dresser un cheval fougueux ; la pensée de ce monsieur se porta immédiatement vers sa fiancée, et il dit, au moment de perdre connaissance : « May, ma petite May, que je ne meure pas sans te revoir. » Ce fut pendant cette nuit qu'il se pencha vers la jeune fille, et l'embrassa.

Autre exemple tiré du même ouvrage que le précédent.

« Il y a plusieurs années, dit Mlle R..., un de mes amis et moi nous fîmes entre nous ce vieil arrangement que celui qui mourrait le premier essayerait de revenir auprès de l'autre. Quelques années plus tard, je priai la sœur de cet ami de le saluer de ma part et de lui demander s'il se rappelait encore sa promesse. Je reçus sa réponse : « Parfaitement, et j'espère que j'apparaîtrai à X... et non pas elle à moi. » Puis j'oubliai toute cette affaire. Mon ami était en Nouvelle-Zélande, sa sœur je ne sais pas où. — Une nuit je me réveillai avec la sensation que quelqu'un était dans ma chambre (je dois vous dire que j'ai toujours de la lumière sur une table auprès de mon lit) ; je regardai autour de moi, et je vis tout de suite quelque chose derrière la petite table ; je sentis que je devenais toute froide, mais je n'étais pas effrayée du tout. Je me frottai les yeux pour m'assurer que j'étais tout à fait éveillée, et je regardai fixement. Peu à peu la tête et les épaules d'un homme se dessinèrent parfaitement, mais dans une sorte de brouillard matériel, si je peux employer ce mot. La tête et les traits étaient distincts, mais l'apparition dans son ensemble n'avait rien de solide ni de défini ; on aurait dit un nuage où l'on aurait pu reconnaître la tête d'un homme et ses épaules. Tout d'abord, je regardai et me demandai : « Qui est là ? il y a quelqu'un ici, mais qui ? » Alors la forme de la tête et du front (elle était très caractéristique chez mon ami) me fit m'écrier en moi-même : « Le capitaine W... ! » L'apparition disparut.

Je me levai et je notai la date. J'attendais le moment où l'on pouvait recevoir les nouvelles de la Nouvelle-Zélande. Je demandai des nouvelles de mon ami ; j'étais convaincue qu'il était mort ; à la fin, une nouvelle arriva : « Fait une grave chute de voiture ; ne peux écrire, tête encore très malade. » Nous en apprîmes davantage un peu plus tard. Il était tombé d'une voiture et était resté quelque temps sans connaissance, et, comme il l'avait dit, sa tête était restée embrouillée pendant quelque temps. Je n'ai jamais douté que son esprit ne fût venu auprès de moi pendant qu'il était sans connaissance. L'apparition que je vis coïncidait avec le moment de son évanouissement.

Ce qui avait empêché tout d'abord Mlle L. de reconnaître le visage de son ami, c'est qu'elle avait vu nettement qu'il avait les cheveux *gris*. Or, mon ami avait les cheveux *noirs* lorsqu'elle l'avait vu pour la dernière fois. Elle ne s'était jamais représenté son ami qu'avec des cheveux noirs ; mais plus tard, elle apprit qu'ils étaient devenus gris, et qu'ils l'étaient déjà au moment de son accident.

Enfin, voici un dernier exemple d'extériorisation arrivé durant une courte maladie et un peu avant la mort réelle.

C'était en 1858, je passais à Rio-Janeiro, dit Adolphe d'Assier, et on s'entretenait encore, dans la colonie française de cette capitale, d'une apparition singulière qui avait eu lieu quelques années auparavant. — Une famille alsacienne, composée du mari, de la femme et d'une petite fille, encore en bas âge, faisait voile pour Rio-Janeiro, où elle allait rejoindre des compatriotes établis dans cette ville. La traversée étant longue, la femme devint malade, et faute sans doute de soins ou d'une alimentation convenable, succomba avant d'arriver. Le jour de sa mort, elle tomba en syncope (léthargie), resta longtemps dans cet état, et lorsqu'elle eut repris ses sens, elle dit à son mari, qui veillait à ses côtés : « Je meurs contente, car maintenant je suis rassurée sur le sort de notre enfant. Je viens de Rio-Janeiro, j'ai rencontré la rue et la maison de notre ami Fritz, le charpentier. Il était sur le seuil de la porte ; je lui ai présenté la petite ; je suis sûre qu'à ton arrivée il la reconnaîtra et en prendra soin. » Quelques instants après, elle expirait. — Le mari fut surpris de ce récit, sans toutefois y attacher d'importance. Le même jour et à la même heure, Fritz le charpentier, se trouvait sur le seuil de la porte de la maison qu'il habitait à Rio-Janeiro, lorsqu'il crut voir passer dans la rue une de ses compatriotes tenant dans ses bras une petite fille. Elle le regardait d'un air suppliant, et semblait lui présenter l'enfant qu'elle portait. Sa figure, qui paraissait d'une grande maigreur, rappelait néanmoins les traits de Lotta, la femme de son ami et compagnon Schmidt. L'expression de son visage, la singularité de sa démarche, qui tenait plus de la vision que de la réalité, impressionnèrent vivement Fritz. Voulant s'assurer qu'il n'était pas dupe d'une illusion, il appela un de ses ouvriers qui travaillait dans la boutique, et qui lui aussi était un Alsacien et de la même localité. — Regarde, lui dit-il, ne vois-tu pas passer une femme dans la rue, tenant un enfant dans ses bras, et ne dirait-on pas que c'est Lotta, la femme de notre *pays* Schmidt ? — Je ne puis vous dire, je ne la distingue pas bien, répondit l'ouvrier. — Fritz n'en dit pas davantage ; mais les diverses circonstances de cette apparition réelle ou imaginaire se gravèrent fortement dans son esprit, notamment l'heure et le jour. A quelque temps de là, il voit arriver son compatriote Schmidt, portant une petite fille dans ses bras. La visite de Lotta se retrace alors dans son esprit, et avant que Schmidt ait ouvert la bouche, il lui dit : — Mon pauvre ami, je sais tout ; ta femme est morte pendant la traversée, et avant de mourir elle est venue me présenter sa petite fille pour que j'en prenne soin. Voici la date et l'heure.

C'était bien le jour et le moment consignés par Schmidt à bord du navire.

61. L'extériorisation chez les animaux.

— D'après les cas d'extériorisation chez l'homme que nous venons de citer dans ce chapitre et ceux que nous avons cités dans la première partie de cet ouvrage (n° 54), on peut se convaincre que l'extériorisation du psycholone et de l'aérosome s'accompagnent des circonstances les plus diverses.

Autant que possible, nous avons choisi des exemples où le fantôme est rendu visible avec des degrés différents de netteté, mais il arrive aussi qu'il soit tout à fait invisible.

Il peut manifester sa présence par des bruits plus ou moins violents ou au contraire rester silencieux et ne produire qu'une sensation plus ou moins vague de présence.

Dans d'autres cas, le fantôme va au loin, mais personne ne fait attention à lui, soit qu'il soit visible, soit qu'il soit invisible.

Enfin, le sujet peut garder le souvenir de son extériorisation ou ne pas se souvenir du tout.

Nous pensons que si les cas d'extériorisation constatés sont si rares, c'est que le plus ordinairement pendant la mort apparente, le fantôme extériorisé est invisible et silencieux privé de tout moyen de manifestation.

Or, c'est dans ces conditions que les choses doivent se passer chez les animaux. Il est impossible d'admettre que l'homme seul ait la propriété de s'extérioriser ; du moment que les animaux ont un psycholone et un aérosome semblable à celui de l'homme, ils doivent s'extérioriser lorsqu'ils sont en état de mort apparente ou de léthargie. Si on ne l'a pas constaté jusqu'à présent, cela tient comme je viens de le dire, à ce que dans le plus grand nombre des cas, leur fantôme est invisible et silencieux, ou bien s'il est visible, c'est que personne jusqu'ici n'y a fait attention.

Toutefois, voici un exemple, où un chien s'extériorise pour remplir les fonctions de messagers d'une mauvaise nouvelle, nous l'empruntons à *l'Inconnu et les problèmes psychiques*, de C. Flammarion.

Un habitant de Cherbourg, M. Cienciau, raconte qu'une personne de sa connaissance, étant allée à la campagne pour affaires, constata la première nuit qu'elle coucha dans sa chambre, que son lit s'agitait, se soulevait, comme remué par une cause inconnue. Il était 11 heures du soir. Elle alluma sa bougie et vit au milieu de la chambre un très gros chien, les yeux fixés sur elle. Après quelques instants, il idsparut par un des carreaux de la fenêtre, sans laisser trace de son passage. Elle partit précipitamment le lendemain matin, pressentant un malheur arrivé chez elle. — Là, elle apprit que M. X..., officier de l'armée, atteint d'une maladie incurable, s'était suicidé la veille à 11 heures du soir. Ce monsieur lui avait demandé de le prendre chez elle pour y être soigné, et sur son refus il avait fait cette réflexion : « Alors il ne me reste plus qu'à en finir avec la vie. »

Les détails nous manquent pour interpréter d'une manière convenable la relation pouvant exister entre le suicidé et le chien, mais il est probable que celui-ci connaissait l'officier et la personne en question.

CHAPITRE II

DE LA MORT RÉELLE

(1re Phase)

62. Les deux phases de la mort réelle. — Nous avons vu qu'au regard du physiologiste l'organisme des métazoaires est une fédération d'éléments globulaires réunis dans une association étroite. On peut l'assimiler à une cité populeuse, dont les globules vivants sont les citoyens et qui possède une individualité propre. En sorte que l'activité de cet organisme fédératif peut-être envisagée dans chacun de ses membres, et c'est alors la *vie élémentaire*, ou dans son ensemble, et c'est alors la *vie générale*.

Nous devons par conséquent distinguer la *mort élémentaire* qui est la cessation des phénomènes vitaux dans les globules et la *mort générale* qui est la disparition des phénomènes qui caractérisaient la collectivité, la cité, le tout en tant qu'unité. La cité périt, si les mécanismes plus ou moins compliqués qui présidaient à son ravitaillement et à sa décharge sont gravement atteints en quelque point. Les divers groupes de globules peuvent survivre plus ou moins longtemps, mais, privés progressivement des moyens de s'alimenter ou de s'exonérer, ils sont enfin entraînés dans la ruine générale. — Que le cœur s'arrête, c'est la famine universelle. — Que le poumon soit gravement lésé : c'est l'asphyxie pour tous. — Que le principal instrument de décharge, le rein cesse de fonctionner : c'est l'empoisonnement général par les matériaux usés et toxiques retenus dans le sang.

La mort réelle du sarcosome présente donc deux phases successives : une première phase, dans laquelle se produit la suspension des grandes fonctions essentielles à l'entretien de la vie, fonction de respiration et de circulation, etc., mais où persistent encore, sans manifestation extérieure, d'une façon latente, les propriétés fonctionnelles des globules. — Une deuxième phase, dans laquelle ces propriétés fonctionnelles s'éteignent et disparaissent elles-mêmes, dans un certain ordre de succession et de subordination.

Ce que le vulgaire et le médecin lui-même entendent par la mort, ce n'est donc que la situation créée par l'arrêt des rouages généraux, le cerveau, le cœur, le poumon. Si l'haleine ne ternit plus la glace qu'on lui présente, si les battements du cœur ne sont plus perceptibles à la main qui palpe et à l'oreille qui ausculte, si le mouvement et les réactions de la sensibilité ont cessé de se manifester, ces signes feront conclure à la mort. Mais cette conclusion est un *pronostic*, plutôt qu'un jugement de fait. Elle exprime que le sujet mourra sans rémission, et non pas qu'il est mort d'ores et déjà. Pour le physiologiste, le sujet est seulement en train de mourir. Il n'y a de mort véritable que lorsque la mort universelle de tous les globules est consommée.

63. — Le sommeil de la mort ou thanatie. — Quand la mort survient, la vie de nutrition et la vie de relation ne disparaissent point ensemble. C'est la vie de relation qui est frappée tout d'abord *comme dans le sommeil ;* ce sont les activités les plus manifestes du système nerveux qui s'arrêtent avant toutes les autres. La mort paraît définitive dès l'instant que les battements du cœur sont arrêtés sans espoir de retour.

Dans la *mort violente* et subite, les globules gardent fort longtemps leur vitalité propre. D'abord la chaleur ne disparaît que lentement, d'autant plus lentement que la mort a été plus rapide. L'absorption ne s'arrête pas davantage ; la digestion elle-même se continue. Beaucoup d'organes qui semblent morts peuvent être excités à nouveau, réveillés de leur torpeur et sollicités à des manifestations vitales extrêmement remarquables.

En mettant à découvert le cœur d'un supplicié quelques minutes après l'exécution, on observe des battements qui persistent pendant plus d'une heure au nombre de 40 à 45 par minute. Pendant plusieurs heures, les muscles gardent leur excitabilité et éprouvent des contractions réflexes sous l'influence du pincement.

Mais le fait le plus remarquable de réapparition momentanée de la vie, non dans tout l'organisme, mais dans la tête seulement, est l'expérience célèbre proposée par Legallois et réalisée, pour la première fois, en 1858, par Brown-Séquard. Cet habile physiologiste décapita un chien, en ayant soin de faire la section au-dessous de l'endroit où les artères vertébrales pénètrent dans le canal osseux. Dix minutes après, il applique le courant galvanique aux différent points de la tête ainsi séparée du corps. Aucun mouvement ne se produit. Il adapte alors aux 4 artères, dont les extrémités se trouvent sur la section du cou, des canules communiquant par des tubes avec un réservoir plein de sang frais et oxygéné, et il détermine la pénétration de ce sang dans les vaisseaux du cerveau. Immédiatement des mouvements désordonnés des yeux et des muscles de la face se produisent, puis l'on voit apparaître des contractions harmoniques et régulières qui semblent dirigées par la volonté. Cette tête a recouvré la vie. Pendant un quart d'heure que dure l'injection, les mouvements continuent à s'accomplir. On arrête l'injection, les mouvements cessent et font place aux tremblements de l'agonie, puis à la mort,

Lorsqu'une grosse artère a été ouverte par une cause quelconque et que le sang s'écoule en abondance telle qu'il va bientôt n'en plus rester dans l'organisme, la peau pâlit, la chaleur diminue, la respiration, d'abord entrecoupée, finit par cesser, des éblouissements, des vertiges se déclarent, la physionomie change d'expression, une sueur froide et gluante couvre une partie du visage et des membres, le pouls s'affaiblit graduellement, enfin le cœur s'arrête. Pour tous, le sujet est bien véritablement mort. Oui, mais cette mort peut-être définitive et réelle comme elle peut n'être qu'apparente selon qu'on n'interviendra pas ou qu'on interviendra. Si l'on transfuse du sang, on opère une véritable résurrection et l'on dira que la mort n'était qu'apparente ; si l'on ne transfuse pas du sang, la mort réelle est inévitable. D'où l'on voit qu'entre la *léthargie* ou mort apparente et la mort définitive ou *thanatte*, il n'y a qu'une différence de degrés. Si l'une est un sommeil, on peut dire que l'autre est aussi un sommeil.

Ce que nous venons de dire de la mort par hémorragie, peut se dire de celle par asphyxie. A propos de sa méthode des tractions rythmées de la langue, Laborde dit : lorsque le fonctionnement vital est complètement suspendu, ce qui constitue la mort, il peut être rétabli « la résurrection scientifique devient possible et réelle, et pour aussi surprenant qu'il ait pu paraître, le titre de *traitement physiologique de la mort* que j'ai pu donner à ce procédé de résurection vitale est absolument justifié. »

Lorsque les lésions produites dans le sarcosome soit par un traumatisme, soit par une brûlure, soit par un poison, soit par toute autre cause, il est clair qu'il sera pratiquement impossible de faire revivre le mort, mais cette possibilité reste toujours vraie en théorie et l'état du sarcosome, dans les cas que nous envisageons, ne diffère pas théoriquement des cas que nous avons exposés ci-dessus.

Donc toujours jusqu'à la mort successive des cellules, la mort irrémédiable du sarcosome peut être comparée à la mort apparente et à un sommeil léthargique. Nous sommes ainsi autorisés à affirmer qu'une sorte de sommeil léthargique plus ou moins long précède la mort réelle du sarcosome. Mes observations personnelles me permettent de poser même en principe que la thanatie est toujours la suite d'un sommeil léthargique dont la durée peut être de quelques secondes à plusieurs heures.

S'il en est ainsi, nous ne devons pas être étonné que ce qui arrive dans la mort apparente n'arrive aussi dans la mort définitive, c'est-à-dire qu'il y ait extériorisation du psycholone et de son aérosome. Et c'est ce que confirme l'observation. L'observation nous montre, en effet, que l'extériorisation s'opère soit quelques minutes avant l'arrêt définitif du cœur, soit quelques minutes après.

64. **Extériorisation au moment de la mort.**

— *1° Exemple.* — Mlle L... a fait le récit suivant, rapporté par le colonel Taylor :

« Un jour, à la fin de juillet, vers 1860, à trois heures de l'après-midi, j'étais assise dans le salon du presbytère. Je lisais et mes pensées étaient entièrement occupées de ma lecture. Tout d'un coup, en levant les yeux, je vis très distinctement un vieux monsieur, mince et de haute taille, entrer dans la chambre et se diriger vers la table. Il portait un manteau singulier et démodé que je reconnus pour appartenir à mon grand-oncle. Je regardai alors fixement le vieillard et, bien que je n'eusse pas vu mon grand-oncle depuis ma première enfance, je me rappelai parfaitement ses traits et son apparence. Il tenait à la main un rouleau de papier, et il avait l'air très agité. Je n'étais pas alarmée le moins du monde, car je croyais fermement que c'était mon oncle, et, ne sachant rien de sa grave maladie, je lui demandai s'il voulait voir mon père qui, ajoutai-je, n'était pas à la maison. Il me sembla alors qu'il devenait plus agité et plus affligé, mais il ne fit aucune observation. Puis il quitta la chambre par la porte à demi-ouverte. Je remarquai qu'il paraissait n'avoir pas marché dans la boue et sous la pluie, bien que la journée fût pluvieuse. Il n'avait pas de parapluie, mais une grosse canne que je reconnus tout de suite, lorsque mon père la rapporta à la maison après l'enterrement. Lorsque je questionnai les domestiques sur cette visite, ils me dirent qu'ils n'avaient vu entrer personne. Mon père reçut par le courrier suivant une lettre, où on le priait de venir chez mon oncle, qui était fort malade, en Leicestershire. Il partit tout de suite, mais à son arrivée, il apprit que notre oncle était mort à trois heures, cette même après-midi où je l'avais vu. Avant de mourir, il avait demandé plusieurs fois, d'une manière anxieuse et agitée, mon père, en l'appelant par son nom, et on trouva un rouleau de papier sous son oreiller.

« Je dois dire que mon père était son unique neveu ; il n'avait pas de fils, et il avait toujours laissé entendre à mon père qu'il aurait un legs important. Ce ne fut cependant pas le cas, et on suppose que, se rappelant la bonne amitié qui l'avait toujours lié à mon père, il avait éprouvé, dans sa dernière maladie, le désir de refaire, son testament, mais il était trop tard (1). »

2° *Exemple*. — « Dans la maison où ces pages ont été écrites, une grande et large fenêtre, qui donne au nord, éclaire vivement l'escalier et l'entrée de la pièce principale, située au bout d'un passage qui traverse presque toute la longueur de la maison. Une après-midi, au milieu de l'hiver, il y a bien des années, celui qui écrit ces lignes quitta son cabinet, qui donne sur le passage, pour aller déjeuner.

« La journée était un peu brumeuse, mais, bien qu'il n'y eût pas de vapeurs très denses, la porte du bout du passage sembla couverte par un brouillard. Au fur et à mesure qu'il s'avançait, ce brouillard — pour l'ap-

---

(1) *Phantasms of the living*, trad. par *Marillier*, p. 80 5.

peler ainsi — se concentra en un seul endroit, s'épaissit et présenta le contour d'une figure humaine, dont la tête et les épaules devinrent de plus en plus distinctement visibles, tandis que le reste du corps semblait enveloppé d'un large vêtement de gaze, pareil à un manteau, avec beaucoup de plis, qui touchait le sol, de manière à cacher les pieds. Le manteau reposait sur les dalles du passage, et l'ensemble de la figure affectait une forme pyramidale. La pleine lumière de la fenêtre tombait sur l'objet qui était si peu consistant et si mince que la lumière qui se réflétait sur les panneaux d'une porte bien vernie était visible à travers le bas du vêtement. L'apparition n'avait pas de couleur, elle semblait une statue, taillée dans du brouillard. L'auteur de ces pages était tellement saisi qu'il ne sait s'il s'est avancé ou s'il est resté immobile. Il était plutôt étonné que terrifié ; cependant sa première idée fut qu'il assistait à un effet de lumière et d'ombre inconnu. Il ne pensait à rien de surnaturel, mais il s'aperçut en regardant, que la tête se tournait vers lui, et il reconnut alors les traits d'un ami très cher ; la figure avait une expression de paix, de repos et de sainteté ; l'air de douceur et de bonté qu'il avait dans la vie de chaque jour avait grandi encore et s'était concentré comme en un dernier regard de profonde tendresse. Puis en un instant tout disparut. On ne peut comparer la manière dont tout s'évanouit qu'à celle dont un jet de vapeur se dissipe au contact de l'air froid. C'est à peine si, jusqu'à ce moment, le témoin pouvait croire qu'il avait été en relation étroite avec le surnaturel. Il ressentit un respect profond et religieux, mais il n'éprouve pas de terreur, et, au lieu de rentrer dans son cabinet, il continua son chemin et ouvrit la porte près de laquelle l'apparition s'était tenue.

« Naturellement, il ne pouvait mettre en doute l'importance de ce qu'il avait vu. Le courrier du lendemain ou du surlendemain lui apporta la nouvelle que son ami avait tranquillement quitté ce monde, au moment même où il l'avait vu. Il faut ajouter que c'était une mort subite, que le témoin n'avait pas entendu parler de son ami depuis quelques semaines, et que rien ne l'avait fait penser à lui, le jour de sa mort (1). »

3º Exemple. — Le pasteur Forster, de Hinxton, raconte que Mme de Fréville sa paroissienne, portait tout particulièrement aux tombes un intérêt qui n'était pas normal. Deux jours après sa mort, qui avait eu lieu à Londres le 8 mai, dans l'après-midi, ayant entendu dire que le nommé Alfred Bard l'avait vue cette même nuit il le fit venir, et cet homme lui fit le récit suivant :

« Je suis jardinier, j'ai mon travail à Sawston. Quand je reviens de mon travail à la maison, je traverse toujours le cimetière de Hinxton. Vendredi, 8 mai 1885, je revenais comme d'habitude, lorsque j'entrai dans le cimetière, je regardai assez attentivement par terre pour voir une vache et un âne qui étaient couchés juste en dedans de la porte. Comme je baissais les yeux, mes regards se portèrent vers le caveau carré, où M. de Fréville avait été enterré. Je vis alors Mme de Fréville appuyée contre la grille, habillée, comme je l'avais vue d'ordinaire, d'un chapeau de la forme dite « panier à charbon », d'une jaquette noire garnie de crêpe et d'une robe noire. Elle me regarda bien en face. Sa figure était très blanche, beaucoup plus blanche que d'habitude. Je la connaissais bien, ayant été employé chez elle pendant quelque temps. Je supposai tout de suite qu'elle était venue comme elle venait quelquefois au mausolée qui était dans son parc, pour le faire ouvrir et y entrer. Je supposai que M. Wiler, le maçon de Cambridge, était dans le tombeau pour y arranger quelque chose. Je tournai tout autour du tombeau, tout en le regardant attentivement, pour voir si la porte en était ouverte. Mes yeux étaient rivés sur elle, et moi-même je ne m'éloignai pas d'elle de plus de cinq à six yards. Elle

---

(1) *Op. cet.*, p. 182.

tourna son visage vers moi et me suivit des yeux. Je passai entre l'église et le tombeau (il y a à peu près quatre yards entre les deux), et je regardai en avant pour voir si le tombeau était ouvert, car elle m'en cachait justement la partie qui s'ouvrait. Je tombai sans me faire de mal sur un tertre de gazon, et je regardai à mes pieds pendant une minute à peine. Quand je levai les yeux, elle était partie. Il était impossible qu'elle eût quitté le cimetière, parce pour arriver à une des deux sorties, elle aurait dû passer devant moi. J'étais donc sûr qu'elle était rapidement entrée dans le tombeau. Je me dirigeai vers la porte que je m'attendais à trouver ouverte, mais, à ma grande surprise, elle était fermée, et même elle n'avait pas été ouverte du tout ; il n'y avait pas de clef dans la serrure. J'espérais pouvoir jeter un regard dans le tombeau lui-même : je revins donc sur mes pas et je secouai la porte pour m'assurer qu'elle était bien fermée, mais il n'y avait aucun indice qu'il y eût eu quelqu'un par là. Je fus alors très effrayé et je regardai l'horloge qui marquait 9 h. 1/2. Lorsque je rentrai chez moi, j'étais à moitié convaincu que tout ce que j'avais vu était une imagination ; cependant, je racontai à ma femme que j'avais vu Mme de Fréville. Lorsque le lendemain, mon petit garçon me dit qu'elle était morte, je tressautai, tant j'étais saisi. »

4° *Exemple*. — Le lieutenant général Al. Fytche raconte : « Un incident extraordinaire, qui fit sur mon imagination une profonde impression, m'arriva à Maulmain. J'ai vu un fantôme. Je l'ai vu de mes propres yeux dans la pleine lumière du jour. Je puis le déclarer sous serment. J'avais vécu dans la plus étroite intimité avec un vieux camarade d'école, qui avait été ensuite mon ami à l'Université; des années cependant s'étaient écoulées sans que nous nous fussions revus. Un matin, je venais de me lever et je m'habillais lorsque tout à coup mon vieil ami entra dans ma chambre. Je l'accueillis chaleureusement et je lui dis de demander qu'on lui apportât une tasse de thé sous la véranda, lui promettant de le rejoindre immédiatement. Je m'habillai en hâte, et j'allai sous la véranda, mais je n'y trouvai personne. Je ne pouvais en croire mes yeux. J'appelai la sentinelle postée en face de maison, mais elle n'avait vu aucun étranger ce matin-là. Les domestiques déclarèrent aussi que personne n'était entré dans la maison. J'étais certain d'avoir vu mon ami. Je ne pensais pas à lui en ce moment et, pourtant, je ne fus pas très surpris, parce qu'il arrivait souvent des vapeurs et d'autres vaisseaux à Maulmain. Quinze jours après, j'appris qu'il était mort à 600 milles de là, au moment même, ou peu s'en fallait, où je l'avais vu à Maulmain. »

5e *Exemple*. — Une dame Anne Wright fait le récit suivant : « Nous avons reçu une lettre, où l'on me demande de vous donner le récit de la mort de notre chère petite fille, qui a eu lieu le 17 mai 1879. Je dois dire tout d'abord que l'événement est aussi présent à mon esprit que s'il était arrivé il y a quelques jours seulement. La matinée était très gaie, et je crois que le soleil avait plus d'éclat que je ne lui en avais jamais vu. L'enfant avait quatre ans et cinq mois, et c'était une très belle petite fille. Quelques minutes après onze heures, elle entra en courant dans la cuisine et me dit : « Mère, puis-je aller jouer ? » Je répondis : oui. Elle sortit alors. Peu après lui avoir parlé, j'allai prendre un seau d'eau dans la chambre à coucher.

« Comme je traversais la cour, l'enfant passa devant moi comme une ombre lumineuse ; je m'arrêtai net pour la regarder, je tournai la tête à droite et la vis disparaître. Je vidai mon seau et me disposai à rentrer. Le frère de mon mari qui vivait chez nous m'appela et me dit : « Fanny vient d'être écrasée. » Je traversai la maison, puis la route où je la trouvai. Elle avait été renversée par les sabots du cheval, et la roue d'une voiture de boulanger lui avait brisé le crâne près de la nuque. Elle expira au bout de quelques minutes dans mes bras. »

Je pourrais multiplier presque indéfiniment ces exemples, et je renvoie le lecteur avide d'en connaître davantage aux ouvrages de MM. Marillier (1) et C. Flammarion (2). Toutefois, j'en citerai encore un des plus curieux.

6ᵉ *Exemple.* — « Au mois d'août 1864, dit Mme Clerke, vers trois ou quatre heures de l'après-midi, j'étais assise sous la véranda de notre maison, aux Barbades ; je lisais. Ma négresse promenait au jardin, dans sa petite voiture, ma petite fille âgée de dix-huit mois environ. Je me levai au bout de quelque temps pour rentrer à la maison, n'ayant rien remarqué du tout, lorsque la négresse me dit : « Madame, qui était ce monsieur qui vient de causer avec vous ? — Personne ne m'a parlé, dis-je. — Oh ! si, madame, un monsieur très pâle, très grand ; il a beaucoup parlé et vous avez été impolie envers lui, car vous ne lui avez jamais répondu. » Je répétai qu'il n'y avait eu personne et je me sentis de mauvaise humeur contre cette femme. Elle me supplia de noter le jour, car elle était sûre d'avoir vu quelqu'un. Je le fis, et, quelques jours plus tard, j'appris la mort de mon frère à Tabago. Ce qui est étrange, c'est que je ne l'ai pas vu et qu'elle (une étrangère pour lui) l'a vu, et que, dit-elle, il paraissait anxieux d'être remarqué de moi.

« Le jour de la mort et le jour de l'apparition ont coïncidé. La description « très grand et pâle » était exacte. Je ne savais pas que mon frère était malade et la négresse ne l'avait jamais vu (3).

---

(1) *Phantasms of the living.*
(2) *L'Inconnu et le Problème psychique.*
(3) Il existe des exemples montrant que tandis que le fantôme est invisible pour les hommes, il est visible pour les chiens et les chats qui sont alors saisis d'épouvante et vont se réfugier en rampant soit entre les jambes de leur maître, soit sous un meuble.

65. Conclusion; Fantomes des Animaux.

— La conclusion des faits que nous venons de faire connaître est qu'au moment de la mort, le psycholone et son aérosome se dégagent du sarcosome et s'en séparent ; qu'ils peuvent aller au loin visiter un parent ou un ami, se montrer à lui, ou rester près de lui invisible et étonné alors de voir, que ce parent ou cet ami ne fait nulle attention à lui. D'où il semblerait résulter que le défunt ne se rend pas bien compte de l'état dans lequel il se trouve.

La visibilité ou l'invisibilité du défunt est toute relative, et nous venons de voir par le dernier exemple cité, que tandis que le défunt était invisible pour sa sœur, il était visible cependant pour une étrangère, une négresse. D'autre fois le fantôme invisible pour un homme est visible pour les animaux.

Néanmoins, le nombre des défunts qui restent invisibles est incomparablement plus grand que celui des défunts qui se rendent visibles. Mais la visibilité des uns est une preuve indéniable de l'existence des autres. En sorte que nous pouvons être aujourd'hui assurés, que les défunts existent et s'agitent autour de nous, que l'homme survit à la mort de son sarcosome.

Ce que nous disons de l'homme s'applique également à tous les animaux. Leur psycholome et leur aérosome survivent à la mort de leur sarsocome et des exemples de visions du fantôme d'animaux confirment cette opinion. Voici du reste, un cas, qui se rapproche de celui de la petite fille écrasée, dont nous avons parlé au n° 64.

Le philosophe positiviste Adolphe d'Assier, raconte le fait suivant :

« Vers la fin de 1869, dit-il, me trouvant à Bordeaux, je rencontrai un soir un de mes amis qui se rendait à une séance magnétique et qui me proposa de l'accompagner. J'acceptai son invitation, désireux de voir de près le magnétisme que je ne connaissais encore que de nom. Cette séance n'offrit rien de remarquable, c'était la répétition de ce qui se passe dans les réunions de ce genre. Une jeune personne paraissant assez lucide faisait l'office de somnambule, et répondait aux questions qu'on lui adressait. Je fus cependant frappé d'un fait inattendu. Vers le milieu de la soirée, une des personnes présentes ayant aperçu une araignée sur le parquet l'écrasa du pied. « Tiens ! s'écria au même instant la somnambule, je vois l'esprit de l'araignée qui s'envole ». On sait que dans la langue des médiums, le mot esprit désigne ce que j'ai appelé le fantôme posthume.

« Quel est la forme de cet esprit ? demanda le magnétiseur. — Il a la forme de l'araignée », répondit la somniloque. Je ne savais à ce moment que penser de cette apparition. Je ne doutais nullement de la clairvoyance de la somnambule, mais ne croyant alors à aucune manifestation posthume de la part de l'homme je ne pouvais en admettre pour les animaux. L'histoire de l'araignée ne me fut expliquée que quelques années plus tard, lorsque ayant acquis la certitude du dédoublement de la personnalité humaine, je songeai à chercher le même phénomène chez les animaux que nous connaissons le mieux, je veux dire chez les animaux domestiques. Après quelques recherches, je compris que la somnambule de Bordeaux n'avait pas été dupe d'une hallucination, comme cela arrive quelquefois chez les sujets magnétiques, et que sa vision était une réalité.

CHAPITRE III

DE LA MORT RÉELLE

(2ᵉ Phase)

60. La Putréfaction. — Si durant la première phase de la mort, on pouvait croire que quelques liens subsistaient encore entre le sarcosome et le psychelone il n'en est plus de même durant et après la putréfaction car alors ces liens se trouvent définitivement brisés.

Les microbes qui étaient accumulés à la surface du cadavre et à l'intérieur de son tube digestif se développent, se multiplient, pénètrent dans tous les points de l'organisme et y opèrent une dissociation complète des tissus et des humeurs ; c'est la putréfaction.

Le moment où elle se déclare varie avec les causes de la mort et avec le degré de la température extérieure. Quand la mort a été la suite d'une maladie putride, la putréfaction s'établit presque aussitôt que le cadavre est refroidi. Il en est de même lorsque l'atmosphère est chaude. En moyenne, le travail de décomposition devient apparent, dans nos climats, au bout de 38 à 40 heures. C'est sur la peau du ventre qu'on en observe les premiers effets : elle prend une coloration verdâtre, qui bientôt s'étend et gagne successivement toute la surface du corps. En même temps, les parties humides, l'œil, l'intérieur de la bouche, se corrompent, se ramollissent ; puis l'odeur cadavérique se développe peu à peu, d'abord fade et légèrement fétide (odeur de relent), ensuite piquante et ammoniacale. Peu à peu les chairs s'affaissent, s'infiltrent, les organes deviennent méconnaissables, tout est envahi par ce qu'on appelle le putrilage. Si à ce moment, on examine au microscope les tissus, on n'y reconnaît plus aucun des éléments anatomiques dont les trames organiques sont composées dans l'état normal. « Notre chair, s'écrie Bossuet, change bientôt de nature, notre corps prend un autre nom : même celui de cadavre, parce qu'il montre encore quelque forme humaine, ne lui demeure pas longtemps. Il devient un je ne sais quoi qui n'a plus de nom dans aucune langue. »

Quand toute structure a disparu, il ne reste plus qu'un mélange de matières salines, des matières grasses et de matières protéiques, qui sont ou dissoutes et entraînées par les eaux, ou brûlées lentement par l'oxygène de l'air et transformées en de nouveaux produits, et petit à petit toute la matière du cadavre, moins le squelette, retourne au milieu extérieur. Mais à la longue, le squelette lui-même finit par être réduit en poussière qui se disperse, et l'organisme se trouve ainsi entièrement détruit.

Pendant que, de cette manière, le sarcosome se décompose le psycholone et son aérosome que nous avons vu s'en dégager au moment de la mort et qui maintenant n'a plus aucun lien avec son corps, continue à persister et peut encore se manifester ainsi que le montre l'observation.

67. Manifestations posthumes de l'homme.

— *1ᵉʳ exemple*. Le dessin ci-joint représente l'entrée ouest du petit village de Savignac situé dans la haute vallée de l'Ariège. On y voit à gauche le cimetière séparé du parc du château par un chemin. La route nationale borde les jardins, cours et parc du château ainsi que le cimetière.

Au mois d'octobre 1837 à sept heures du soir, ma grand'mère, ma mère et ses deux sœurs plus jeunes se promenaient sur la route. Elles revenaient vers le village et se trouvaient aux points, M. G. tandis que mes deux tantes marchaient en avant, lorsqu'elles aperçurent presque devant le cimetière et s'avançant vers elles, un monsieur habillé de gris, la canne à la main. Son chapeau en feutre mou était gris et son pantalon également gris mais plus foncé que le gilet et la redingote. Ma mère dit à sa mère : « Si mon oncle de S...... n'était pas mort, il y a un mois, on croirait que c'est lui, celui-ci a le même costume et la même démarche. » Comme il commençait à faire nuit, on ne pouvait pas trop distinguer sa figure — Mes deux tantes dirent « allons voir qui c'est » et elles partirent en courant. Lorsqu'elles furent en T, T, le promeneur était arrivé en F

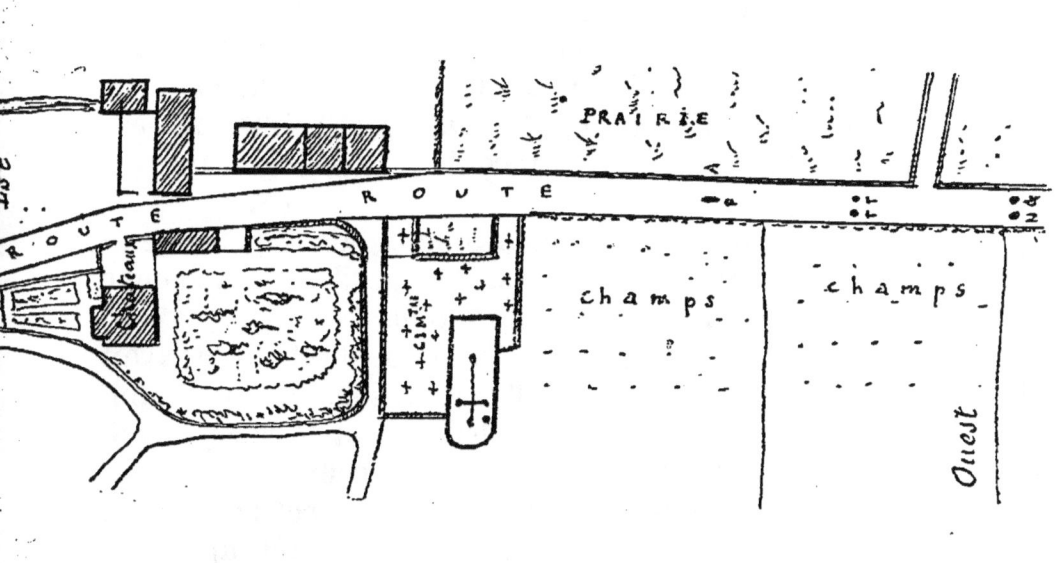

environ à trente pas d'elles, il s'arrêta net et fit une enjambée de F en A par-dessus la muraille de 80 centimètres de haut qui borde la prairie et la sépare de la route. Cette enjambée est impossible à faire, car la distance de F en A est de plus de 3 mètres. Aussi mes deux tantes s'écrièrent : « Oh ! quelle enjambée ! » en même temps le fantôme disparut en l'air. — Elles coururent à l'endroit où il avait disparu pour voir s'il n'était pas tombé de l'autre côté de la muraille. Elles marchèrent en divers sens dans la prairie dont l'herbe était très basse, elles ne virent plus personne.

Voilà donc une apparition parfaitement certaine qui a été vue par quatre personnes, nullement hallucinées. Ma tante la plus jeune est morte en 1895 à l'âge de 75 ans et quelque temps avant de mourir elle m'avait raconté cette apparition, de la même manière que ma mère me l'avait racontée plusieurs fois.

2° *exemple*. — Nous l'empruntons, ainsi que les suivants, au livre du philosophe positiviste Adolphe d'Assier sur *l'humanité posthume*.

« Il y a une vingtaine d'années, dit-il (il écrivait ceci en 1883), M. X..., âgé d'environ soixante ans, habitant d'une commune du canton d'Oust (Ariège), mourut à la suite d'une maladie assez courte. Comme il avait joué quelque rôle dans son pays, cet événement produisit une certaine sensation. Aussitôt après sa mort, sa maison devint le théâtre d'une foule de scènes nocturnes que je ne raconte pas ici, parce que j'aurai plusieurs fois occasion de revenir, dans la suite de ce chapitre, sur des faits analogues. Cela dura *plusieurs années*. Je rapporterai seulement trois faits que je donne comme authentiques, les tenant des témoins eux-mêmes. Le premier de ces témoins était un jardinier. Voici son récit :

« Le soir de la veille de Pâques, je m'étais attardé dans un jardin pour quelque travail que je n'avais pu faire le jour. Ma besogne terminée, comme j'allais me retirer, j'entendis brusquement, par deux ou trois fois le cri aigu d'un oiseau qui taillait la vigne. A ce bruit je me retourne et me trouve nez à nez avec le défunt M. X... — Comment était-il habillé ? lui demandai-je. — Comme de son vivant, chapeau sur la tête, cache-nez au cou et l'air souriant. — Pourquoi ne lui avez-vous pas parlé ? — J'allais le faire, puis j'ai hésité, et alors, gagnant la porte du jardin, je me suis retiré. — Etes-vous demeuré longtemps face à face ? — Le temps de dire un *Ave Maria*. — Avez-vous eu peur ? — Non, je vais de nuit et de jour, et je n'ai jamais rien vu. Cependant, en rentrant chez moi, peu à peu je me suis pris de frayeur.

« Le second fait qui se passa le même soir avait eu pour témoin le fossoyeur de la commune qu'avait habitée et où était mort M. X... Voici sa narration :

« La veille de Pâques, ayant à creuser une fosse, et trompé par les cloches qui sonnaient le réveillon vers minuit, dans un village voisin, je crus que c'était l'*Angelus*, et me rendis au cimetière pour me mettre au travail. En ouvrant la porte, je fus surpris de voir près de la grande croix, et à peu de distance de la tombe de M. X..., un homme debout. Tiens ! me dis-je, en voilà un qui s'est levé bien matin pour suivre les stations, et, comme je cherchais à comprendre qui ce pouvait être, je remarquai que l'individu s'avançait vers moi, et je reconnus M. X... Alors je refermai la grille du cimetière, cherchant à mettre le pilier de la porte, entre ce personnage et moi, et je rentrai dans ma maison non sans être saisi de frayeur. — Comment était-il habillé ? Comme de son vivant avec son cache-nez et son chapeau. — Pourquoi ne l'avez-vous pas attendu pour lui parler ? — Je m'en serais bien gardé.

« Le troisième fait se passa sous les yeux d'un douanier en retraite. Je reproduis textuellement ses paroles. Circonstance à noter, cet événement eut lieu dans la même soirée que les deux autres.

« La veille de Pâques, j'étais de garde avec un autre employé près d'une propriété ayant appartenu à M. X...

je vis un personnage qui allait et venait près de moi, ouvrant et refermant une porte d'entrée. Je me dis : l'homme d'affaires de M. X... est bien matinal aujourd'hui. Puis, observant plus attentivement, je reconnus M. X... lui-même. Mon premier mouvement fut d'éveiller mon camarade, pour lui faire part de cette apparition extraordinaire. Cependant je m'abstins. — Comment M. X... était-il habillé ? Comme de son vivant, avec le chapeau et le cache-nez qu'il portait toujours. — Dès que vous l'avez reconnu, avez-vous eu quelque frayeur ? — Je suis un vieux douanier, et je n'ai eu aucune frayeur, à preuve que je n'ai pas éveillé mon camarade. Cependant, j'avoue que le reste de la nuit je n'étais pas dans mon assiette ordinaire. »

3º exemple. — C'est le cas de l'abbé Peytou, une des plus curieuses manifestations posthumes que l'on puisse citer, tant à cause de la durée des phénomènes qui se produisirent, qu'à raison des formes qu'ils présentèrent ; presque tous les habitants de la localité en furent témoins. « Je me contente de rapporter, dit d'Assier les trois faits suivants, que je dois à l'obligeance de M. Augé, ancien instituteur à Sentenac (Ariège) paroisse de l'abbé Peytou. Ne pouvant me rendre sur les lieux, j'avais prié M. Augé d'interroger les vieillards du village sur ce qu'ils avaient vu ou entendu à ce sujet. Voici la lettre que je reçus :

« Sentenac-de-Sérou, le 8 mai 1879,

« Vous m'avez prié de vous raconter, pour être ensuite discutés scientifiquement, les faits sur les revenants, généralement admis par les personnes les mieux pensantes de Sentenac et qui sont entourés de tout ce qui peut les rendre incontestables. Je vais les citer tels qu'ils se sont produits et tels que les témoins dignes de foi les rapportent.

« *Premier.* — Quand il y a environ quarante-cinq ans, M. Peytou, curé de Sentenac, fut mort, on entendait chaque soir, à partir de la nuit tombante, quelqu'un remuer les chaises dans les chambres du presbytère, se promener, ouvrir et fermer une tabatière, et se produire le même bruit que fait un homme qui prend une prise. Ce fait-là, qui se répéta pendant longtemps fut, comme cela arrive toujours, admis immédiatement par les plus simples et les plus peureux. Ceux qui voulaient paraître ce que vous me permettrez d'appeler les esprits forts de la commune, ne voulaient y ajouter aucune foi ; ils se contentaient de rire de tous ceux qui semblaient, ou pour mieux dire, étaient persuadés que M. Peytou, le curé mort revenait. Les nommés Eycheinne (Antoine), maire de la commune à cette époque, et décédé depuis cinq ans, et Galy (Baptiste), qui vit encore, les deux seuls de l'endroit qui fussent un peu lettrés, et partant les plus incrédules, voulurent s'assurer par eux-mêmes si tous les bruits nocturnes qu'on disait entendre au presbytère avaient quelque fondement ou n'étaient que l'effet d'imaginations faibles trop faciles à s'effrayer. Un soir, armés chacun d'un fusil et d'une hache, ils résolurent d'aller passer la nuit à la maison presbytérale, bien déterminés s'ils entendaient quelque chose à savoir si c'étaient des vivants ou des morts qui faisaient ce bruit. Ils s'installèrent à la cuisine, près d'un bon feu, et commencèrent à causer sur la simplicité des habitants, disant qu'eux n'entendaient rien et pourraient parfaitement reposer sur la paillasse qu'ils avaient eu le soin de préparer pour cela, quand, dans la chambre qui est au-dessus de leur tête, ils entendent un bruit, puis les chaises remuer, quelqu'un marcher, puis descendre l'escalier et se diriger du côté de la cuisine. Ils se lèvent ; le sieur Eycheinne va à la porte de la cuisine tenant la hache d'une main, prêt à frapper celui qui osera entrer, et le sieur Galy en joue avec son fusil.

« Celui qui semblait marcher, arrivé en face de la porte de la cuisine, prend une prise de tabac, c'est-à-dire que les hommes entendirent le même mouvement que fait un homme qui prise, et au lieu d'ouvrir la porte de la cuisine, le revenant passa dans le salon, où il parut se promener. Les sieurs Eycheinne et Galy, toujours armés, sortent de la cuisine, passent au salon, et ne voient absolument rien. Ils montent dans les chambres, parcourent la maison de haut en bas, regardant dans tous les coins, et ne trouvent ni chaises ni rien autre chose qui ne fût à sa place. Le sieur Eycheinne, qui avait été le plus incrédule, dit alors à son compagnon Galy : Mon ami ! Ce ne sont pas des vivants qui font ce tapage, ce sont réellement des morts : c'est M. le curé Peytou ; c'est son marcher et sa manière de priser que nous avons entendus ; nous pouvons dormir tranquilles.

« *Deuxième*. — Marie Calvet, servante de M. Ferré, successeur de M. Peytou, femme courageuse s'il en fut, ne se laissant impressionner par rien, n'ayant aucune foi à tout ce qu'on racontait, qui aurait sans crainte couché dans une église, comme l'on dit vulgairement pour désigner une personne qui n'a pas peur ; cette servante, dis-je, nettoyait un soir à la nuit tombante, et dans le corridor de la grange, les ustensiles de cuisine. M. Ferré, son maître, qui avait été voir M. le curé Desplas, son voisin, ne devait pas rentrer. Pendant que la susdite Calvet était occupée à bien laver ses ustensiles, un curé passe devant elle sans lui adresser la parole. —Oh ! vous ne ferez pas peur, monsieur le curé, dit-elle. Je ne suis pas si bête de croire que M. Peytou revient. Voyant que le curé qui était passé et qu'elle prenait pour son maître ne lui disait rien, Marie Calvet lève la tête, se tourne et n'aperçoit rien. Alors la peur commença à s'emparer d'elle, et elle descendit rapidement chez les voisins pour leur dire ce qui venait de lui arriver, et prier la femme Galy de venir coucher avec elle.

« *Troisième*. — Anne Maurette, épouse Ferreau (Raymond), encore vivante, allait à la pointe du jour, à la montagne, chercher avec son âne une charge de bois. En passant devant le jardin presbytéral, elle voit un curé qui se promenait, un bréviaire à la main, le long de l'allée. Au moment où elle voulait lui dire : Bonjour M. le curé, vous vous êtes levé bien matin, le prêtre se retourne, continuant la récitation de son bréviaire. La femme ne voulant pas interrompre M. le curé dans ses prières, poursuit son chemin sans qu'aucune pensée de revenant se présentât à son esprit. En rentrant de la montagne avec son âne chargé de bois, elle rencontre M. Ferré le nouveau curé devant l'église : — Vous vous êtes levé bien matin, M. le curé, dit-elle, je croyais que vous vouliez aller en voyage, quand en passant je vous ai vu dire l'office dans votre jardin. — Non ! ma bonne femme, répondit M. le curé, il n'y a pas longtemps que j'ai quitté mon lit ; je viens à peine de dire la sainte messe. — Et alors, répliqua cette femme, comme saisie de frayeur, quel était ce prêtre qui récitait à la pointe du jour son bréviaire dans l'allée de votre jardin, et qui s'est retourné au moment où je voulais lui adresser la parole ! J'ai été fort heureuse de croire que c'était vous-même, M. le curé ; je serais morte de peur si j'avais pu croire que c'était le curé qui n'est plus. Mon Dieu ! Mon Dieu ! je n'aurais plus le courage de repasser le matin.

« Voilà, Monsieur, trois faits qui ne sont pas le produit d'une imagination faible et effrayée.

« J. Augé. »

4º *Exemple*. — Au mois de janvier 1855 mourut le propriétaire des anciens thermes d'Aulus. Aussitôt des bruits insolites eurent lieu dans cet établissement. Le gardien qui y couchait chaque nuit entendait, sitôt que la bougie était éteinte, le bruit que fait un homme qui remue des papiers ou des registres, bien qu'il n'y eût aucun de ces objets dans la chambre. Parfois, c'était le pas d'une personne se promenant à côté de lui, ou montant et descendant l'escalier. Un autre jour il sentait quelqu'un essayant de soulever son lit. Certaines nuits un vacarme effroyable avait lieu au rez-de-chaussée. On eût dit que des coups de marteau résonnaient à la fois sur toutes les baignoires. Le gardien se levait, allait visiter les cabines une à une, et ne voyait rien. Le bruit cessait dès qu'il ouvrait les portes, mais recommençait aussitôt qu'il était parti. Des choses non moins étranges se passaient quelquefois en plein jour. A une certaine époque, vers une heure de l'après-midi, un cri désespéré partait d'une extrémité de l'établissement; le gardien s'y rendait, examinait soigneusement l'endroit d'où était parti le cri, sans rien rencontrer, et pendant son inspection le même cri se reproduisait à l'autre extrémité. Cela se renouvela plusieurs jours de suite. Une autre fois, des douaniers, revenant de la montagne et passant sur la colline qui avoisine les thermes, entendirent un vacarme épouvantable, comme si les bâtiments allaient s'effondrer.

« Les divers gardiens qui se sont succédé dans cet établissement ont été témoins des mêmes manifestations nocturnes. Je les ai tous connus, dit d'Assier, et je puis affirmer que c'étaient des hommes peu accessibles à la peur. L'un d'eux, qui sortait d'un régiment de zouaves, avait reçu de ses camarades, à raison de son intrépidité, le surnom de *Chacal*. Un autre est aujourd'hui chasseur de tigre dans les pampas de l'Amérique du Sud. Cependant, il leur était souvent arrivé de faire coucher des camarades avec eux pour ne pas être seuls dans l'établissement. Inutile d'ajouter que ces derniers entendaient les mêmes bruits. Tous ceux qui avaient assisté aux promenades nocturnes qu'on entendait parfois dans les chambres, les galeries et les escaliers reconnaissaient la marche de l'ancien propriétaire de l'établissement.

« Ces manifestations se ralentirent à la longue, mais ne cessèrent complètement qu'en 1872, époque à laquelle on démolit l'établissement pour faire place aux thermes actuels. »

5e *Exemple*. — Voici un fait qui m'est personnel. En 1898 mourut une jeune femme, ma voisine, qui durant sa vie avait l'habitude, l'hiver, de venir passer la soirée chez moi. Un mois environ après sa mort, je venais de me coucher, lorsque ma femme quitta ma chambre en emportant la lumière pour aller à la chambre de notre fille située à l'autre extrémité du corridor. La porte de ma chambre était ouverte, celle de ma fille aussi. En attendant que ma femme revienne, je restai dans mon lit le coude appuyé sur le traversin et la main sur ma joue.

Ma femme et ma fille causaient de la morte et portaient contre elle une certaine accusation. Aussitôt le chandelier qui était sur la table de nuit se mit à osciller en tournoyant, comme agité par la main d'une personne en colère qui ne pouvant pas parler aurait voulu interrompre la conversation. Ma femme et ma fille restèrent stupéfaites, puis cherchèrent de diverses manières à reproduire le mouvement du chandelier sans y réussir.

A ce moment, je criai à ma femme si elle ne voulait pas revenir: « Tiens, dit ma fille, père qui a peur. » Et, en effet, je ressentais, sans me rendre compte pourquoi, une sorte de crainte qui me fit rappeler ma femme. Mais je ne pensais pas du tout à ma voisine décédée et ce n'est que le lendemain à déjeuner, que ma fille me raconta ce qui était arrivé.

68. Manifestations posthumes des animaux.

Les manifestations posthumes des animaux sont absolument semblables à celles de l'homme. Voici, d'après d'Assier, le récit d'un fermier des environs de Sainte-Croix (Ariège), homme sérieux et d'une certaine instruction.

1er Exemple. — « Un de mes camarades revenait de la veillée à une heure assez avancée de la nuit. C'était un jeune homme de ma commune qui habitait une ferme isolée. A quelque distance de sa maison, il aperçoit un âne qui paissait dans un champ d'avoine, situé sur le bord de la route. Poussé par un sentiment de solidarité naturel aux cultivateurs, il voulut mettre ce champ à l'abri d'un hôte si incommode, et s'avança vers l'animal pour le saisir et l'amener chez lui, en attendant que son propriétaire vînt le réclamer. L'âne s'étant laissé approcher, mon camarade le sortit du champ et l'amena sans résistance. Il arriva ainsi jusqu'à la porte de l'étable; mais au moment où il se disposait à l'ouvrir, la bête disparut tout à coup de ses mains comme une ombre qui s'évanouit. Il a beau regarder autour de lui, il n'aperçoit rien. Saisi de frayeur, il rentre précipitamment chez lui, et réveille son frère pour lui raconter l'aventure. Le lendemain ils se rendent tous deux au champ d'avoine, désireux de savoir si un être si extraordinaire avait commis de grands dégâts, et retrouvent la moisson intacte. L'animal mystérieux broutait une avoine imaginaire. — De qui tenez-vous cette histoire? — Du jeune homme lui-même à qui elle est arrivée, ainsi que de sa famille. — Lui avez-vous demandé si la nuit était obscure? Peut-être le quadrupède s'était-il échappé à la faveur des ténèbres. — C'est la première question que nous lui adressions chaque fois qu'il nous en parlait. Il répondait invariablement qu'aucun nuage ne cachait le ciel, et que la nuit était si claire qu'il apercevait les arbres et tous les buissons à plusieurs mètres de distance, sans quoi il n'aurait pu distinguer l'âne qui paissait à quelques pas de la route. Il ajoutait qu'il avait vu distinctement l'âne s'évanouir sous ses yeux devant la porte de l'étable.

« La nature de ce fantôme, ajoute d'Assier, est nettement accusée par les diverses circonstances du récit. Le spectre de l'animal dérivant du même principe que le spectre humain, doit offrir des manifestations posthumes analogues à celles que l'on observe chez ce dernier. — Nous avons établi par l'analyse des apparitions racontées précédemment, que l'homme d'outre-tombe conserve les habitudes qu'il a acquises durant la vie. Il se montre dans son jardin, ses champs, ses promenades favorites. On lui voit un livre de prières si on a devant soi un ecclésiastique, un instrument aratoire lorsqu'il s'agit d'un cultivateur. Il a l'air de vaquer à ses occupations journalières. L'âne de Sainte-Croix ne procède pas autrement. On le rencontre la nuit, parce que comme le fantôme posthume, il fuit la lumière du jour. Il est dans un champ d'avoine occupé à paître suivant le besoin instinctif de sa race, et ne broute en réalité, comme on le pense bien, qu'un fantôme d'herbe ou de grain. Il suit son conducteur tant qu'ils sont sur la route, mais il se refuse d'entrer dans l'étable, qui est pour lui une prison, et il disparaît afin d'y échapper. Ce sont là autant de traits essentiels des manifestations posthumes, et si le jeune homme dont nous venons de parler s'était renseigné auprès de ses voisins, il eût appris, suivant toute probabilité, que quelque temps auparavant une bête de somme était morte et avait été enfouie dans une ferme des environs. »

2e *Exemple*. — « Causant un jour d'apparition nocturne avec un ancien brigadier de douanes, je lui demandai si dans ses longues tournées de nuit, il avait été témoin de quelque fait de ce genre. — Non, me répondit-il, cependant, je vais vous raconter une singulière histoire qui m'est arrivée pendant que j'étais douanier.

« Un soir, me trouvant de garde avec un de mes camarades, nous aperçûmes non loin du village que j'habitais un mulet qui paissait devant nous et qui paraissait chargé. Supposant qu'il portait de la contrebande, et que son maître s'était enfui en nous voyant, nous nous mîmes à sa poursuite. Le mulet se jeta dans une prairie, et après avoir fait divers détours pour nous échapper, il rentra dans le village. Alors nous nous divisâmes. Tandis que mon camarade continuait à le suivre, je pris une rue transversale, afin de lui couper le chemin. Se voyant serré de près, l'animal précipite sa course, et plusieurs habitants sont réveillés par le bruit des pas qui résonnaient sur le pavé. J'arrive avant lui au passage où le conduisait la rue qu'il traversait, et au moment où le voyant auprès de moi j'allongeai la main pour saisir son licol, il disparaît comme une ombre, et je n'aperçois que mon camarade aussi étonné que moi. — Etes-vous bien sûr qu'il ne s'est pas détourné pour prendre un autre chemin? — Impossible, l'endroit où nous étions formait une impasse d'où il ne pouvait sortir qu'en me passant sur le corps, et d'ailleurs la nuit était assez claire pour que nous puissions suivre tous ses mouvements. Le lendemain, les habitants du village se questionnaient au sujet du vacarme qu'ils avaient entendu au milieu de la nuit. »

« On peut appliquer à cette apparition, ajoute d'Assier, ce que j'ai dit de la précédente. Comme l'Ane de Sainte-Croix et comme tous les fantômes posthumes, notre mulet se manifeste pendant la nuit. On le rencontre dans un pré tout entier à son occupation favorite, c'est-à-dire en train de brouter une herbe imaginaire. Dès qu'il se sent traqué par les douaniers, il prend la fuite comme s'il portait de la contrebande dans ses hottes, et il s'évanouit quand il se voit sur le point d'être pris, toutes choses qui caractérisent le spectre d'outre-tombe. »

Ainsi le spectre posthume des animaux se présente avec les mêmes caractères que le spectre posthume humain. Et si les exemples d'apparitions se rapportant au règne animal ne sont pas très nombreux, c'est que le plus souvent, on n'y a fait aucune attention, l'animal aperçu étant pris pour un vivant et que par suite ils n'ont pas été relatés.

68 bis. Conclusion. — Des faits qui précèdent et d'une multitude d'autres que nous n'avons pu citer faute de place, il résulte que la *survivance* de ce que le vulgaire nomme *l'âme* est aujourd'hui une vérité incontestable, démontrée *par l'observation* et cette survivance est vraie non seulement en ce qui concerne l'homme mais encore tous les êtres vivants.

Il reste à savoir, si cette survivance est indéfinie ou si elle n'est que temporaire, c'est-à-dire si, au bout d'un temps variable pour chaque individu, le posthume n'est pas entièrement détruit. Et dans le cas où la survivance serait indéfinie, il s'agit de savoir ce que devient le posthume ; s'il reste tel qu'il était immédiatement après la mort, ou bien s'il subit une série de transformations.

LIVRE II

De la Renaissance

70. La Mort et la Naissance. — A la *mort* des êtres vivants, s'oppose leur *naissance*. Lorsqu'ils meurent, les animaux supérieurs et l'homme ferment les yeux à la lumière et *s'endorment ;* lorsqu'ils naissent, ils ouvrent les yeux et *s'éveillent*. A la mort apparente ou réelle, les êtres vivants s'enferment dans des cavités ou s'enfouissent plus ou moins complètement dans l'humus ou dans la vase ; à la naissance, ils sortent de leur retraite, de la vase ou de la terre. Il n'y a guère que les petits des mammifères et de l'homme qui sortent du corps de leur mère jouant ainsi le rôle de Terre.

Mais qu'ils sortent de leur mère ou de la terre, les métazoaires ont à briser les parois plus ou moins résistantes d'un récipient sphéroïdal qui les contenait dans sa cavité, récipient sphéroïdal que tout le monde connaît sous le nom d'*œuf*.

Cet œuf et l'animal qu'il contient résultent de la fusion des noyaux de deux globules vivants d'inégale grosseur dont le plus gros prend le nom d'*ovule* et le plus petit celui de *spermatozoïde*. Quand la fusion des noyaux des deux globules est opérée, on dit que l'ovule est *fécondé*.

Tout être vivant, sortant d'un œuf ou ovule fécondé, est contenu de *quelque manière* dans cet œuf. Après avoir étudié, dans la première partie de cet ouvrage la constitution de l'être vivant adulte, il nous faut maintenant étudier la constitution intime de l'être vivant à l'état d'œuf, puis dans ses différentes phases de développement embryonnaire,

CHAPITRE I

CONSTITUTION DE L'ŒUF

71. De la spécificité des œufs. — A part la quantité plus ou moins grande de matières nutritives qu'ils contiennent tous les œufs consistent d'abord en un globule qui ressemble à un protozoaire ; et tous les œufs, qu'ils appartiennent aux végétaux ou aux animaux, ont entre eux la plus grande ressemblance *au moins en apparence*. Tous (toujours en apparence) se présentent à nous comme une petite sphère de protoplasma avec un noyau.

Or tandis que d'un protozoaire, ne sortent que des globules isolés tous semblables et constituant chacun un protozoaire, d'un œuf de métazoaire sort tout un agglomérat de globules dissemblables, différenciés, spécifiés. Le nombre, les proportions numériques et l'arrangement de ces divers globules varient avec l'œuf qui leur a donné naissance, et cette variation est connexe de la forme spécifique de l'animal qui finalement sort de l'œuf. D'un œuf humain sortira toujours un homme, de celui du lion un lion ; de celui de l'hirondelle, une hirondelle ; de celui d'un lézard, un lézard; de celui d'un escargot, un escargot, etc., etc.

Donc, si tous les œufs, en *apparence* sont semblables, il y a en eux *quelque chose d'invisible* par où ils diffèrent les uns des autres. Donc à côté de la notion *d'indifférence* apparente des œufs, il faut placer la notion de leur *spécificité* réelle.

Comment cette spécificité des œufs peut-elle s'expliquer ? en quoi consiste ce quelque chose d'invisible par où les œufs diffèrent les uns des autres ?

La réponse toute naturelle à ces deux questions c'est que l'œuf contient tous les globules qui doivent sortir de lui réduits à leur plus simple expression, c'est-à-dire réduits à un point matériel si j'ose m'exprimer ainsi.

72. Molécules - germes. — Presque tous les auteurs contemporains qui se sont occupés de la spécifité du globule-œuf, le considèrent comme renfermant de très nombreuses et très petites particules matérielles comparables en quelque mesure aux *molécules* des corps bruts. Ils leur ont donné des noms différents ; Darwin les a nommés des gemmules ; Hœckel, plastidules ; Nœgeli, particules idioplastiques ; de Vriès, pangènes ; Hertwig, idioblastes (1). Ces unités vivantes spécifiques, émises par tous les globules qui forment l'organisme se réuniraient dans l'œuf, pour se développer en globules dans un ordre et un temps déterminé. C'est ce que Darwin a exposé dans son hypothèse de la *pangenèse* (2).

Hœckel admet que chaque molécule vivante qu'il nomme plastidule, possède une *psychée* douée de sensation, de volonté et surtout de mémoire. Par l'acte procréateur, une certaine quantité de ces plastidules est transmise à l'enfant, et avec le protoplasma qui les contient, un certain mode de mouvement. La mémoire des plastidules est l'hérédité, leur réceptivité est la variabilité. La première produit la stabilité de la forme, la seconde la variation. Dans les formes très simples et très constantes, les plastidules n'ont rien appris, ni rien oublié. Dans les formes organiques très développées et très variables, les plastidules ont beaucoup appris et beaucoup oublié (3).

Pour M. Bar, professeur à la faculté de médecine de

---

(1) Darwin. *De la variation des espèces*. Tome II.

(2) Yves Delage. — *La structure du protoplasma*, les *Théories sur l'hérédité* et les *Grands problèmes de biologie générale*.

(3) E. Hæckel. *Essai de psychologie cellulaire*, p. 142 et suiv.

Lyon, la force vitale tout à fait comparable aux autres forces de la nature, forme dans chaque globule *un foyer* de cette force. La substance du globule n'est que le *substratum* matériel où elle se manifeste « La force vitale ne se propageant pas à distance et s'exerçant dans un espace très restreint, dans un *micro-espace*, il est évident qu'elle ne peut pas être un mouvement ondulatoire, à directions rectilignes, comme la plupart des autres forces physiques ; il y a lieu de penser qu'elle présente une direction cyclique, en *tourbillon* » (1). La force vitale de l'œuf est la totalité des foyers de la force vitale de l'adulte. Lorsque l'œuf donne naissance aux différents globules qui doivent composer l'être vivant, il y a dissociation de la force vitale complexe de l'œuf, en ses éléments composants

Pour nous, d'après ce que nous avons exposé dans la première partie de cet ouvrage sur la constitution des métozoaires, l'œuf doit contenir le *psycholone* tout entier de l'être vivant, c'est-à-dire l'ensemble des psychées globulaires de l'organisme. Seulement le psycholone, au lieu d'être dissocié en quelque sorte comme il est dans l'adulte, est condensé dans l'œuf en un agrégat que je nomme *molécule-germe*. L'organisme humain étant composé d'environ 60 trillons de globules, la molécule-germe de l'être humain se compose d'environ 60 trillons de psychées d'ultimates ou de monades, ce qui n'a d'ailleurs rien d'extraordinaire si l'on veut bien se reporter au n° 2.

La structure de cette molécule-germe est donc très complexe, car elle se compose de molécules-germes plus petites et de divers degrés de grosseurs et de complexité. Toutes les psychées des globules différenciés de même espèce, forment plusieurs molécules-germes dont le nombre varie selon la forme qu'aura l'animal. Il y aura ainsi un nombre plus ou moins grand de molécules-germes de chaque espèce de globules. Celles-ci s'agrégeront entre elles, pour former des molécules

---

(1) L. Bar. *La Spécificité cellulaire.*

plus complexes ; puis celles-ci des molécules plus complexes encore ; finalement tous ces agrégats réunis formeront la molécule-germe totale qui sera ainsi d'une extrême complexité.

L'arrangement des molécules-germes de diverses complexités entre elles pour former la molécule-germe totale, varie avec le degré d'organisation et la forme que doit revêtir l'animal qui sortira de l'œuf. De plus, il faut admettre, que pour chaque espèce animale, les mouvements vibratoires ou autres de ces molécules sont tout différents. Enfin, il faut admettre aussi, que chaque molécule-germe est entourée d'une certaine quantité de matière organique.

Voilà réunies, ce me semble, toutes les conceptions des naturalistes contemporains sur la constitution de l'œuf, et en particulier : la pangenèse de Darwin, avec son agrégat de gemmules, la périgenèse de Haeckel avec ses psychées globulaires et la force vitale de l'œuf avec ses foyers composants de Bar. J'y ajouterai les conceptions de Ch. Bonnet et de Leibnitz.

« La philosophie ayant compris, dit Ch. Bonnet, l'impossibilité où elle était d'expliquer mécaniquement la formation des êtres organisés, a imaginé heureusement qu'ils *existent déjà en petit sous la forme de germes et de corpuscules organiques.* »

Seulement Bonnet et Leibnitz croyaient que le germe ou corpuscule organique était la miniature exacte de l'animal parfait et que par conséquent il n'avait qu'à s'accroître et non à évoluer, erreur qui fut redressée par Haller. Néanmoins ce qui est toujours vrai, c'est que l'animal existe déjà tout entier en petit dans l'œuf, mais seulement sous forme d'une molécule dont la structure plus ou moins complexe *est en rapport étroit avec la forme que cet animal devra revêtir.*

73. **Segmentation de l'œuf. — Histogenèse.** — Aussitôt la fécondation opérée, la molécule-germe de l'œuf ou molécule totale commence à se dissocier

et le globule-œuf à se segmenter en deux, quatre, six, douze, etc. globules. Les molécules-germes de chacun de ces globules sont d'une complexité moindre que celle du globule-œuf.

Ces molécules-germes à leur tour se dissocient et leurs globules respectifs, se divisent pour donner naissance à de nouveaux globules dont les molécules-germes sont moins complexes que celles des premiers globules nés de la segmentation de l'œuf et ainsi de suite jusqu'à ce que les molécules-germes deviennent de *simples ultimates spécifiés*, centres dynamiques de globules élémentaires.

Ce mode de prolifération des globules issus du globule-œuf a été bien compris de M. le professeur Bar et voici comment il s'exprime dans son livre sur la spécificité cellulaire. Après avoir exp... ses preuves il conclut ainsi : « Telles sont les observations et les déductions qui m'ont conduit à formuler et à publier dès 1886, une théorie du développement des tissus basée sur l'existence de deux modes distincts de prolifération cellulaire, la *multiplication* et le *dédoublement* (1). Le premier peut s'appliquer à toutes les cellules et donne naissance à des cellules semblables entre elles et semblables à la cellule mère. Le second donne naissance à des cellules différentes entre elles, *complémentaires* les unes des autres, et différentes de la cellule-mère ; il ne peut s'appliquer qu'à des cellules composites, renfermant en elles les éléments d'espèces différentes, susceptibles de se séparer pour suivre leur propre loi.

« Les espèces se constituent par la série des dédoublements successifs, qui, partant de l'ovule fécondé qu'on pourrait qualifier de *cellule totale*, aboutissent aux types cellulaires *simples* de l'organisme adulte, en passant par une série de types fœtaux *composites* et transitoires.

---

(1) Partout où M. Bar emploie le mot cellulaire, on peut le remplacer par le mot globulaire.

« La dissociation qui conduit de la cellule totale initiale aux cellules simples *terminales* ne se fait pas brusquement, d'un seul coup, par une sorte d'analyse en éventail ; au contraire, elle se réalise lentement, au cours de dédoublements successifs, qui ne sont pas nécessairement dichotomiques, et qui sont séparés eux-mêmes par des multiplications plus ou moins nombreuses des cellules composites constituant les types intermédiaires à ces divers dédoublements.

« Pour schématiser ce mode de constitution des espèces cellulaires, je lui ai donné le nom de *Théorie de l'arbre histogénique*, en comparant les dédoublements successifs de l'histogénie aux divisions d'un arbre qui pousse ses branches et ses rameaux ; les divisions de l'arbre représentent les stades de la dissociation, et c'est pourquoi j'ai désigné aussi sous le nom de *nodales* les cellules fœtales complexes et transitoires. Les cellules simples, espèces définitives, derniers termes de dédoublements successifs, ne sont plus susceptibles de dédoublements ultérieurs et ne peuvent plus, par leurs proliférations, que se multiplier dans leur type spécifique. »

Faisons ici remarquer, que la notion de *spécificité cellulaire* ou globulaire est une conséquence forcée de notre conception de la molécule-germe, spécificité cellulaire que M. Bar soutient avec tant de talent contre les partisans de moins en moins nombreux de l'*indifférence* cellulaire aujourd'hui absolument insoutenable.

74. Constitution et rôle du spermazoïde et de l'ovule.

— Le spermatozoïde et l'ovule ne sont tout d'abord que deux globules simples munis chacun d'une psychée ou ultimate spécialisée en action et libre, et d'une provision de ces mêmes ultimates réunies dans la formation nucléidienne. Le spermatozoïde prend naissance dans les globules complexes qui constituent l'ectoderme, globules qui donneront également naissance à l'épiderme, aux organes des sens et au système nerveux. L'ovule, prend naissance dans les globules complexes qui constituent l'endoderme, globules qui donneront aussi naissance aux épithéliums du tube digestif, et des glandes, aux endothéliums et aux globules sanguins. Cette origine des deux globules générateurs indique la spécialisation de leur psychée. Ces deux spécialisations sont entre elles comme celles du système nerveux et du système sanguin, de la dynamisation de l'organisme et de sa nutrition. Dès le début du dédouble-

Fig. 14

ment, une provision de chacune de ces globules est mise dans un coin de l'être nouveau pour former ses organes reproducteurs (1).

Quand il se présente à nous chez l'adulte, le spermatozoïde consiste en un noyau entouré d'une petite quantité de protoplasma qui s'éfile en un flagellum, fig. 14. Il se déplace, fait preuve de volonté (n° 20) et court vers l'ovule afin d'y pénétrer et de s'y incorporer. Comme beaucoup de spermatozoïdes sont susceptibles de

---

(1) Voir *la Théorie et la continuité du plasma germinatif* de Weismann.

s'égarer dans cette course et ne parviennent pas, en effet, à leur destination, ils sont plus nombreux que les ovules.

Tandis que le spermatozoïde est l'élément actif, ou mâle, l'ovule est l'élément *passif* ou femelle. Il ne se déplace pas et il est privé d'appendices locomoteurs. Comme il contient les réserves nutritives qui vont servir à former le corps de l'animal, il est beaucoup plus gros que le spermatozoïde. L'organisme du générateur prête à l'ovule tout ce qui est nécessaire pour assurer l'accomplissement de son rôle. D'ordinaire il est situé à proximité d'organes riches en sucs nutritifs, vaisseaux sanguins, tube digestif ou est entouré de nombreuses branches émises par l'appareil circulatoire. Le générateur donne ainsi à ses ovules toute la substance plasmique nécessaire.

Ainsi donc, le spermatozoïde a pour spécialité de pénétrer dans l'ovule, de l'exciter et de provoquer le développement de l'animal. L'ovule a pour spécialité de rassembler les matières nutritives et d'entretenir la nutrition du nouvel être.

Mais le spermatozoïde est encore chargé d'un autre rôle, c'est d'être le *véhicule* de la molécule-germe de l'animal qui doit sortir de l'œuf ou du psycholone condensé. C'est lui qui est chargé de la faire pénétrer dans le milieu vital approprié à sa résurrection, à sa germination et à son évolution.

75. Fécondation et Parthénogenèse. — Les spermatozoïdes ne sont pas constamment présents dans les organes générateurs mâles. Chez les animaux qui ne jouissent des fonctions sexuelles qu'à certaines époques de l'année, l'apparition des spermatozoïdes n'a lieu qu'à ces époques ; elle ne commence chez l'homme qu'à l'âge de la puberté. On ne trouve presque jamais de spermatozoïdes dans le sperme avant l'âge de seize à dix-sept ans. Ils tendent de même à disparaître chez le vieillard.

On sait que la partie principale de l'appareil générateur se nomme *ovaire* chez la femelle et *testicule* chez le mâle. Ce sont les ovaires qui renferment les ovules et les testicules les spermatozoïdes. Lorsqu'ils sont jeunes ces organes sont composés de globules agglomérées qui paraissent semblables. Ces globules sont nommés *spermatoblastes* ou *spermogonies* dans

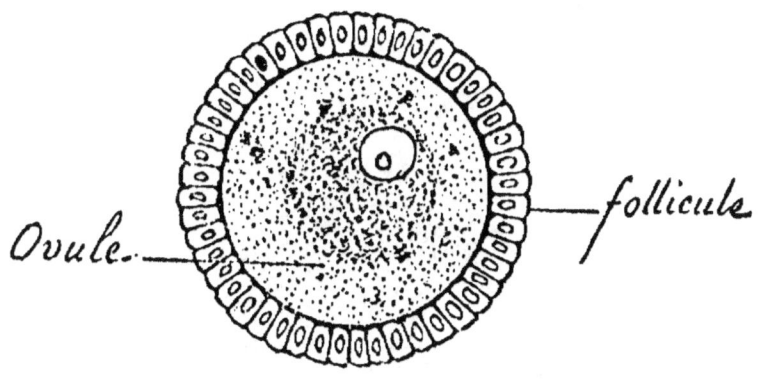

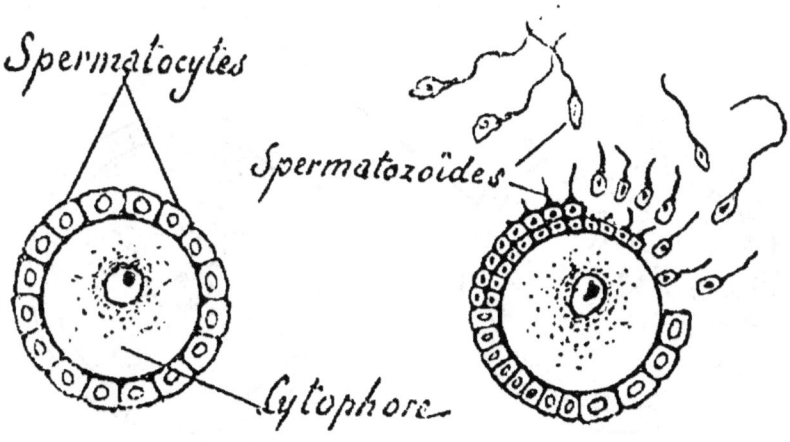

Fig. 15

les testicules et *ovoblastes* ou *ovogonies* dans les ovaires.

Chaque permatoblaste se partage, par des scissions répétées, en un groupe globulaire compact, le *spermatogemne* ; les globules qui composent ce dernier sont des *spermatocytes*. L'un d'eux s'amplifie beaucoup, grossit plus que les autres, et sert à les porter : c'est le *cytophore*, fig. 15.

Une succession similaire de faits se présente dans le développement des ovules. Chaque ovoblaste se divise en plusieurs globules qui restent groupés et constituent par leur réunion un *ovogemme*. L'un d'en-

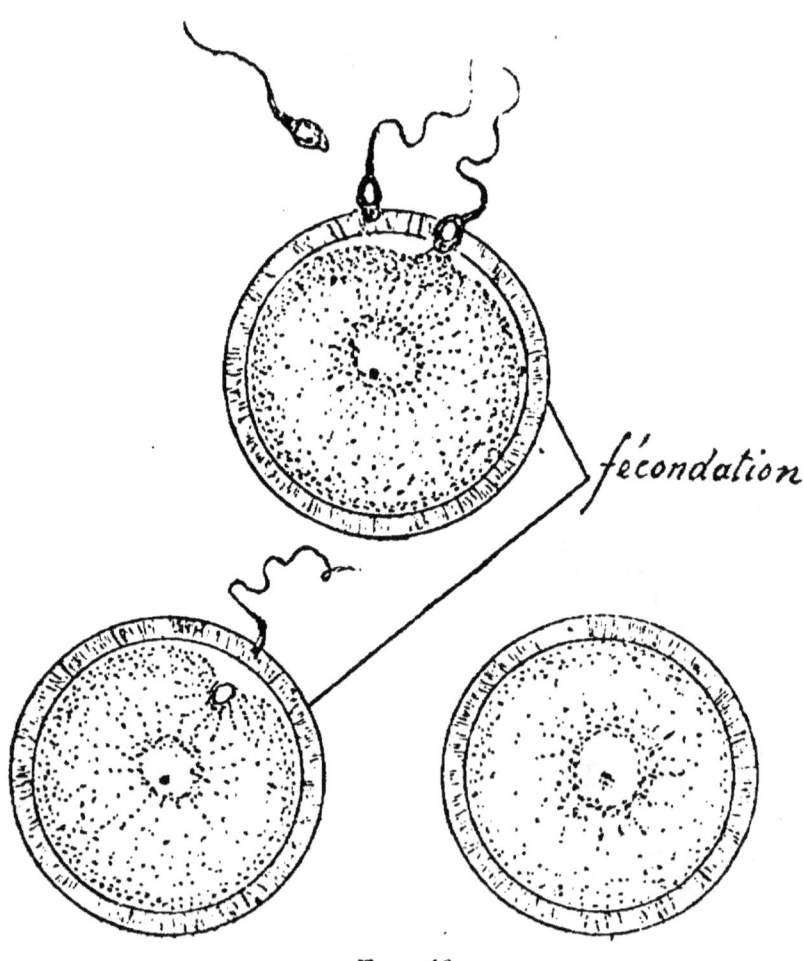

Fig. 16

tre eux, équivalant au cytophore précédent grandit plus que ses voisins et devient l'*ovule* ; les autres se disposent autour de lui de manière à l'envelopper, restent petits et forment ainsi une couche nommée *follicule*.

Donc, le *cytophore du mâle* est l'analogue de l'*ovule*

de la femelle et les *globules folliculaires* de celle-ci sont les équivalents des *spermatocytes* du mâle.

Le cytophore est un ovule imparfait, et les globules folliculaires sont des spermatocytes imparfaits.

Cela posé, au moment de la puberté chez l'homme, à une certaine époque de l'année chez d'autres animaux, les spermatocytes qui jusque-là restaient comme endormis, se réveillent et chacun de ces globules se divise en quatre autres, qui prennent le nom de *spermaties* et qui se transforment en *spermatozoïdes*. Qui est-ce qui vient ainsi réveiller le spermatocyte ? Qui est-ce qui l'excite et le détermine à se diviser ? C'est ce que nous verrons plus loin.

Pour pénétrer dans l'ovule, les spermatozoïdes éjaculés avec le liquide qui leur sert de milieu vital avancent droit devant eux vers l'œuf, grâce aux mouvements ondulatoires de leur flagellum vibratile. Toutes les fois que la tête d'un spermatozoïde arrive au contact de la couche périphérique, molle et pellucide, de l'ovule, il reste pris et les mouvements de sa queue ne tendent qu'à le faire enfoncer davantage dans cette couche molle, fig. 16. Toutefois, la plupart des spermatozoïdes ne pénètrent que peu avant dans l'épaisseur de cette couche, et restent près de sa surface ; quelques-uns seulement, en *petit nombre*, réussissent à se frayer peu à peu un chemin. Parmi ces quelques privilégiés, il y en a un qui réussit à devancer ses rivaux et qui arrive le premier au but. Le voici parvenu au voisinage du protoplasma de l'ovule. Aussitôt qu'il en approche, la couche superficielle de ce protoplasma se soulève en forme de cône plus ou moins affilé et s'allonge jusqu'à ce qu'il ait atteint le spermatozoïde. Aussitôt le cône cesse de s'étirer et commence à rentrer dans le protoplasma entraînant la tête du spermatozoïde, la queue restant embourbée dans le mucilage périphérique. C'est, en effet, un organe de locomotion devenu désormais inutile.

Le protoplasma du spermatozoïde se mêle au protoplasma de l'ovule (1), la molécule-germe est mise en liberté et le noyau du spermatozoïde s'avance vers le noyau de l'ovule qui se creuse en calotte pour le recevoir. Arrivé dans ce dernier les deux noyaux se confondent pour n'en former plus qu'un seul. La fusion des deux noyaux est ce que les auteurs désignent comme étant la *fécondation*. Il est évident pour nous que ces auteurs se trompent et que la fécondation consiste essentiellement dans l'arrivée de la molécule-germe dans l'ovule. A ce moment, la couche hyaline de sarcode qui occupe la surface de l'ovule, prend des contours plus foncés et plus nets et se transforme en véritable membrane imperméable aux autres spermatozoïdes.

Mais avant que la molécule-germe pénètre dans l'ovule, un autre phénomène se produit. L'un des globules folliculaires c'est-à-dire un spermatocyte de la femelle, pénètre dans l'ovule et autour de lui s'amassent les granulations protaplasmiques de l'ovule. Ce spermatocyte femelle pénètre dans l'ovule et subit alors une segmentation incomplète, car au lieu de se diviser en quatre comme les vrais spermatocytes mâles, il se divise seulement en deux le plus ordinairement. Bientôt ces deux spermaties incomplètement évoluées sont rejetées successivement à l'extérieur et c'est ce qu'on appelle la sortie des globules *polaires*. La fécondation est impossible avant que s'effectue la sortie de ces globules, car l'œuf pour redevenir ovule est obligé de rejeter ces spermatozoïdes avortés.

Mais quelquefois, la division des faux spermatocytes est poussée plus loin et il se forme un vrai spermatozoïde sans flagellum, tandis que les autres globules sont rejetés, alors une fécondation véritable a lieu et le développement embryonnaire peut se produire (2).

---

(1) *Continuité du plasma germinatif.*
(2) On peut au moyen de liquides spéciaux provoquer artificiellement la parthogenèse. C'est ce qui résulte des expériences de M. Deléage sur les oursins.

On dit alors qu'il y a *parthénogenèse* ou génération virginale. C'est ce que l'on observe chez les abeilles, plusieurs bombycides, etc.

La parthénogenèse a lieu chez les vertébrés aussi bien que chez les invertébrés. Mais tandis que chez ceux-ci le développement embryonnaire peut aller jusqu'à la formation de l'individu complet, chez les vertébrés, chez l'homme, la parthénogenèse ne parvient jamais qu'à donner un kyste dermoïde ou, très rarement, une ébauche monstrueuse d'embryon.

Les cas de parthénogenèse nous montrent : 1° que les *molécules-germes totales* existent aussi bien chez les spermatocytes du mâle que chez les globules folliculaires de la femelle, leurs équivalents.

2° Qu'il y a analogie entre le phénomène de la segmentation de l'œuf et celui de la segmentation des spermatocytes en spermaties. La segmentation de l'œuf est due à l'introduction dans son protaplasma du spermatozoïde *venu de l'extérieur* et véhicule de la molécule-germe : la segmentation du spermatocyte est due à l'introduction dans son protaplasma de la molécule-germe *venue de l'extérieur*. Plusieurs spermatozoaires veulent pénétrer dans l'œuf, mais un seul y pénètre parce qu'il faut qu'il en soit ainsi pour l'épanouissement normal de la molécule-germe ; car lorsque deux spermatozoaires parviennent à y pénétrer, deux embryons se développent à la fois, se gênent, se soudent et il en résulte un monstre.

Il n'y a aucun inconvénient au contraire à ce que plusieurs molécules-germes pénètrent dans le spermatocyte et on les y rencontre, en effet, ordinairement au nombre de quatre.

Ce qu'il faut bien retenir en terminant ce chapitre sur la constitution de l'œuf, c'est l'*origine extérieure* de la molécule-germe. Darwin, dans son hypothèse de la pangenèse, avait imaginé de faire parvenir toutes les molécules-germes composantes (gemmules) de tous les globules de l'organisme. Ces gemmules cheminaient à travers les tissus et venaient se réunir et s'agréger dans les cellules génératrices. Aucun naturaliste n'a voulu admettre ce mode de formation, dont d'ailleurs aujourd'hui il ne saurait plus être question.

CHAPITRE II

L'ÉVOLUTION EMBRYOGÉNIQUE

76. Les trois phases de l'ontogenèse. — La genèse d'un individu métazoaire se divise en trois phases distinctes. La première est la *phase globulaire*. Le métazoaire ne consiste qu'en un globule (spermatozoïde et œuf) comme un protozoaire. La seconde comprend une série de formes de plus en plus compliquées qui vont du globule à la forme définitive que doit avoir le métazoaire. C'est la *phase embryonnaire*. La troisième enfin est celle où l'*embryon* ayant pris sa forme définitive n'aura plus qu'à croître. Pour distinguer cette forme des autres formes embryonnaires, on lui donne le nom de *fœtus*. Le fœtus ne diffère de l'adulte que par sa taille plus petite. La croissance du fœtus, jusqu'à la sortie de l'œuf, constitue la *phase fœtale*. Cette troisième phase manque dans plusieurs des divisions du règne animal, on ne la rencontre que dans quelques groupes de vers et d'arthropodes et chez la plupart des vertébrés.

Le développement embryonnaire diffère selon que l'œuf est pauvre en réserves nutritives ou riches en ces matières.

Lorsque l'œuf est pauvre, l'embryon épuise rapidement les substances alimentaires; et pour continuer son évolution, il est obligé de se nourrir par lui-même, c'est-à-dire de puiser dans les milieux extérieurs des substances capables de servir à sa nutrition. Il est donc obligé de rompre l'enveloppe de l'œuf et d'agir comme s'il était un animal parfait, c'est-à-dire de se déplacer et de s'alimenter. Les embryons vivant ainsi d'une vie extérieure sont désignés d'une manière générale, par le nom de *larves*.

L'embryon sort d'autant plus tôt de l'œuf que celui-ci est plus pauvre en matières nutritives. Il est aussi d'autant plus simple en organisation qu'il devient plus tôt libre. Pour arriver à l'état d'organisme définitif, chaque larve est obligée de se prêter à un certain nombre de changements de forme et de complexité organique. Ces changements sont désignés sous le nom de *métamorphoses*. Il suit de là que les métamorphoses sont d'autant plus nombreuses, d'autant plus prononcées, que les larves sont plus simples au moment de leur mise en liberté.

Lorsque l'œuf est riche en substances nutritives, l'embryon trouvant dans cet œuf toute la réserve nutritive qui lui est nécessaire, il y puise donc, et se nourrit aux dépens des aliments qu'il contient. L'embryon n'a pas besoin de rompre les membranes ou les coques de l'œuf pour devenir libre; il reste dans son intérieur, jusqu'au moment où il a épuisé tous les aliments et où il se trouve parvenu à l'état parfait ou non loin de cet état.

Il résulte de ce qui précède qu'il y a lieu de distinguer deux modes de développement embryonnaire, le développement *dilaté et retardé* et le développement *abrégé, condensé et accéléré*. Le premier se fait par larves et est d'autant plus dilaté que ces larves sont plus nombreuses et plus ces larves sont nombrueses plus le développement est retardé ou lent. Le second se fait plus rapidement et, en abrégeant les stades embryonnaires, qui sont à peine ébauchées et comme condensées les unes sur les autres. Il y en a même d'omises.

77. Les formes embryonnaires. — Quelles sont les formes que l'embryon d'une espèce quelconque revêt dans le cours de son évolution? A peu près tous les naturalistes sont aujourd'hui d'accord pour considérer l'*ontogenèse* comme la répétition abrégée de la *philogenèse* qui s'est produite dans la longue suite des temps géologiques. En d'autres termes: tout être retrace dans son embriogénie les différents types d'êtres adultes que son espèce a réalisés dans la marche de son évolution géologique. Ainsi par exemple, les phases du développement embryonnaire de l'homme depuis l'œuf jusqu'à la forme humaine sont la répétition abrégée des phases par où est passé le protozoaire des premiers temps géologiques, pour arriver à l'organisme humain de l'époque pliocène. Entre ces deux formes extrêmes, le protozoaire et l'anthropoïde, il a existé une foule de formes animales intermédiaires. Eh bien, dans son évolution embriogénique, l'homme repasse par toutes ces formes, mais en les ébauchant seulement et en abrégeant considérablement la durée du développement qui n'est plus que de neuf mois au lieu de millions d'années. En étudiant (Liv. II, chap. I, I.P.) la formation de l'organisme humain et de son psycholone, nous avons fait connaître brièvement la série des formes intermédiaires entre le protozoaire et l'homme.

D'après ce que nous avons dit dans le paragraphe précédent, on comprend que ce n'est que dans les développements embryonnaires dilatés, c'est-à-dire par larves que la vérification de la loi précédente est possible. Les transformations successives que subit la larve depuis le moment où elle sort de l'œuf jusqu'à la forme définitive de l'animal qu'elle doit réaliser, retracent nettement les transformations successives qu'une forme animale inférieure (un polype par exemple) a subies depuis l'époque primaire, jusqu'à l'époque tertiaire pour devenir une espèce de mammifère. Les différentes formes de la larve réalisent, à l'état d'ébauche, les différentes espèces intermédiaires qui ont existé, dans les temps géologiques, entre l'espèce de polype du début de ces temps et l'espèce de mammifères de la fin de ces temps. — Dans les développements condensés, la vérification n'est plus aussi facile; car les formes intermédiaires sont à peine ébauchées, plusieurs sont supprimées et les embryons sont d'ailleurs déformés par la présence de la grande quantité de matériaux nutritifs accumulés dans l'œuf.

L'ontogenèse est donc dominée par les mêmes lois qui dominent la philogenèse. Le processus général de ces genèses est le *transformisme* ainsi que l'ont montré Lamarck, Darwin, Hœckel, etc. Ce processus tant contesté, il y a encore à peine quelques années, ne trouve aujourd'hui presque plus d'adversaires compétents. C'est par l'évidence qu'à peu près tous les naturalistes ont été forcés de se ranger du côté de la théorie du transformisme.

Mais comment expliquer l'ontogenèse? Pourquoi le développement embryonnaire est-il la répétition abrégée du développement philogénétique? C'est ce qu'aucun naturaliste n'a encore expliqué d'une façon satisfaisante. On prononce le mot *d'hérédité* et on s'imagine que ce mot doit donner la clef de l'énigme; mais en examinant ce mot pour savoir ce qu'il contient, on trouve qu'il renferme tant de choses différentes et parfois contradictoires, qu'on ne tarde pas à se convaincre qu'il n'explique rien du tout. Il faut donc chercher ailleurs.

78. De la pluralité des vies spécifiques. — Pour nous et pour M. P. C. Revel de Lyon (1), il ne fait aucun doute, 1° que le psycholone d'un animal quelconque, de l'homme par exemple, n'ait réalisé un grand nombre de fois l'embryogénie de son espèce, en d'autres termes qu'il ait vécu un grand nombre de fois la vie sarcosomatique de son espèce; 2° que sa dominante n'ait animé d'abord un protozoaire dans les premiers temps géologiques et que son psycholone ne se soit compliqué et perfectionné durant la série de ces temps, en réalisant un grand nombre de fois dans le milieu physique le sarcosome de toutes les

---

(1) *Lettre au Dr P. Dupré sur la vie future au point de vue biologique.*

espèces qui conduisent de ce protozoaire à l'homme.

La loi des formes embryogéniques formulées (n° 77) doit donc être modifiée comme il suit : chaque individu réalise rapidement par ses transformations embryonnaires, les différents types d'êtres adultes qu'il a réalisés dans *ses vies antérieures dans le long cours des âges*, types dont l'enchaînement figure la ligne continue de sa propre évolution.

Si le psycholone a vécu un grand nombre de fois, s'il a, un grand nombre de fois, construit son sarcosome, il est clair qu'il a l'habitude de construire ce sarcosome et il n'y a rien d'extraordinaire qu'il le construise aussi rapidement. Il est clair qu'il doit savoir comment s'y prendre pour arriver le plus rapidement possible du simple globule à la forme définitive de son espèce.

Le degré de la vitesse de développement embryonnaire caractérise en quelque sorte le nombre de fois qu'elle a été réalisée. Un même psycholone a non seulement réalisé toutes les formes qui doivent nécessairement s'interposer entre le simple globule et la forme humaine par exemple, mais encore, il a réalisé un grand nombre de fois chacune de ces formes. Son expérience et son habileté sont donc extrêmes. *Il travaille de souvenir et par habitude.*

Et nous devons ici rappeler ce que nous avons dit au n° 40 de l'action du psycholone sur le sarcosome. Notre moi, notre monade dominante elle, n'en sait rien; elle n'en a nul souvenir et nulle conscience, ce n'est pas elle qui construit l'organisme mais les psychées en sous-ordre, les psychées qui lui sont inférieures elles, ont conscience de leur travail et se souviennent d'avoir répété ce travail un grand nombre de fois.

Le psycholone humain a donc vécu un certain nombre de vies humaines dans un sarcosome humain et antérieurement un certain nombre de vies animales dans des sarcosomes animaux d'espèces différentes, de moins en moins parfaites, de moins en moins complexes à mesure qu'on s'éloigne des temps actuels; et le degré de complexité et de perfection de son psycholone a toujours été en rapport avec le degré de complexité et de perfection des organismes qu'il a revêtus. Le psycholone dure toujours et se perfectionne, tandis qu'il change un grand nombre de fois de sarcosome. Le psycholone *survit* à tous ces changements. Donc quand un homme vient au monde, il ne naît pas, *il renaît*. Lorsqu'il meurt, *il remeurt*. Les vivants d'aujourd'hui sont les morts d'autrefois, comme ils seront les morts de demain et redeviendront plus tard être encore les vivants.

79. La mémoire dans la pluralité des vies. — Si dans la construction du sarcosome, les psychées inférieures travaillent de souvenir, se souviennent des actes biologiques qu'elles ont exécutés dans les vies passées, comment se fait-il que notre dominante ne se souvienne pas des actes psychiques de ses vies passées?

Faisons tout d'abord remarquer que l'ancienne psychologie (la psychologie théologique et classique) qui faisait se passer tous les phénomènes de la mémoire dans un être nommé esprit ou âme et ayant des propriétés opposées à celles de la matière est impuissante à rendre compte des faits. Et c'est un service immense que les matérialistes ont rendu à la psychologie en montrant que les manifestations psychiques sont absolument dépendantes du système nerveux. Toute altération ou destruction des globules nerveux amène le trouble et même la suppression d'une manifestation intellectuelle. Cette corrélation entre l'état morbide du système nerveux et la disparition d'une partie de l'intelligence, et, dans le cas de guérison le rétablissement de la fonction coïncidant avec la réparation des tissus, est une preuve que les phénomènes psychiques qui se passent dans notre dominante, notre moi, sont en corrélation avec ceux qui se passent dans les psychées des cellules nerveuses, c'est-à-dire dans les autres psychées du psycholone. Quand une portion de celui-ci est troublée, les fonctions de la dominante sont aussi troublées, car l'union et l'harmonie des différentes psychées du psycholone sont telles qu'elles sont absolument solidaires les unes des autres.

Cela posé, quand le phénomène de mémoire se passe dans la dominante, dans notre moi, nous disons que la *mémoire est consciente;* lorsque le phénomène se passe dans les psychées du psycholone nous disons que la *mémoire est inconsciente.* Mais il faut bien se rappeler, comme nous l'avons déjà fait remarquer, que si le phénomène est inconscient pour *notre moi,* il ne l'est pas pour les *moi* en sous-ordres.

La mémoire, comme manifestation de l'intelligence, est la faculté que possède la monade *de retenir* et *de reproduire* tous les actes passés qu'elle a posés en état de conscience. Pour conserver les actes passés, notre moi en confie la garde aux *moi* qui sont au-dessous de lui. Pour les reproduire, il les rappelle et ils reviennent; d'autres fois, ils reviennent sans avoir été rappelés. Les 999 millièmes de nos connaissances — dont notre moi ou moi en chef s'attribue la possession, et dont il semble à tout instant faire preuve — ne nous appartiennent pas en réalité; elles appartiennent aux *moi* en sous-ordre, qui les classent, les conservent et les représentent à la clarté plus ou moins éclatante de la conscience de notre moi, quand celui-ci le demande ou quand il en a besoin. Quelquefois, les *moi* en sous-ordre résolvent des problèmes que notre moi avait longtemps cherché en vain, et ils lui présentent tout à coup la solution cherchée.

Une comparaison servira à faire comprendre la question de la mémoire dans la pluralité des vies. Représentons notre dominante par un professeur de sciences et les *moi* immédiatement inférieurs par une troupe d'élèves, avec des aptitudes diverses et plus intelligents les uns que les autres. Une première année le professeur veut faire des recherches pour éclaircir certaines questions de physique. Il passe ses journées dans son laboratoire de Paris tout occupé à méditer sur les questions qui sont pour le moment son unique préoccupation, il invente des expériences dont l'exécution prend à peu près tout son temps. Cependant tous les jours, il fait à ses élèves une leçon sur les résultats qu'il obtient. Ceux-ci prennent des notes, rédigent la leçon chacun selon ses capacités et ses aptitudes, et la conservent. Après chaque leçon le professeur oublie ce qu'il a dit, pour se préoccuper d'un autre problème et ainsi de suite tous les jours de l'année scolaire.

Vient l'époque des vacances. Le professeur et ses élèves se transportent au bord de la mer, afin de se reposer devant la vaste étendue. Alors le professeur qui veut récapituler tout ce qu'il a fait pendant l'année, demande à ses élèves de lui communiquer ses leçons.

Avec empressement certains élèves lui communiquent la rédaction de telle ou telle leçon, certains autres lui communiquent la rédaction de telle ou telle autre, finalement toutes ses leçons de l'année reviennent à sa mémoire. L'empressement de certains élèves est très grand, celui de quelques autres laisse à désirer, ils se font tirer l'oreille. Les uns ont fait de très bonnes rédactions, d'autres en ont fait de médiocres, etc., etc. Quand les entretiens entre le maître et les élèves se sont assez prolongés, la fatigue les gagne les uns après les autres, finalement tous s'endorment, on les place dans un train qui les transporte à Bruxelles, je suppose. Là nos voyageurs se réveillent, ils sont étonnés du changement qui s'est opéré dans leur entourage, mais bientôt ils se ressaisissent et le professeur trouvant un nouveau laboratoire pour se livrer à ses recherches scientifiques, se remet à travailler. Il oublie momentanément tout ce qu'il a dit et fait à Paris, pour ne plus s'occuper que des nouvelles questions chimiques qu'il se propose maintenant de résoudre. A Bruxelles il agit comme à Paris, il fait tous les jours une leçon à ses élèves sur ses travaux du jour. Ceux-ci les rédigent et les conservent. Quand viennent les vacances, il les remettent sous les yeux du professeur. Comme ils ont du temps à causer ils remettent aussi sous ses yeux les leçons de Paris. Ce qui leur est arrivé sur la première plage, leur arrive encore aujourd'hui et les voilà transportés à Berlin. Nouvel étonnement au réveil. Nouveau laboratoire, le professeur oublie tout, pour ne se préoccuper maintenant que des questions biologiques. Pendant les vacances ses élèves lui reliront non seulement les leçons de l'année présente, mais celles des années précédentes. Le professeur pourra les comparer, les unifier, etc., puis nouveau transport, etc., et ainsi de suite.

Chaque année scolaire représente la vie en sarcosome, chaque vacance représente la vie posthume et chaque transport dans un nouveau laboratoire, situé dans une nouvelle ville, une renaissance.

Chaque fois qu'il renaît, c'est-à-dire qu'il se réveille dans un nouveau laboratoire, le professeur est d'abord stupéfié, ensuite il se ressaisit, se met au courant des ressources que lui offre sa nouvelle installation et il recommence à travailler. Mais son activité intellectuelle n'embrasse pas à la fois toutes les questions scientifiques, il ne s'occupe que de certaines, celles que les moyens mis à sa disposition lui permettent de travailler, toutes les autres, il les oublie pour le moment. Il est tout entier à ses nouvelles recherches, ses travaux des années précédentes sont comme s'ils n'existaient pas. Ses élèves aussi, ne se préoccupent présentement que des nouvelles leçons de leurs professeurs, leur rédaction, leur méditation, leur conservation prennent tout leur temps. Ils ont bien dans leur serviette celles des années précédentes; mais cette année il ne s'agit pas de celles-là.

Voilà l'image de notre vie présente. Notre activité est limitée; nous devons travailler dans telles et telles conditions et pas dans telles et telles autres. Nous ne nous préoccupons uniquement que de ce que nous faisons dans les circonstances présentes. Et cette préoccupation est d'une si grande importance, elle est si impérieuse, que nous oublions tout ce qui a pu se passer dans les autres vies. Le milieu extérieur nous absorbe et nous fait vivre en dehors de nous. Mais dans le repos de la vie posthume, nous vivons surtout en dedans de nous-même et alors tous nos actes de la vie précédente, puis ceux de nos vies antérieures reviennent à la mémoire et nous nous voyons dans l'ensemble de nos vies passées.

Ainsi donc: à chaque période posthume de l'existence *mémoire totale* de nos vies; à chaque période de vie sarcosomatique, *mémoire restreinte* à la vie présente.

80. La mémoire dans la vie présente.

— La mémoire consciente de notre vie présente est fort incomplète: nous ne nous souvenons pas de tous les actes de notre vie, de tous les pays que nous avons vus, de toutes les personnes que nous avons connues. Nous ne nous souvenons pas de nos trois premières années et le plus grand nombre des faits de notre enfance sont pour nous comme s'ils n'avaient jamais existé. Il en est de même de la plus grande partie de nos journées; elles sont comme si nous ne les avions jamais vécues. Nous ne nous souvenons que des principaux faits de notre vie présente, tous les autres sont oubliés. La mémoire de notre vie n'en est toujours qu'un *extrait*, une **réduction**.

Notre mémoire a ses degrés, elle est tantôt nette et précise, tantôt vague, confuse et prend alors le nom de *réminiscence*. Entre la mémoire pleinement consciente et la réminiscence, il y a tous les degrés intermédiaires. Lorsque j'écris un discours, par exemple, des fragments de phrases ou des phrases entières d'auteurs que j'ai autrefois appris par cœur mais que j'ai oubliés, reviennent sous ma plume. Je crois inventer et cependant je ne fais que répéter. Je ne me souviens ni d'avoir appris ces phrases, ni de quels auteurs elles peuvent être. — De même j'ai parfois la vision de paysages que j'ai parcourus, de villes où je suis passé, de monuments que j'ai visités, et en y réfléchissant je suis parfaitement certain que ces visions ne se rapportent pas à la vie actuelle. Les aurais-je rêvées? Je n'en sais absolument rien, mais leur souvenir offre de telles précisions qu'elles me paraissent avoir été plutôt réelles que rêvées. Seraient-elles des réminiscences de mes vies antérieures? — Quel est l'homme qui, retiré au fond de lui-même, pendant ses heures de contemplation et de solitude, n'ait vu renaître ainsi à ses yeux tout un monde enseveli dans les replis lointains d'un passé mystérieux?

Ainsi, d'une part, la mémoire de la vie présente est fort incomplète; d'autre part il semble que nous ayons des réminiscences de nos vies passées.

Ces réminiscences prennent encore une autre forme. On entend dire tous les jours, qu'un enfant a des dispositions pour le calcul, un autre pour la musique, un autre pour le dessin. On remarque chez d'autres des instincts farouches, violents et même criminels, et c'est dès les premières années de la vie que ces dispositions éclatent. Quand ces aptitudes sont poussées à un degré tout à fait hors ligne, on a les exemples célèbres que l'histoire a retenus. C'est Pascal découvrant à l'âge de douze ans, la plus grande partie de la géométrie plane, et sans avoir reçu aucune leçon, aucune teinture de calcul. C'est Grandmanche qui, à l'âge de 18 ans, dans une séance publique qui eut lieu à Paris en 1853, répondit sans hésitation et sans poser un seul chiffre, à deux questions, qui résolues de tête, offrent une prodigieuse difficulté. C'est Mondeux qui trouvait instantanément le logarithme d'un nombre donné et le nombre correspondant à un logarithme quelconque. C'est Rembrandt, dessinant d'une façon magistrale avant de savoir lire. C'est Mozart, exécutant une sonate de piano avec ses doigts de quatre ans, et composant un opéra à huit ans ; c'est Thérosita Milanollo, jouant du violon à quatre ans avec tant d'art et de supériorité, que Baillot disait qu'elle avait dû jouer du violon avant que de naître. Nous pourrions multiplier ces exemples. A quoi sont dus, tous ces talents précoces, si ce n'est à une forme de la mémoire, à la réminiscence ? Qu'est-ce que c'est qu'apprendre pour tous ces enfants prodiges, si ce n'est se souvenir ?

Certaines circonstances exaltent notre mémoire. Un homme d'un esprit remarquablement net traversait un jour un chemin de fer au moment où le train arrivait à toute vitesse. Il n'eut que le temps de s'étendre entre les deux lignes de rails. Pendant que le train passait au-dessus de lui, le sentiment de son danger lui remit en mémoire tous les incidents de sa vie, comme si le livre du jugement avait été ouvert devant ses yeux. Il y a plusieurs récits de noyés sauvés d'une mort imminente qui s'accordent sur ce point, qu'au moment où commençait l'asphyxie, il leur a semblé voir, en ce moment, leur vie entière dans ses plus petits accidents. L'un d'eux prétend qu'il lui a semblé voir toute sa vie antérieure se déroulant en succession rétrograde, non comme une simple esquisse, mais avec des détails très précis, formant comme un panorama de son existence entière.

D'autres fois, c'est dans l'état somnambulique ou dans l'état de transe que la mémoire est exaltée. Braid cite le cas d'une femme qui, pendant le somnambulisme, récitait directement de longs chapitres de Bible hébraïque et d'autres livres, alors qu'elle n'avait jamais étudié les langues dans lesquelles elle récitait et qu'elle n'en pouvait dire un mot à l'état de veille ; or, on découvrit à la longue qu'elle avait retenu ce qu'elle répétait, pour l'avoir entendu lire à haute voix par un ecclésiastique chez lequel elle avait résidé étant jeune fille. Wallace rapporte que Mlle Laura, fille du juge Edmonds, ne connaissant d'autres langues que la sienne, sauf une légère teinte de français appris à l'école, parlait lorsqu'elle tombait en transe, le grec, l'italien, le portugais et le hongrois. N'ayant pas appris ces langues dans sa vie présente, elle ne pouvait les parler que par réminiscence de vies antérieures. D'autres fois, ce n'est pas seulement la langue, mais tout un personnage qu'on a été dans une vie antérieure, qui se substitue par réminiscence au personnage actuel. On en a de nombreux exemples. Le fameux médium Slade, lorsqu'il était en transe, devenait parfois un chef peau-rouge. On le voyait se dresser, marcher à grands pas et déclamer dans une langue sonore qui paraît-il est celle des Indiens caraïbes ; d'autres fois, il devenait un docteur écossais qui donnait sur un ton grave des conseils thérapeutiques.

Ces faits nous conduisent à examiner les phénomènes de *double personnalité* propres à nous faire comprendre les éclipses de la mémoire dans la succession des vies sarcosomatiques.

Une jeune dame américaine, au bout d'un sommeil prolongé, perdit le souvenir de tout ce qu'elle avait appris. Sa mémoire était devenue une table rase. Il fallut tout lui rapprendre. Elle fut obligée d'acquérir de nouveau l'habitude d'épeler, de lire, d'écrire, de calculer, de connaître les objets et les personnes qui l'entouraient. C'est ce qui nous arrive quand nous renaissons. On ne trouvera donc pas extraordinaire que nous ayons alors tout oublié et qu'il nous faille tout réapprendre, puisque le même phénomène peut se produire dans la vie présente.

Quelques mois après, la jeune dame fut reprise d'un profond sommeil, et, quand elle s'éveilla, elle se retrouva telle qu'elle avait été avant son premier sommeil, ayant toutes les connaissances et tous les souvenirs de sa jeunesse ; par contre, ayant tout à fait oublié ce qui s'était passé entre ces deux accès.

Pendant plus de quatre années, elle a passé périodiquement d'un état à l'autre, toujours à la suite d'un long et profond sommeil... Elle a aussi peu conscience de son double personnage que deux personnes distinctes en ont de leur nature respective. Dans l'état primitif, elle possède toutes les connaissances qu'elle avait acquises avant son premier sommeil. Dans le nouvel état, elle a seulement celles qu'elle a pu acquérir depuis sa maladie. Dans l'ancien état, elle a une belle écriture. Dans le nouveau, elle n'a qu'une pauvre écriture maladroite, ayant eu trop peu de temps pour l'exercer, etc. Dans chacun des deux états, la mémoire est fort restreinte, puisqu'elle ne comprend pas la totalité de la vie présente, mais seulement un mode de cette vie. Ainsi deux vies successives nous paraissent étrangères l'une à l'autre, bien que ce soit deux états de l'existence d'un seul et même individu.

Dans l'exemple, devenu classique de Félida, si bien étudié par le D' Azam, le sujet, quand il est dans l'état second, a la mémoire de ce qui s'est passé, non seulement dans tous ses états seconds, mais aussi de ce qui s'est passé dans ses états premiers ou normaux. Mais lorsqu'il revient dans ses états normaux, il n'a pas la mémoire de ce qui s'est passé dans ses états seconds. La séparation des deux vies est si absolue, que s'étant abandonnée dans l'état second à un jeune homme qui lui avait promis le mariage, revenue à l'état normal, elle eut des convulsions hystériques, très violentes lorsque le médecin qu'elle consultait sur l'état de grosseur de son ventre, lui apprit qu'elle était enceinte. Ainsi, dans cet exemple, le sujet en état second sait bien qu'il est toujours le même individu que dans l'état premier, et a conscience de continuer sa vie. Mais revenu à l'état normal, il a tous les ennuis que lui cause l'oubli, il ne sait plus où en sont ses affaires, les rendez-vous qu'il a pris, les personnes à visiter, etc., etc.

L'histoire de Mlle R. L. observée presque quotidiennement pendant une dizaine d'années par le D' Dufay, est plus remarquable encore que le précédent. D'une intelligence au-dessus de la moyenne, dans son état normal, elle est encore plus intelligente dans son état second. *Une augmentation considérable de la mémoire* permet à Mlle R. L. de raconter les moindres événement dont elle a eu connaissance à une époque quelconque, que les faits aient eu lieu soit pendant l'état normal, soit pendant l'état second. Elle a parfaitement **conscience de sa supériorité intellectuelle de ce** second état et sait parfaitement qu'elle est la même personne qu'à l'état normal. Elle voudrait rester dans l'état second, parce qu'elle s'y trouve mieux et que ses facultés sont plus vives. Aussi elle appelle son état normal « l'état de bête ». L'acuité remarquable que ses sens acquièrent durant l'état second, le phénomène de la double vue, montrent que le sujet ne perçoit plus le monde à la manière habituelle et que son psycholone est prêt à se dégager, c'est-à-dire qu'il se trouve en un état de tension supérieur à celui de l'état normal. Lorsque Mlle R. L. revient à l'état normal, tous les souvenirs relatifs, aux périodes de l'état **normal, tous les souvenirs relatifs, aux périodes de l'état** second, sont complètement voilés

Les états seconds de Félida et surtout de R. L. se rapprochent beaucoup des états du somnambulisme provoqué. Les modifications de la mémoire peuvent se résumer en ces deux propositions: 1° le sujet, pendant son état de veille, ne se rappelle aucun des événements qui se sont passés pendant le somnambulisme; 2° au contraire, pendant le somnambulisme, il se souvient, non seulement de ses somnambulismes antérieurs, mais encore des événements appartenant à son état de veille.

Des diverses variations de la mémoire, pendant la vie présente que nous venons de passer en revue, nous pouvons induire :

1° Que pendant l'état posthume, le sujet a la mémoire de ses vies sarcosomatiques et posthumes; 2° qu'en revenant à la vie sarcosomatique, il oublie toutes ses vies antérieures, soit posthumes, soit sarcosomatiques. — Quand le psycholone se dégage du sarcosome, il reprend peu à peu toute sa mémoire, quand il se réincorpore, il la perd presque tout entière, mais ce n'est que pour un temps.

81. Hérédité et innéité. — Les enfants possèdent les mêmes propriétés en général que les parents dont ils sont issus. Ce phénomène est connu, en biologie, sous le nom d'*hérédité*. Mais il y a lieu de faire une distinction entre *les propriétés spécifiques* et les *propriétés individuelles*, les *propriétés physiques* et les *propriétés psychiques*.

Tout être vivant possède les mêmes qualités d'organisation, de fonctions et de forme spécifique, que les parents qui lui ont donné naissance. En d'autres termes, une espèce animale quelconque donne naissance à des animaux de même espèce qu'elle, et jamais d'espèce différente. D'où il suit, qu'*une espèce quelconque de molécule-germe ne peut se développer que dans du sarcode appartenant à un adulte de même espèce qu'elle*. Il n'y a pas ici hérédité proprement dite, c'est-à-dire *transmission* des caractères des parents aux enfants, mais *développement du semblable dans le semblable*. La fécondation ne consiste pas, comme nous l'avons vu, dans la fusion de deux noyaux de cellule, mais dans la mise d'une molécule-germe d'une espèce donnée, dans un milieu approprié à son état, et le milieu le mieux approprié est celui d'un animal de même espèce. Très rarement, le développement de la molécule peut avoir lieu, pour une part, dans le sarcode d'un animal d'une espèce différente, mais il faut alors que l'espèce de molécule et l'espèce de la femelle adulte appartiennent au même genre, comme l'âne et la jument en donnent un exemple.

La loi de développement du semblable dans le semblable ne s'applique pas seulement aux caractères spécifiques, mais encore aux caractères restreints de certaines catégories d'individus appartenant à la même espèce, seulement la loi nous offre ici d'assez nombreuses exceptions. Si nous considérons, par exemple, l'espèce humaine qui nous est plus facilement observable et qui est la plus susceptible de présenter des catégories d'individus ayant les mêmes caractères, nous verrons que bien que le meilleur milieu de culture pour une molécule-germe appartenant à une race soit un adulte de cette race, de même pour une sous-race et de même pour une famille, il arrive souvent qu'un individu de telle race, de telle sous-race ou de telle famille apparaît dans une race, une sous-race ou une famille à laquelle il est étranger. C'est surtout dans la famille que ce phénomène se produit le plus fréquemment à cause du mélange des familles par les alliances. En voici un exemple. Dans un village du Midi de la France se trouve une famille noble composée du père, de la mère et de trois fils. Les deux plus jeunes sont des messieurs qui s'occupent de sport et qui ont les habitudes et les manières de leur classe. L'aîné s'habille avec une blouse bleue, fait le maquignon, tue les chevreaux et les moutons des gens de son village uniquement pour leur rendre service ; il a épousé la fille d'un boucher et vit loin de ses frères qu'il tourne en ridicule. Il est d'ailleurs très aimé de ses concitoyens et est maire de sa commune. Evidemment, dans cette famille est venu s'incorporer un homme qui ne lui appartient pas, qui ne lui a jamais appartenu, c'est un *intrus*. C'est ainsi encore qu'on voit des hommes de génie naître dans une famille dont aucun membre n'avait de faculté transcendante, et d'autre part, l'on constate parfois qu'un scélérat est né au milieu d'une très honnête famille.

Chaque individu, outre les caractères d'espèce, de race, de sous-race, de famille, apporte avec lui en naissant des caractères qui lui sont tout à fait particuliers, c'est ce qu'on nomme l'*innéité*. Ces caractères peuvent être généralement chez l'homme d'ordre physique, mais ils sont aussi d'ordre psychique. Or, dit M. Revel, la loi de l'exercice, qui est la plus importante de la physiologie, et qui forme la base de la théorie de l'évolution, nous dit qu'une qualité quelconque appartenant à un organisme est toujours la conséquence d'un *travail correspondant effectué*. — Or, puisque telles qualités appartiennent à tel être ne se trouvent pas chez les parents et chez les êtres issus d'œufs frères, et que d'autre part que c'est la molécule-germe qui organise ses transformations, il faut conclure que ces qualités sont le *résultat d'exercices effectués par cette molécule-germe dans des états successifs d'être adulte manifestés dans des existences antérieures plus ou moins éloignées.*

Dans tous les faits que nous venons de faire connaître, il y a *hérédité apparente*, mais pas *hérédité réelle*, il y a développement du semblable dans le semblable, avec tels ou tels caractères particuliers propres à chaque individu. Mais l'hérédité réelle joue aussi son rôle dans le développement embryogénique, car les parents agissent par induction sur ce développement et de plus ils transmettent une *partie de leur propre substance à leurs descendants* (1). L'influence dynamique du mâle se fait sentir sur les spermatozoïdes et par suite sur les molécules-germes qu'ils renferment. La substance du spermatozoïde, qui est la même que celle du sarcosome du père influe à son tour sur la molécule-germe et sur l'organisme futur. Quand le protoplasma du spermatozoïde s'est mêlé avec celui de l'ovule, la substance de l'ovule influe à son tour sur la molécule-germe. Pendant la gestation, l'organisme femelle tout entier continue à exercer son induction sur le nouvel être; celle-ci vient alors s'ajouter à l'influence du père, tantôt pour se superposer à elle et la renforcer, tantôt, au contraire, pour l'atténuer ou la corriger.

L'entrée dans l'embryon de la substance du père et de la mère, outre une influence propre due aux proportions du mélange peut y apporter des particules morbides et autres susceptibles de modifier la constitution de cet embryon. C'est ainsi que se transmettent certaines maladies des ascendants ou une prédisposition à contracter ces maladies. C'est ainsi que

---

(1) Pour nous, c'est à cela que se réduit la continuité du plasma geominatif de Weissman.

certaines malformations sont héréditaires. C'est ainsi enfin que certaines modifications organiques sont héréditaires et peuvent être favorables ou nuisibles au développement de certaines qualités innées.

L'action du milieu extérieur a aussi une influence sur l'embryon. En faisant varier les conditions de chaleur et autres, Dareste peut obtenir l'inversion des viscères d'un animal. L'influence de l'alcool se fait aussi sentir sur l'embryon et on a des exemples d'enfants conçus pendant l'ivresse qui ont été demi-idiots et presque sourds.

Enfin, il semble démontré que l'embryon exerce une influence sur les cellules génératrices de la mère et par suite sur ses futurs enfants. C'est le phénomène appelé *télégonie*. Il consiste dans ce fait que des femelles ont pu donner naissance, dans des gestations ultérieures, à des produits rappelant les qualités d'un premier procréateur Une femelle de race pure, fécondée par un mâle de race différente ou commune, se trouve définitivement souillée, en ce sens qu'elle est exposée à donner naissance à des produits de race commune, à des fécondations ultérieures, par des mâles de race pure. On a cité des faits analogues dans l'espèce humaine, notamment la transmission par ce mécanisme de malformations spéciales.

Il résulte de tout ce qui précède, que quand un individu renaît, il offre des qualités: 1° incontestablement semblables à celles du personnage qu'il a été dans l'existence précédente, mais pas identiques, puisque certaines de ces qualités ont été modifiées dans le nouveau développement embryonnaire; 2° que ces qualités modifiées constituent la caractéristique du nouveau personnage. La nation, la classe sociale, le moment historique, la profession, dans lesquels il naît, achèvent de différencier la nouvelle personnalité de celle de l'existence antérieure. Tous ces changements contribuent à la perte de la mémoire et à isoler l'ancienne personnalité de la nouvelle.

Mais alors, objecte-t-on, que devient l'*identité* per-

sonnelle? Nous répondrons que c'est une erreur de regarder la mémoire comme la condition de l'identité personnelle, comme le supposent Locke et ses disciples. C'est au contraire la permanence du psycholone qui est la condition de la mémoire. Si la conscience de soi était permanente, elle serait indissolublement unie à l'identité personnelle; mais elle ne l'est pas: elle est interrompue par les états périodiques et anormaux du psycholone. Une partie considérable de nos actes tombe dans l'oubli, et cependant le moi conserve invariablement le sentiment de son identité. Le sommeil et la folie rompent la continuité du sens intime, mais respectent les qualités, les aptitudes, les tendances du psycholone. Celui-ci avec ses qualités sont indépendants de la mémoire. Nous avons vu (n° 80) que dans la vie présente les doubles personnalités ne détruisent pas l'identité individuelle (1) et personnelle. Ce qui importe au développement de notre monade dominante, ce n'est pas qu'elle se souvienne de tous les actes de ses vies précédentes, même la plus insignifiants, mais qu'elle garde le résultat acquis par son activité antérieure, le degré de culture qu'elle a atteint, les dispositions qu'elle a contractées, etc. Or l'observation démontre que cette conservation existe, à l'état de mémoire inconsciente et de réminiscence.

81 bis. Double et triple personnalité chez les animaux. — La double et même la triple personnalité s'observe également chez les animaux et d'une manière bien plus tranchée que chez l'homme. Chez les insectes qui subissent des métamorphoses, par exemple, l'organisation et le système nerveux, en se transformant, amènent tour à tour sur la scène deux et trois personnalités dans le même individu. Dans la larve, la chrysalide et le papillon, les instincts, les

---

(1) Un animal n'est qu'un individu, un homme est un individu personnel ou une personne.

images, les souvenirs, les sensations et les appétits sont différents: le ver à soie qui file et son papillon qui vole, la larve vorace du hanneton avec son terrible appareil d'estomacs et le hanneton lui-même, sont deux états distincts du même être à deux époques de son développement, deux systèmes distincts de sensation et d'images entées sur deux formes distinctes de la même substance nerveuse. — Si un sommeil pareil à celui de la chrysalide nous surprenait au milieu de notre vie et si nous nous réveillions avec une organisation et une machine nerveuse aussi transformées que celles du ver devenu papillon, la rupture entre nos deux personnalités serait visiblement aussi forte chez nous que chez lui. Et cependant ces deux personnalités appartiendraient bien à un seul et même individu.

Quel que soit le *processus* employé par la nature pour la rénovation de l'organisme d'un même individu, que ce soit la métamorphose ou la putréfaction et la réincarnation, peu importe, la mémoire est soumise aux mêmes lois et la pluralité des personnalités coexiste avec l'identité individuelle ou personnelle.

La personnalité du posthume se compose de la somme de ses personnalités passées et comme cette somme est différente pour chaque posthume, il en résulte que chaque posthume conserve son identité personnelle.

CHAPITRE III

INVOLUTION ET PANSPERMIE

82. Des causes qui tendent à décrire le psycholone après la mort. — Nous avons vu (n° 79) que ce n'est pas dans notre moi, que ce n'est pas dans la monade où se concentre notre personnalité mentale, que sont contenues, à vrai dire, toutes les notions dont l'éducation et l'expérience nous ont approvisionnés et dont nous faisons usage à toute heure; la presque totalité de ces notions se trouve, pour ainsi dire, emmagasinée dans les centres psychiques subalternes qui se confondent pour le physiologiste avec les centres nerveux de second ordre subordonnés au centre cérébral proprement dit. Ces notions, ces connaissances, ces souvenirs, que nous croyons puiser dans notre moi lui-même, ce sont en réalité des emprunts que nous faisons aux *moi* ou centres psychiques subalternes constituant pour notre moi comme une sorte de bureau de renseignements dont il reçoit les informations désirées avec une telle instantanéité qu'il est convaincu de ne les devoir qu'à lui-même.

Or, la destruction des globules du système nerveux et autres par la mort n'entraînera-t-elle pas inévitablement la dissolution de cette société de coopération psychique, par la dispersion de ses membres? Et que restera-t-il alors de notre caractéristique personnelle, si le faisceau de nos connaissances, de nos attachements, de nos aversions et de nos souvenirs est pour toujours détruit?

Voilà, en effet, *a priori*, le sort qu'après la mort la théorie nous fait craindre et il faut avouer qu'il paraît vraisemblable et que la théorie ici ne nous trompe pas.

Eh bien! la théorie se trompe et l'expérience nous a appris (ch. II et III, liv. I) que les choses ne se passent pas ainsi. La hiérarchie des centres psychiques survit à l'anéantissement du sarcosome, et cette hiérarchie, conservant intacte la constitution qui lui est propre, reste groupée autour du centre psychique suprême, autour de notre moi et accompagne ce moi dans sa nouvelle sphère d'existence. Le psycholone survit au sarcosome avec son aérosome et reste un temps plus ou moins long séparé de ce sarcosome à l'état dilaté comme il l'était dans ce sarcosome, pour constituer ainsi le *fantôme posthume*.

D'un autre côté, nous avons vu que le psycholone qui a déjà reçu plusieurs vies sarcosomatiques se trouve d'abord dans le spermatozoïde, puis dans l'œuf à l'état de molécule-germe, et que cette molécule a une origine extérieure à l'organisme dans lequel elle se dilate et se développe.

La conclusion qui en découle est que, en dehors du sarcosome, le fantôme posthume se transforme en molécule-germe et que cette transformation (qui est une concentration) a lieu en vertu de la force attractive très grande qui unit toutes les monades du psycholone. Donc, loin de se disperser, après la mort, les psychées ou monades qui constituent le psycholone, afin de résister aux causes de destruction ou de dispersion, s'attirent plus que jamais et finissent par se concentrer autour de la dominante au point de ne plus former qu'une molécule.

Cependant, on insiste et on fait encore une objection ; la voici :

« Une vérité d'observation aujourd'hui mise hors de doute, dit le Dr Durand de Gros (1), c'est que les centres nerveux métacéphaliques (c'est-à-dire qui sont situés au-dessous ou en arrière du centre cérébral, et lui sont subordonnés), peuvent continuer à vivre et à manifester les attributs du sentiment et de la volonté après leur entière séparation d'avec la tête, cette tête continuant de son côté à vivre isolément et à accuser l'exercice non interrompu de la pensée. Les centres psychiques reliés ensemble par le système nerveux au grand centre constituant notre moi, ne sont donc pas inséparables de ce moi : la division de leurs segments nerveux respectifs suffit pour faire cesser leur union ; comment cette union serait-elle respectée par la mort, qui divise l'organisme nerveux jusque dans ses dernières molécules. »

Remarquons d'abord que cette objection n'a de valeur que pour les morts par division violente du corps ou par décapitation. — Ensuite, les différentes parties du psycholone, outre la force attractive

---

(1) *Ontologie et Psychologie physiologique*, p. 315.

qui lui est propre et dont nous avons parlé plus haut, sont maintenues encore réunies par l'aérosome. Lors donc qu'on décapite un homme, ou plus généralement quand on le coupe en deux, les deux parties séparées du psycholone restent unies par l'aérosome qui *s'étire* comme une bande de caoutchouc avec tendance à se rétracter et à rapprocher les parties, car le couteau tranchant peut passer à travers l'aérosome sans le diviser. La partie du psycholone qui se retirera la première du sarcosome ira rejoindre immédiatement l'autre partie, et ainsi toutes les parties violemment étirées un instant, ne tarderont pas à se trouver de nouveau réunies comme avant l'opération.

Les choses se passent ainsi chez les animaux supérieurs, mais nous avons vu (n°s 30-31) que chez les animaux inférieurs les parties du psycholone peuvent être réellement séparées à cause de la moindre force attractive qui s'exerce entre toutes les monades composantes.

Ce que nous avons dit de la décapitation des animaux supérieurs s'applique également aux amputations. On peut couper le membre sarcosomatique, mais il reste un membre aérosomatique toujours uni aux autres parties de l'aéro-psycholone.

Cependant, diverses causes naturelles tendent à détruire et à disperser l'aérosome du posthume; tels sont: le magnétisme et l'électricité terrestre ou atmosphérique, mais surtout la lumière. L'observation a établi avec de nombreux faits l'aversion du posthume pour la lumière et la promptitude avec laquelle il la fuit. Toutes les manifestations par lesquelles il se révèle sont nocturnes et rarement diurnes. Il semble même que la lumière annihile ses forces, car toutes les manifestations cessent lorsqu'on entre avec une bougie dans la chambre où elles ont lieu. « Le malaise qu'éprouve le posthume devant une clarté quelconque, dit Adolphe d'Assier (1), s'explique par l'action

---

(1) *Essai sur l'humanité posthume*, p. 102.

désorganisatrice que toute lueur fait subir à son tissu. On sait que la lumière est un mouvement vibratoire imprimé à l'éther par les corps incandescents. Ces vibrations, d'une vitesse presque infinie, altéreraient promptement le tissu fluidique du fantôme en désagrégeant ses molécules, s'il ne se retirait, pendant le jour, dans son tombeau, ou dans les retraites les plus obscures. Il en est de même de l'animal posthume. Il est photophobe au même titre que l'homme d'outre-tombe, et comme ce dernier ne se manifeste que la nuit. Mais quelque soin que l'ombre prenne à fuir la clarté du jour, elle ne saurait complètement échapper à l'action multiple et incessante des vibrations lumineuses, calorifiques et électriques. » C'est à cause de cette action nuisible de la lumière que certains auteurs ont fait du cône d'ombre que la terre projette dans l'espace, la résidence habituelle de tous les posthumes.

Outre l'action des forces physiques, certains êtres posthumes assaillent le fantôme pour s'emparer de fragments de son aérosome ou de sa force vive. Nous en reparlerons lorsque nous ferons connaître tous les êtres qui peuplent le monde invisible.

Pour toutes ces causes, le fantôme posthume est obligé, tôt ou tard, de se contracter et de passer à l'état de molécule-germe.

83. Les trois phases de l'involution. — Cette contraction du psycholone est ce qu'on nomme *l'involution* de l'être posthume, involution qui s'oppose à *l'évolution*. Comme celle-ci, l'involution comprend trois phases principales, qui correspondent à celles de l'évolution, mais qui s'opèrent en sens contraire. La première phase, dans laquelle l'être conserve encore sa forme spécifique, correspond à la phase fœtale, c'est la phase *fantomale*. Dans la deuxième, l'être n'a plus sa forme spécifique, mais prend une forme larvaire, c'est la *phase larvaire* qui correspond à la phase embryonnaire. Enfin la *phase moléculaire* correspond à la *phase globulaire*.

Lorsque le fantôme se dégage du sarcosome, son moi se trouve dans un état de *trouble* qui met plus ou moins de temps à se dissiper; il voit son corps séparé de lui et gisant (n° 59), et cependant il se sent un corps qui lui semble matériel. Il ne sait s'il rêve, s'il est vivant ou s'il est mort (n° 59). Il va, il vient suivant ses habitudes, il parle aux personnes présentes, et est très étonné qu'on ne lui réponde pas (n° 64 6° ex.). Il a beau vouloir fixer l'attention de ceux qui l'entourent, ceux-ci continuent d'agir comme s'il n'était pas là; personne ne fait attention à lui, personne ne lui adresse la parole. Il se sent sûr d'exister cependant. Il vaque à ses occupations ordinaires comme pendant sa vie (n° 67, 1, 2, 3° ex.) et cette situation se prolonge jusqu'à ce qu'il ait reconnu l'état réel dans lequel il se trouve.

La durée de cet état de trouble, qui a une certaine ressemblance avec le rêve somnambulique, est très variable; il peut être de quelques heures à plusieurs années. Il n'est pas le lot d'hommes dépourvus d'intelligence, il peut se présenter aussi chez des esprits cultivés mais ayant sur la nature de l'homme et de son avenir des notions erronées. Ainsi, le matérialiste, même le plus instruit, ne peut pas se croire mort, puisque pour lui, la mort est synonyme d'anéantissement. Être mort, dit M. Dastre, « c'est ne plus sentir, ne plus penser, c'est être assuré que plus jamais on ne sentira, on ne pensera ». Le matérialiste posthume se croit donc vivant et rêvant. De même le bon catholique qui croit fermement au jugement de Dieu, au Paradis et à l'enfer, ne peut pas se persuader qu'il est mort, puisque rien de ce qu'il attend n'arrive et qu'il se sent un corps.

Cependant il a. ve toujours un moment où le posthume se re: t b'en compte de son réel état. Après quelques expériences, quelques raisonnements et surtout par le retour du souvenir, il acquiert la certitude qu'il n'a plus de sarcosome et que désormais il n'existe que dans l'invisible.

Le fantôme est le plus généralement invisible pour les vivants et ce n'est que dans des cas tout à fait exceptionnels que ceux-ci peuvent l'apercevoir. La visibilité ne dépend aucunement de la volonté du fantôme, car, dans certains cas, il voudrait être visible et il ne le peut (n° 64, 6ᵉ ex.) et dans d'autres cas, il voudrait ne pas être vu et dès qu'il s'aperçoit qu'on le voit, il fuit et il s'éclipse (n° 67, 1ᵉʳ ex.). La visibilité du fantôme ne dépend que de son état moléculaire, de certaines conditions de milieu, et de l'état de la rétine de celui qui voit. Du reste l'aérosome du défunt étant visible pour lui-même, il n'a pas à chercher à se rendre visible aux autres; il croit qu'il l'est.

Le degré de condensation et de netteté morphologique du fantôme est des plus variable. Tantôt le défunt est tout entier nettement modelé et habillé comme il l'était de son vivant (n° 67, 1ᵉʳ et 2ᵉ ex.); tantôt le modelage n'atteint que la tête ou une main et l'avant-bras, le reste du corps se perd dans un nuage, un brouillard en forme de colonne ou de pyramide (n° 64, 2ᵉ ex.) ou de forme indéterminée. Le nuage est gris, blanchâtre, bleuâtre ou rougeâtre, quelquefois, surtout à la tête, il est entouré d'une pâle auréole.

La présence du fantôme invisible nous est révélée, dans certains cas, par une sensation vague de présence, une sorte d'angoisse, un frisson spécial, une crainte vague. D'autres fois, on entend des pas. Mais, ordinairement, quand le posthume veut se manifester, il emploie la force vive dont il est toujours chargé en quantité plus ou moins considérable. Alors il produit des bruits très divers: coups frappés, bruit de fenêtre fermée, objets brisés, entre-choqués, appels désespérés, cris déchirants. Irrité de voir qu'on ne fait pas attention à lui, le posthume se livre parfois à un vacarme épouvantable; on accourt à l'endroit où le bruit se produit, il cesse; le défunt croit qu'enfin on vient s'entretenir avec lui. Mais pas du tout, ceux qui sont accourus, n'entendant plus rien et ne voyant rien, s'en retournent et le fantôme, de plus en plus furieux, redouble son tapage. Il épuise inutilement sa force vive et lorsqu'il l'a toute dépensée, épuisé, fatigué, découragé, il est forcément réduit à garder le silence (n° 67, 4° ex.). C'est alors qu'il cherche à s'emparer de la force vive, soit des vivants, soit des autres défunts.

Dans des cas tout à fait exceptionnels, le fantôme peut parler et même boire.

On sait aujourd'hui que l'on peut obtenir des sons variés, depuis les plus aigus jusqu'aux plus graves, en faisant agir un rayon calorifique sur certaines vapeurs. Ceci nous permet de nous faire une idée de la manière dont le fantôme peut produire des cris et des paroles articulées. Au lieu de chasser de l'air par un gosier, il projette à chaque mot, sur certaines vapeurs, des jets calorifiques et les vibrations de ces fluides produisent les sons que l'on entend.

D'Assier compare l'eau qui pénètre dans le fantôme chargé de force vive, à l'eau qui s'élève en colonne dans le tube vaporeux de la trombe marine. Malgré l'extrême fluidité des parois du tube, celles-ci résistent contre toute attente à la pression giratoire de la colonne ascensionnelle. Ensuite l'eau est non seulement vaporisée, mais dissociée.

Le fantôme qui a épuisé toute sa force vive en efforts inutiles pour se manifester, ne tarde pas à tomber dans un état de torpeur ou de sommeil spécial. Livré ainsi sans défense aux attaques des autres fantômes, soit d'hommes, soit d'animaux, désagrégé par les vibrations lumineuses et électriques, son sarcosome se dissipe peu à peu et son psycholone se resserre. La dominante générale s'endort la première et n'a plus conscience d'elle-même, il ne reste plus en activité dans le posthume que les monades du psycholone. Celles qui viennent immédiatement après la dominante s'endorment à leur tour et bientôt, il ne reste plus d'éveillées que les dominantes qui président aux fonctions de nutrition ainsi que les psychées les plus inférieures. Les monades se sont resserrées autour de la dominante générale, une grande partie de l'aérosome s'est dissoute et a disparu dans l'atmosphère, l'être a pris une forme pseudo-sphérique et le fantôme est ainsi passé à la phase larvaire de son involution.

Ce rapprochement des psychées inférieures autour de la dominante est un fait général et s'observe également dans la vie sarcosomatique. Un Européen, par exemple, s'enfonce dans une forêt de l'Inde pour chasser le tigre; il est entouré d'une douzaine de chiens, qui, tout en restant assez près de lui, gambadent cependant librement dans la forêt. Tout à coup, ils s'arrêtent, ils ont flairé le tigre, ils pressentent le danger. Aussitôt, ils viennent se réunir autour des jambes du maître, ils les serrent même au point de l'empêcher de marcher. Quelque chose d'analogue se passe dans le psycholone du fantôme posthume.

La forme des *larves posthumes* rappelle, d'une manière générale, la forme du système nerveux ou du spermatozoïde, de l'espèce animale à laquelle elles appartiennent. Celle des vertébrés et par conséquent celle de l'homme se présente sous la forme d'une partie globale (comme le cerveau) suivie d'un long appendice (comme la moelle épinière).

J'ai déjà dit (n° 50) que d'après les expériences de M. de Rochas, le double humain tend à prendre la forme sphéroïdale. Mais dans d'autres expériences, la transformation du fantôme a pu être signalée par le sujet extériorisé, ainsi que la présence des larves dans le milieu extérieur.

Dans l'expérience du 17 avril 1894, M. de Rochas ayant endormi son sujet Laurent au moyen de la machine électrique et ayant extériorisé son double, celui-ci s'éloigna tellement que Laurent le perdit de vue. L'expérimentateur renversa alors le courant. « Au bout d'un temps assez long, le double reparaît aux yeux du sujet, mais *il a changé de forme*. Laurent ne se reconnaît plus; il continue à être inquiet: il a l'impression *d'un contact froid et gluant qui lui répugne...* Laurent réveillé se sent mal à l'aise... Le lendemain

Laurent me raconte que depuis la séance, il est gêné, qu'il se retourne à chaque instant comme s'il sentait quelqu'un derrière lui. »

Dans l'expérience du 3 juillet 1894, Laurent « perd de vue son double qui s'éloigne de plus en plus, *poursuivi par des formes lumineuses* paraissant d'une consistance analogue à son propre double, mais d'une autre couleur. Ces sortes de flammes ont des formes bizarres, assez semblables à celles de *têtards terminés par des queues de serpent;* elles viennent se coller à lui ou plutôt le lécher en passant: ce qui *l'affaiblit...* A son réveil, pendant qu'il parle, il se retourne à chaque instant, éprouvant la sensation d'un corps qui le frôle ».

Dans l'expérience du 10 juillet 1894... « Laurent me dit qu'il a, par la force de la volonté, empêché son double de monter plus haut; qu'un petit nombre de lueurs analogues à celles qu'il a déjà vues et que nous convenons d'appeler *larves*, s'agitent autour de lui, mais qu'il se raidit contre leur contact et que, ne pouvant le pénétrer, elles ne font que l'effleurer; ce sont ces contacts qui ont causé les soubresauts de la léthargie précédente. Au-dessus de lui, ces larves sont bien plus nombreuses. Je lui dis de laisser monter son double; il le fait, mais alors il commence *à être assailli par les larves qu'il n'a plus la force de repousser*, et il me prie de le réveiller. »

Laurent a senti le contact visqueux des larves dans plusieurs autres expériences d'extériorisation. Il en a vu de plus petites que les précédentes; « la tête ne lui paraissait pas plus grosse que le poing ; elles avaient une queue ». Mais quelquefois il « a traversé une zone habitée par des êtres que la force de la chute a écartés... il sent que ces êtres ne le gênent pas ».

La couleur des larves est ordinairement verdâtre ou violacée, ce qui est dû à la condensation des couleurs bleu et jaune orangé ou bleu et rouge qui caractérisent le plus souvent les deux côtés du fantôme.

D'après ce que l'observation nous apprend des larves, on peut se faire une idée des malaises, des souffrances et des épouvantes que ces êtres posthumes causent aux fantômes. Certaines de ces larves sont inoffensives comme les êtres dont elles sont les transformations involutives, mais d'autres sont certainement voraces et méchantes. On imagine ce que peuvent être les fantômes et les larves des tigres, des reptiles, etc.

Les causes qui détruisent l'aérosome du fantôme agissent aussi à la longue pour désagréger *l'aérosome des larves*, les dernières psychées du psycholone restées éveillées s'endorment, c'est pourquoi le psycholone finit par passer à l'état de *molécule-germe*.

Il y a un moment de l'involution où les larves posthumes sont si petites et le petit aérosome qui les enveloppe est si condensé qu'on peut les confondre avec les autres microbes qui peuplent l'air et les eaux. Mais tandis que ces germes pourraient être encore visibles au microscope, s'ils n'étaient pas d'une transparence parfaite, les molécules-germes, grâce à leur petitesse, sont invisibles. « Nous pensons, dit un jeune philosophe trop tôt enlevé à la science, Fernand Papillon (1), que les germes visibles sont des exceptions, c'est-à-dire des êtres déjà parvenus à un certain degré de développement et qu'en réalité *tous les vrais germes* sont d'une dimension à jamais inaccessible à l'observation microscopique, même si l'on supposait les lentilles beaucoup plus puissantes encore qu'elles ne sont aujourd'hui. Le microscope ne nous permet guère d'apercevoir que des points ayant au moins un dix-millième de millimètre. Les germes primitifs de la vie ne doivent pas même approcher d'un cent millième de millimètre. (Le grand physicien Tyndall, avec quelques autres, attribue la couleur bleue de l'atmosphère à la réflexion de la lumière par ces germes qu'il est impossible d'apercevoir directement.) La physique et la métaphysique prouvent qu'il

---

(1) *La Nature et la Vie*, 1874, p. 822.

faut renoncer ici à mesurer et à estimer les choses d'après la capacité de nos sens bornés. Il faut faire effort pour suivre avec l'œil de l'esprit les grandeurs constamment décroissantes, ne pas s'arrêter là où l'imagination est épuisée, et reconnaître enfin combien sont reculées les limites du microcosme. Quand cette faculté de voir étendue au delà des bornes de notre nature, qui est une des plus belles prérogatives de notre entendement, ne nous abandonne point, nous **arrivons à nous représenter les *monades*, à comprendre l'existence des germes répandus dans le monde par milliards de milliards, et à concevoir l'infiniment petit dans l'infiniment petit.** — Ainsi, de même que l'univers infini, où roulent les sphères, est rempli de particules invisibles d'une matière subtile à laquelle les physiciens et les astronomes donnent le nom d'éther et qui est le seul moyen de comprendre les phénomènes cosmiques, l'univers fini où se déploie l'organisation est rempli de corpuscules également invisibles, formant ce que l'illustre Ehrenberg appelle la *voie lactée* des organismes inférieurs, et non moins nécessaire pour expliquer les phénomènes de la vie. L'un et l'autre sont incontestables. Ils passent la raison, mais la raison ne saurait s'en passer. Ils échappent à la prise immédiate de l'expérience; cependant l'expérience ne permet pas d'y échapper. Ils sont invisibles, et sans eux il n'y aurait pas de choses visibles. L'esprit y adhère d'une adhésion énergique, peut-être parce qu'il se sent avec eux une secrète et mystérieuse affinité, peut-être parce qu'il est au fond de même essence. »

84. — Répartition des molécules-germes; réincorporation ou réincarnation. — Les molécules-germes sont dispersées dans le sol, dans l'eau et dans l'air, emportées par les courants aqueux, aériens et électriques. En cela, elles subissent le sort de tous les germes incorporés, des plantes et des métazoaires, comme les spores de cryptogames, les graines de pollen, les graines des dicotylédones, les œufs d'infusoires, de certains insectes, etc., qui sont emportés par les eaux et les vents jusqu'à ce qu'ils trouvent un terrain convenable à leur germination ou à leur éclosion.

La plupart des plantes sont fécondées par le vent. Celui-ci enlève le pollen des fleurs mâles, l'emporte quelquefois bien loin de son lieu d'origine, et quand ces grains viennent à tomber sur les stigmates d'une fleur de même espèce, c'est-à-dire offrant toutes les conditions pour que le grain forme son tube et pénètre jusqu'à l'ovaire, celle-ci est fécondée. — Il en est de même pour la répartition des graines. Détachées de la plante qui les a produites, elles s'éparpillent par toute la terre plus ou moins loin de leur lieu d'origine. Les unes sont emportées par les animaux, les autres par les cours d'eau, les autres par les vents, et si le lieu où elles tombent leur offre toutes les conditions nécessaires à leur développement elles germent. — De même encore pour les germes de champignons et de bactériacées. Ils sont répandus dans l'air, dans l'eau et à la surface du sol. Aussitôt qu'un bouillon de culture, une infusion de matière organique leur offre toutes les conditions de développement, ils évoluent.

Les molécules-germes subissent donc la loi de la dispersion et de la répartition de tous les germes. Elles sont répandues à profusion dans l'air et dans l'eau. La surface du sol et l'intérieur du sol (surtout dans les cimetières), l'intérieur des tombeaux en sont couverts. Elles attendent ainsi les conditions favorables à leur développement. Tous les corps situés aussi à la surface de la terre en sont prodigieusement peuplés et en cela, elles sont soumises encore à la loi de la répartition des microbes. — Nos vêtements en sont imprégnés; à la surface de notre peau comme à celle de tous les animaux, il y a des molécules-germes en abondance. Il y en a encore bien plus dans le canal intestinal, si largement ouvert, on en trouve dans les voies aériennes et dans les voies génitales. A cause de leur extrême petitesse, à la faveur de l'absorption des gaz et de la matière radiante, elles pénètrent à travers les muqueuses et les autres tissus de l'organisme pour arriver au contact des globules reproducteurs (spermatocytes et globules folliculaires), où s'opère une sorte de phagocytose. Si les conditions favorables à leur évolution sont réalisées dans l'organisme où elles ont pénétré, alors elles se dilatent dans les globules et s'entourent de protoplasma. Nous avons vu au n° 76 la suite de cette *réincorporation* ou *réincarnation*, qui constitue l'évolution pendant laquelle les psychées se réveillent dans l'ordre inverse de celui où elles se sont endormies pendant l'involution. — Si au contraire le milieu n'est pas favorable, elles ne sont pas absorbées par les globules reproducteurs, elles restent inertes et tôt ou tard sont rejetées au dehors. Elles sont de nouveau dispersées, déposées dans un nouvel organisme et ainsi de suite jusqu'à ce qu'elles aient rencontré celui qui leur permettra d'évoluer.

Le nombre de celles qui parviennent à terminer leur évolution est extrêmement petit si on le compare au nombre de celles dont l'évolution avorte. Les unes, en effet, ne trouvent que difficilement à se réincarner, et peuvent rester durant des siècles déposées dans la poussière ou en suspension dans l'atmosphère; d'autres se réincarnent, mais l'évolution avorte à la phase globulaire, c'est-à-dire à l'état de spermatozoïde et d'œuf; pour d'autres, c'est à l'état de larve ou d'embryon que l'avortement a lieu; pour d'autres encore, c'est à la phase fœtale et à la naissance. Il en résulte que le nombre des individus adultes d'une espèce quelconque est, comme je viens de le dire, extrêmement petit, si on le compare au nombre des œufs ou des spores qui peuvent se compter par centaines de mille et par millions pour un adulte et par conséquent le nombre des molécules-germes est incomparablement plus grand. Il dépasse tout ce que l'imagination peut se figurer.

85. Réfutation de la métempsychose et de la metemmastrose. — Il y a des hommes qui, par leur vie exclusivement sensuelle, s'abrutissent et deviennent semblables aux bêtes. Il y en a de paresseux, de gourmands, de luxurieux, d'orgueilleux, de féroces, etc. D'un autre côté, le visage est le miroir de l'âme, dit-on journellement, et en effet, le caractère de l'homme, son état d'âme se reflètent souvent sur son visage, de telle sorte qu'en examinant les traits de ce visage, les jeux de physionomie, on peut reconnaître le moral de l'individu. C'est à cette étude que Lavater avait consacré un ouvrage trop connu du lecteur pour que j'en parle ici plus longuement. Je dirai seulement que Lavater avait remarqué qu'entre le visage des hommes et celui de certains animaux il y avait une certaine ressemblance, de sorte qu'en constatant la ressemblance de tel individu avec tel animal on pouvait attribuer à cet individu le caractère de l'animal.

Les Anciens avaient fait une remarque analogue, de sorte qu'il s'établit cette croyance systématisée par certains philosophes que l'homme qui a le caractère d'une bête et qui vit comme cette bête, transforme son psycholone (âme des anciens) en un psycholone semblable à celui de cette bête. Ce psycholone peut donc se réincarner dans un individu appartenant à cette espèce de bête et renaître avec un sarcosome bestial. C'est cette transformation et cette réincarnation du psycholone humain qu'on a nommé *métempsychose*.

Si l'on a présent à l'esprit ce que nous avons dit concernant la molécule-germe et l'évolution embryonnaire, il est facile de se convaincre que la métempsychose est une impossibilité. Un psycholone humain peut bien modeler son aérosome en forme de bête (lycantropie n° 53), mais il ne peut transformer son psycholone en celui d'un animal quelconque, ni à plus forte raison trouver les conditions favorables à son évolution dans le corps d'un animal, ni à plus forte raison encore évoluer selon le mode d'évolution de cet animal de manière à donner cette forme à son sarcosome. Un homme reste toujours un homme; un tigre, un tigre; un ours, un ours; une chouette, une chouette, etc.

Les mêmes raisons qui nous font rejeter la métempsychose, ne nous permettent pas d'accepter, ce que j'appellerai la metommastrose.

Certains philosophes modernes et après eux les spirites qui défendent la doctrine de la pluralité des vies, **croient fermement que si l'homme peut se réincarner et revivre sur cette terre, il doit surtout se réincarner dans d'autres planètes.**

Que la transmigration d'un désincarné d'un astre à un autre soit possible, rien ne s'oppose à ce que nous l'admettions. Mais quant à la réincarnation d'un désincarné terrestre par exemple, animal ou homme, dans une autre planète, le fait est absolument impossible.

En effet, si un animal terrestre ou un homme, peut se réincarner sur la terre, c'est grâce au souvenir de ses existences passées conservées par les monades de son psycholone, grâce à l'expérience acquise de la construction du sarcosome dans ces existences, grâce à l'habitude prise de ce sarcosome reconstruit une multitude de fois. Mais comment veut-on qu'un psycholone terrestre qui, pour sa réincarnation, est obligé de se soumettre à la loi *du milieu organique semblable*, puisse s'incarner dans une autre planète où les substances organiques ne sont plus les mêmes, où les êtres appartiennent non seulement à des espèces différentes de celles de la terre, mais à des genres, à des familles, à des classes différentes. Son psycholone ne s'est pas construit peu à peu dans cette planète comme sur la terre, il n'a pas été construit par les mêmes motifs et avec le concours des mêmes circonstances, qui ont présidé à la construction du psycolonne de cette planète ; dès lors l'embryogénie suivie par les êtres de cette planète, est impossible à être réalisée par un psycholone terrestre. Les philosophes et les spirites qui admettent la réincarnation dans les astres, en sont encore à la notion de l'âme donnée par les théologiens et les cartésiens, et ignorent absolument la notion du psycholone et celle du développement embryogénique.

LIVRE III

La Loi des Alternatives

86. La Vie et la Mort. — Ce que nous avons dit au n° 22 du protozoaire s'applique également au métazoaire. L'individu véritable est immortel. Ce que l'on appelle la mort réelle n'est, tantôt que le moment où les mouvements généraux du sarcosome s'arrêtent, tantôt on comprend sous ces noms la destruction de ce sarcosome. Cette mort n'atteint jamais que la portion la plus grossière de l'individu ; quand cette portion est usée, elle l'en débarrasse. Elle n'est que l'un des deux cas de suspension momentanée de la vie manifestée. Nous avons vu en effet, que celle-ci peut être suspendue : 1° sans dépouillement d'aucune partie du corps, c'est la vie latente sous forme de mort apparente ; 2° avec dépouillement d'une partie du corps (le sarcosome) c'est la vie latente sous forme de mort réelle. Dans l'un et l'autre cas, le métazoaire peut recouvrer sa vie manifestée ou sarcosomatique, dans le premier, par réveil ; dans le second, par renaissance.

La vie latente succède ainsi à la vie manifestée, et celle-ci à la vie latente, et ce n'est qu'un cas particulier d'une loi générale de la nature, la *loi des alternatives*.

L'existence humaine comme celle de tous les êtres vivants forme un cycle divisé en quatre parties que nous aurons à étudier, mais que nous pouvons dès à présent, désigner savoir : 1° l'évolution qui se termine par la naissance, 2° l'ascension qui mène au point culminant de la vie : 3° la déclination qui se termine par la mort, 4° l'involution qui mène au minimum de latence, c'est-à-dire à la molécule-germe et ainsi de suite (voir Pl. VII).

CHAPITRE I

LE MONDE VISIBLE ET INVISIBLE

87. Les milieux habitables. — Tous les êtres vivants qui pullulent à la surface du globe terrestre n'ont que deux habitats : l'eau et l'air. On comprend en effet, sans entrer dans de longues considérations, que des corps vivants ne peuvent se mouvoir qu'au sein des fluides.

La vie sarcosomatique a pris naissance au sein de l'eau le sarcode ou protoplasma est une gelée incolore et transparente comme l'eau, et contenant une forte proportion de ce liquide. Le sarcosome est un organisme essentiellement aquatique, un véritable *hydrosome*.

Le corps de certains métazoaires marins est incolore et limpide comme du cristal au point *qu'il se dérobe à la vue par sa transparence*. Quelquefois, tout en restant transparent il est coloré en rose, en bleu, en violet dans certaines de ses parties. Ce corps n'est guère que de l'eau à peine retenue par un imperceptible réseau organique. Ce tissu diaphane, paré de si belles couleurs est tellement fragile, que ces élégants organismes abandonnés par la vague sur la grève, se fondent, disparaissent et s'évanouissent sans laisser, pour ainsi dire, de traces matérielles.

Tels sont les caractères que nous offre le sarcosome de certaines méduses. Et cependant ces êtres si fragiles, ces bulles de savon vivantes, font de longs voyages à la surface de la mer. Tandis qu'un rayon de soleil suffit pour dissiper et faire évanouir leur vaporeuse substance sur une grève inhospitalière, elles s'abandonnent sans danger, pendant leur vie entière, à l'agitation des flots. Leurs troupes innombrables couvrent quelquefois plusieurs lieues carrées d'étendue. — Plusieurs espèces sont *phosphorescentes*. Le naturaliste Lesson en a rencontré des bancs entiers dans l'Océan équatorial qui pendant la nuit émettaient de vives lueurs phosphorescentes, et des individus vivants, que Lesson avait réussi à conserver, se montraient très lumineux dans l'obscurité.

Les sarcosomes primitifs des protozoaires et des métazoaires aquatiques devaient offrir tous ces caractères des méduses actuelles, c'étaient des corps délicats, en grande partie formés d'eau et *invisibles dans l'eau à cause de leur transparence*. Mais la plupart des espèces qui dérivèrent de ces premières formes devinrent visibles dans l'eau par l'adjonction de matières colorées et par la matérialisation de leur surface soit par sécrétion de matières opaques, soit par dépôt de granulations ou d'incrustations de substances calcareuses et siliceuses.

Le sarcosome des animaux aériens, n'est point d'origine aérienne, ce n'est qu'un corps aquatique *adapté* à la vie aérienne. Nous l'avons suffisamment démontré dans la première partie de cet ouvrage et d'ailleurs tous les naturalistes sont d'accord sur ce point. Il en résulte que le sarcosome n'est pas le vrai corps des êtres aériens ; à ceux-ci il faut un corps qui tire son origine de l'atmosphère, qui soit en un mot un *aérosome*. C'est donc l'aérosome qui est le véritable corps des habitants de l'air. Mais comme les habitants des eaux ont aussi un aérosome non adapté à la vie aquatique, comme le sarcosome l'a été à la vie aérienne, il s'ensuit que l'aérosome est le corps essentiel de tous les êtres vivants. Aussi tous ne trouvent leur véritable vie, que dans l'atmosphère revêtus seulement de leur corps aérien, c'est-à-dire justement après leur mort.

L'aérosome a la plus grande analogie avec le sarcosome primitif aquatique, seulement, il est beaucoup plus subtil. Ainsi au lieu d'être en grande partie formé d'eau, il l'est d'air, soit d'oxygène, d'azote, d'anhydride carbonique, d'hydrogène, tous gaz incolores et sa trame organique est des plus subtiles, plus subtile qu'une bulle de savon. Ce n'est que par les forces qui, parfois, sont en jeu en elle, qu'elle donne à la main qui la touche la sensation d'une fine toile d'araignée ou de gaze. Vu sa transparence et son état gazeux, ce corps est *invisible* au sein de l'atmosphère, comme celui de certaines méduses est invisible au sein de l'eau. Ce n'est que par des jeux de lumière, par la condensation de la vapeur d'eau ou de poussières aériennes qu'il devient *visible*. Les mouvements de l'électricité dans les gaz qui le composent, le colorent en bleu, en orange ou en rouge, quelquefois en violet ou en vert et dans certaines circonstances il devient phosphorescent ou plus ou moins lumineux. L'aérosome est un vrai *météore* et comme il sert de revêtement à un psychotone, c'est un *météore intelligent*.

Il faut donc considérer la vie aérosomatique des êtres, comme la vie normale, la vie véritable, la vie totale ; et le milieu aérien comme le vrai milieu vital. La vie sarcosomatique n'est, au contraire, qu'une vie restreinte, une vie d'exercice, une vie d'effort, où les monades supérieures s'entraînent à commander et à faire mouvoir selon leurs désirs les groupes de monades inférieures. C'est un *moment* de la première période de l'existence des êtres complexes, nécessaire à leur formation, à leur perfectionnement, à leur évolution. Cette vie est restreinte, parce que l'être incarné est entravé par la chair, absorbé tout entier par les choses extérieures et qu'il se trouve en quelque sorte hors de lui-même. La vie aérosomatique, au contraire est totale, parce que l'être est surtout replié au dedans de lui-même, absorbé par les choses intérieures c'est-à-dire par toutes les choses passées, et qu'il est délivré des entraves de la chair.

Mais de même que l'eau et l'air sont les milieux où résident les êtres vivants en sarcosome, nous avons quelques raisons de penser que l'air et l'éther qui qui environne la terre au-dessus de l'atmosphère sont deux milieux où résident des êtres vivants en aérosome.

Quand on voit, en effet, que la vie surabonde sur notre globe, comment ne pas admettre aussi que le fluide éthéré qui fait suite à notre atmosphère, n'est pas lui-même rempli d'êtres vivants ? Il serait surprenant, que tandis que la vie déborde, pour ainsi dire dans les mers et dans l'atmosphère, elle manquât absolument dans le fluide qui est contigu à l'air. Tout annonce donc que l'éther est habité. Mais évidemment, il ne peut l'être que par des êtres munis d'un corps éthéré. Or le psycholone est un être éthéré et la partie la plus subtile de l'aérosome est éthérée. Donc le psycholone revêtu d'un éthérosome peut habiter l'éther. Mais de même que le sarcosome peut s'adapter à la vie aérienne, de même l'aérosome peut s'adapter à la vie éthérée. Il s'ensuit que certains fantômes posthumes peuvent demeurer dans l'éther. Ce sont certainement les moins lourds des fantômes et les plus chargés d'électricité.

88. États de conscience des invisibles. —

Au n° 83, ne m'occupant que de faire connaître les causes de l'involution, je n'ai tenu compte que des états de conscience du posthume qui sont communs à l'homme et aux animaux. Mais il est chez l'homme être doué de conscience à la deuxième puissance des états dont nous devons maintenant parler.

Lorsque le posthume a reconnu la réalité de sa nouvelle situation, deux cas peuvent se présenter. Ou bien après avoir épuisé inconsidérément sa force vive en voulant se manifester aux vivants et se déclarant impuissant à lutter contre les causes de désagrégation de son aérosome, il se désespère et involue promptement ; ou bien ayant su conserver sa provision de force pour lutter avec plus ou moins d'énergie contre les causes de désagrégation, il parvient à prolonger un temps parfois très long sa vie d'outre-tombe à la phase fantomale. C'est peut-être pour ce dernier motif que les manifestations posthumes sont si rares, le fantôme préférant prolonger son existence consciente dans le monde invisible plutôt que de se manifester aux vivants le plus souvent inutilement.

Or, les posthumes présentent, comme dans la vie présente, les états de conscience les plus divers. Les uns, sont heureux à divers degrés, d'autres sont malheureux à divers degrés aussi ; d'autres enfin ne sont ni heureux, ni malheureux. Mais tandis que dans la vie présente, le bonheur ou le malheur est restreint comme cette vie elle-même ; dans la vie posthume le malheur ou le bonheur est total, puisque le souvenir au lieu de ne s'étendre qu'à une partie de l'existence comme dans la vie présente, s'étend à la totalité des vies passées. De plus, on comprend, que tel qui était malheureux en cette vie, puisse être heureux en l'autre car le souvenir du bonheur de ses autres existences passées peut effacer les malheurs de sa vie dernière, et réciproquement, que tel qui était heureux en cette vie soit malheureux dans l'autre.

Il ne s'agit pas ici de punitions et de récompenses infligées par le juge suprême ; ceci est de l'anthropomorphisme et de la mythologie. Il ne s'agit que d'états de conscience, comme il en existe, je le répète dans la vie présente. La société humaine d'outre-tombe, ne diffère aucunement de la société humaine vivante que nous voyons. Il y a dans la société posthume, de braves gens et des méchants, des intelligents et des imbéciles, des savants et des ignorants, des civilisés et des sauvages, des amateurs de beauté et des individus qui ne goûtent que ce qui est laid. Certains sont tourmentés par le remords et le regret, d'autres jouissont d'une quiétude presque parfaite, d'autres, dans la société des intellectuels triomphent et rayonnent de toute la gloire de leur talent ou de leur génie.

89. Coup d'œil sur la faune des ombres. — De même que la surface de la terre est peuplée d'hommes de diverses races et d'espèces animales appartenant à toutes les classes du règne animal, de même l'atmosphère est peuplée d'au moins autant de fantômes humains et d'animaux. Tous les habitants des eaux sont représentés également parmi les fantômes aériens. En outre, tous les êtres qui se trouvent dans l'atmosphère à l'état de fantôme, s'y trouvent aussi à l'état de larves.

Tous ces êtres se meuvent avec une rapidité surprenante, se recherchent, se fuient, recherchent ou fuient les vivants, s'épouvantent et se dispersent, se réunissent et se serrent en phalanges ou en légions. Ces phalanges forment dans l'atmosphère, des nuages invisibles, des météores insoupçonnés qui se mêlent aux autres météores atmosphériques et peut-être jouent dans les manifestations de ceux-ci un rôle dont nous ne pouvons nous faire idée dans l'état actuel de nos connaissances. L'imagination peut se représenter ce qui doit se passer dans ce monde invisible et aérien. La lutte pour l'existence doit y être acharnée et revêtir des aspects que notre monde visible est loin de nous faire soupçonner. L'humanité doit y être fort maltraitée par une multitude d'êtres qui lui sont inférieurs. Mais elle doit savoir prendre des mesures pour se garantir de leurs attaques dans les limites du possible. Il doit se former entre les hommes des associations de divers ordres pour se soutenir et s'entr'aider. Tout ce monde invisible s'agite au sein d'une poussière de molécules-germes de toute espèce, qui doit former comme un brouillard à peu près continu, ne présentant de loin en loin que quelques déchirures, comme nous en présente la voie lactée. Seulement les molécules-germes ne sont pas seulement dans l'air il y en a aussi dans le milieu aquatique et les rivières et l'Océan en sont remplis.

90. **Notion scientifique du monde invisible.** — La notion du monde invisible que nous cherchons à établir dans cet ouvrage, ne ressemble pas à celle de la théologie ou de la philosophie spiritualiste moderne. Il ne s'agit pas de croire à l'existence d'entités n'ayant aucune des propriétés de la matière, à des esprits qui possèdent des caractères opposés à ceux des corps, il s'agit de se faire à cette idée, qu'à côté des organismes vivants sarcosomatiques, il en existe de tout à fait subtils, dont l'invisibilité n'est que relative ; qu'à côté des microbes dont le microscope peut nous faire constater l'existence, il en existe encore de plus petits que le microscope ne peut pas nous faire voir.

La science contemporaine, ne répugne nullement à cette notion. « Il peut exister, il existe certainement dit E. Duclaux (1), des détails de structure dans les êtres déjà connus, et, dans des liquides parfaitement limpides en apparence, des êtres que nos instruments si perfectionnés qu'on les suppose avec leur construction actuelle, seront toujours impuissants à nous montrer. On n'a pas le droit, en pareille matière, de ne croire qu'à ce qu'on voit. » — D'autre part, on lit dans un n° de la *Correspondance médicale:* « Il n'est pas impossible que, dans le milieu même où nous vivons nous-mêmes, il y ait des êtres, flottant invisibles et nous imprégnant, qui soient d'une nature analogue à celle des gaz. »

Par ces deux citations prises au hasard (car je je pourrais en citer bien d'autres) le lecteur pourra se convaincre que je ne suis pas le seul à concevoir le monde invisible selon les données de la science, et que par conséquent la notion du monde invisible que

---

(1) Le *Microbe et la Maladie*, p. 28.

j'expose dans le présent livre est bien près d'être admise par les hommes de science les plus divers.

J'ai montré que par les causes les plus variées, l'invisible peut devenir visible et le visible invisible que cette notion de l'invisibilité et de la visibilité est tout à fait relative et qu'elle dépend en grande partie du perfectionnement de nos moyens d'investigations. Tels microbes soupçonnés, mais qu'il n'était pas possible de voir avec le microscope ordinaire ont maintenant été vus au moyen de l'hypermicroscope. Nous avons indiqué les procédés récents qui ont permis de s'assurer de l'existence de l'aérosome extériorisé, chose qu'il aurait été impossible de réaliser, il y a encore peu d'années. Le hasard peut nous faire trouver d'autres moyens d'apercevoir le monde invisible, au moment où nous y penserons le moins. Parce qu'actuellement nos moyens sont encore imparfaits et peuvent donner prise à l'erreur, ne concluons pas, que l'invisible n'existe pas, nous nous exposerions à recevoir expérimentalement le démenti le plus formel. Concluons plutôt, qu'il n'y a pas deux mondes, l'un invisible et l'autre visible, mais un seul et même monde dont une partie est toujours visible, une autre partie tantôt visible et tantôt invisible, et une autre partie encore, toujours invisible, nous serons ainsi plus près de la vérité.

Il y a échange constant entre les visibles qu'on appelle des vivants et les invisibles qu'on appelle des morts. Par l'incarnation, le monde invisible ramène les êtres dans le monde visible, par la mort, celui-ci restitue à l'invisible les êtres qui étaient venus temporairement l'habiter. C'est un va-et-vient continuel, c'est un mouvement alternatif auquel sont soumis tous les êtres organisés, c'est un cas particulier de la grande loi des alternatives.

CHAPITRE II

RAPPORTS DES VISIBLES avec les INVISIBLES

91. Le culte des morts (ancêtres). — Une famille humaine se compose : du père, de la mère, des enfants, du grand-père et de la grand'mère du côté paternel et du côté maternel, des épouses des enfants, des petits-enfants, des oncles, des tantes, des cousins et cousines. Les limites extrêmes de la famille sont formées par les aïeux et aïeules et les arrière-petits-enfants. La famille ainsi comprise forme un bloc dont toutes les parties sont solidaires entre elles, une sorte d'organisme un et multiple, dont chaque individu est un membre.

Il est rare que tous les membres de la famille soient en même temps vivants, il y en a presque toujours de morts. Pour celui qui ne croit pas à la survivance de l'âme, les morts ne font plus partie de la famille, mais il ne peut en être de même pour ceux qui sont persuadés de l'existence des morts dans l'invisible. Pour eux les membres décédés font toujours partie de la famille, seulement ils considèrent la famille comme composée de membres visibles et de membres invisibles, mais les uns et les autres comme réellement existants. La mort ne brise pas les liens qui unissent les membres de la famille, que ces membres soient visibles ou invisibles ils restent toujours solidaires les uns des autres.

Il résulte de là, que les prévenances, les marques de respect, les soins, les secours que l'on donne aux divers membres de la famille quand ils sont vivants au milieu du monde visible, doivent leur être continués lorsqu'ils sont passés dans l'invisible. Ainsi en ont jugé tous les peuples. Ces soins, ces marques de respect, etc., donnés aux membres décédés, constituent le *culte des morts*. Et ce culte est indépendant de toute forme de religion, de toute église spéciale.

92. La Sépulture et le Tombeau. — Les premiers soins à donner aux défunts constituent la *sépulture*. La plus grande préoccupation de la première heure est pour le posthume de voir placer son cadavre à l'l'abri des injures du temps et de la voracité des animaux carnassiers. Les posthumes ne veulent pas que les vivants éprouvent en présence de leur sarcosome en putréfaction la même horreur qu'ils en ont eux-mêmes car les conséquences de ce sentiment d'horreur et de répulsion pourraient retomber sur eux : on les bannirait on les oublierait. Ils désirent donc que leur sarcosome soit caché.

Le cadavre lavé et habillé est placé dans un cercueil plus ou moins richement confectionné et déposé soit dans un simple trou creusé dans le sol (tombe) soit dans une chambre ménagée au milieu d'un monument de pierres plus ou moins somptueux (tombeau, mausolée).

Ce transport et dépôt du cadavre dans le tombeau se fait en cérémonie. De même que pour un mariage, tous les parents et amis se rangent en cortège pour accompagner les jeunes époux dans leur nouvelle demeure, de même pour la sépulture, il se forme derrière le mort un cortège de parents et d'amis qui l'accompagnent à sa dernière demeure. Le cortège est quelquefois précédé de porteurs d'insignes et de musiciens. Dans l'antiquité, où il était d'usage de conserver à la maison le buste des ancêtres, tous ces bustes figuraient dans le cortège funèbre qui formait ainsi une imposante manifestation de famille.

Afin de retarder autant que possible l'involution du défunt, les anciens cherchaient à lui conserver intact son aérosome et à lui fournir de la force vive. Ils pensaient que si le défunt n'involuait pas et restait toujours chargé de force, il pourrait protéger, suggestionner ses parents qu'il aimait et rester par conséquent toujours en relation avec eux, quoique invisible. On considérait le fantôme comme un feu qu'il ne faut pas laisser éteindre et on lui fournissait des aliments. Dans une petite chambre qui précédait le tombeau, les anciens plaçaient une *table d'offrande* sur laquelle ils déposaient les aliments susceptibles de se sublimer et d'émettre de la matière radiante, table sur laquelle ils brûlaient aussi des parfums. Les particules odorantes, les corpuscules radiants renforçaient l'aérosome du défunt. Tout cela supposait que le posthume demeure relié par quelque lien fluidique aux restes de son corps ou à la terre qu'en se décomposant il avait imprégné de ses sucs ; qu'il revenait souvent vers le lieu de sa sépulture et qu'il ne s'écartait pas beaucoup de sa famille, qu'il y restait fixé. Dans les temps très anciens même, les morts étaient enterrés sous le foyer. Plus tard le tombeau fut construit non loin de la maison.

Aujourd'hui, les aliments que nous plaçons dans nos tombeaux ou sur nos tombeaux sont des fleurs et des arbres, dont les émanations parfumées entretiennent les aérosomes des défunts. Obéissant à une sorte d'instinct ou à la coutume, le plus grand nombre de ceux qui portent des fleurs sur les tombes ne savent pas ce qu'ils font et c'est ainsi que, trop souvent, ils substituent aux fleurs naturelles des fleurs en porcelaine ou en tôle émaillée et des couronnes en verroteries.

Et ici je ferai remarquer que ce ne sont pas seulement les posthumes qu'on nourrit d'émanations, mais encore des vivants. Chez un médecin de Paris, j'ai eu l'occasion de visiter une salle au milieu de laquelle se trouvait une sorte de fourneau où se préparait un potage d'un parfum exquis. Ces émanations étaient réunies dans un appareil nickelé placé au milieu du fourneau d'où plusieurs tubes dirigés en divers sens, portaient ces émanations dans la bouche et les narines de quelques tuberculeux et cachectiques qui les respiraient à pleins poumons. Après cela, les mêmes malades respiraient les émanations de l'alcool, et ainsi leur repas *aromal* était terminé. Ces malades, que j'ai interrogés et dont l'estomac ne pouvait supporter aucun aliment solide se trouvaient très bien de cette manière de se nourrir.

93. **Le Banquet funèbre.** — La cérémonie de la sépulture est souvent suivie du repas funèbre. Tous les membres de la famille et les amis les plus intimes se réunissent autour d'une table à la maison mortuaire. Nul ne doute, que les membres défunts de la famille ne soient réellement présents dans la salle du banquet. Le couvert de celui dont on vient de faire la sépulture est mis, et sa chaise reste vide. On dispose dans son assiette les prémices de la nourriture et dans son verre, celles du vin.

Le repas est ainsi partagé entre les vivants et les morts ; c'est une cérémonie sainte, par laquelle ils entrent en communion, et qui établit entre tous les membres de la famille un lien indissoluble, car il signifie d'une façon solennelle qu'entre tous, il y a communion de sentiments et parfaite solidarité.

Ce repas funèbre se renouvelle tous les ans, c'est l'*anniversaire* de la mort. L'usage veut aussi, dans certains pays, que pendant les neuf jours qui suivent le décès, le couvert du mort soit mis à table et que sa place reste vide tout le long du repas. C'est ce qu'on nomme la *neuvaine*.

94. **Le Respect de la Mémoire.** — Il faut entretenir dans la famille le souvenir des morts, souvent penser à eux, parler d'eux. C'est le meilleur moyen de les faire demeurer près de nous. Dans ce but :

1° On tient un registre de famille où l'on écrit une courte biographie signalant les qualités et les défauts de chaque membre décédé et on en fait la lecture en famille, une ou plusieurs fois par an. A ces biographies sont annexés les portraits des défunts et un spécimen de leur écriture. Les descendants peuvent ainsi se reconnaître dans leurs ancêtres.

2° On conserve divers objets ayant appartenu aux défunts, objets plus ou moins imprégnés de leurs émanations. Tous ces objets, aussi bien que les ossements et les cendres, les portraits, etc., doivent être environnés de respect.

3° Enfin, il faut préparer aux défunts un milieu favorable de réincarnation, en cultivant dans la famille les qualités tant physiques, qu'intellectuelles et morales qui ont fait l'honneur de cette famille. En vertu d'une loi que nous avons fait connaître au n° 81, quand ces conditions sont remplies, les défunts opèrent leur réincarnation dans la même famille. On en est certain lorsqu'on voit réapparaître chez les descendants, les traits du visage, les aptitudes, les habitudes, les qualités intellectuelles et morales et *l'esprit de famille.*

Lorsque les préceptes ci-dessus ne sont pas mis en pratique, lorsque les défunts sont abandonnés de leurs parents vivants, ils *errent* à l'aventure, ils involuent loin de la famille, et ils s'incarnent dans une nouvelle famille où ils sont de véritables intrus (n° 81). Toute famille qui n'a pas soin de préparer un milieu de réincarnation aux membres de sa propre famille, est constamment repeuplée par des *intrus* qui souvent la déshonorent et y apportent les caractères les plus divers. Les liens familiaux sont ainsi rompus et la famille est détruite. C'est parce que dans notre société moderne le culte rationnel des morts n'est plus pratiqué que l'on voit de plus en plus disparaître *l'esprit de famille.*

Mais à quoi bon, dira-t-on, conserver ainsi la famille? Parce que la disparition de la famille nuit à l'ordre et au progrès de l'humanité d'une part et de l'autre parce qu'elle nuit à la prospérité des individus.

La dislocation de la famille viole d'abord la loi de l'antécédent et du conséquent (le Karma des Indous) qui contribue à l'ordre des sociétés humaines; ensuite, elle empêche l'accumulation, l'accentuation des qualités et des aptitudes dans un milieu favorable qui produit des hommes supérieurs en leur genre et capables de rendre service à l'humanité. Enfin, en vertu de la solidarité qui lie les membres d'une même famille, les membres défunts peuvent rendre de grands services aux vivants en les suggestionnant au moment où ils ont le plus grand besoin d'un bon conseil.

95. Le Culte des Grands Morts.

— Si la famille a toujours rendu un *culte privé* à ses morts, la cité, la nation, l'humanité a rendu un *culte public* à ses grands morts. Ces grands morts, ce sont les grands inventeurs, les grands savants qui ont doté l'humanité de découvertes merveilleuses; ce sont les grands poètes, les grands littérateurs, les grands artistes; ce sont enfin les hommes qui ont consacré leurs vies aux grandes œuvres de charité; ce sont enfin tous les hommes qui ont fait avancer l'humanité dans la voie de la civilisation et du progrès.

Ce culte des grands morts se célèbre autour de leur *statue* ou *idole*.

La statue reproduit les traits du visage, l'attitude habituelle et les vêtements du défunt. On l'entoure de divers objets qui rappellent ses occupations, le genre de service qu'il a rendu. On la pose sur un piédestal, au milieu de la place publique ou sur une éminence dominant la ville, afin qu'elle soit vue de tous et que tous conservent le souvenir de celui qui fut un bienfaiteur de l'humanité. D'autres fois on l'abrite dans un petit édifice, tabernacle ou temple.

A des jours déterminés, les gens de la cité se rendent en longue théorie auprès de la statue; on porte des étendards et des emblèmes. Le cortège vient former le cercle autour d'elle, si elle est isolée ; se place sur plusieurs rangs devant elle, si elle est abritée. On prononce des discours, on chante des hymnes, la musique accompagne les chants, on dépose autour du piédestal des bouquets et des couronnes; le cortège se déroule, vient défiler devant la statue, et chacun en passant s'incline.

En l'honneur du grand mort, on célèbre aussi parfois un banquet sacré.

96. Le Panthéon. — Qu'on imagine les statues de plusieurs grands morts, disposées le long des quatre côtés d'un vaste édifice quadrangulaire, chaque statue étant abritée dans un petit temple ouvert sur le devant et sur les trois murailles duquel des peintures représentent les principaux actes de la vie du défunt. Supposons encore que vers le milieu de cette enceinte, un temple un peu plus grand que les autres, abrite la statue du plus grand des grands hommes, on aura un édifice portant le nom de *Panthéon*, c'est-à-dire un grand temple dédié par l'humanité reconnaissante à ses grands hommes.

Dans ce temple, chef-d'œuvre d'architecture, de sculpture et de peinture, le culte des grands morts pourra se célébrer certains jours avec une pompe extraordinaire. Des théories en feront le tour pour se rendre au petit temple abritant la statue du grand mort qu'on veut fêter; et au milieu du grand temple, dans une enceinte entourée d'une balustrade, pourra se célébrer le repas funèbre. Les premiers orateurs de la nation y prononceront des discours, chefs-d'œuvre d'éloquence et de littérature. Des chants accompagnés de musique s'y feront entendre ayant pour auteurs des poètes renommés et de grands compositeurs, pendant que l'encens et la myrrhe fumeront aux quatre coins de l'édifice. Car, les parfums doivent ac-

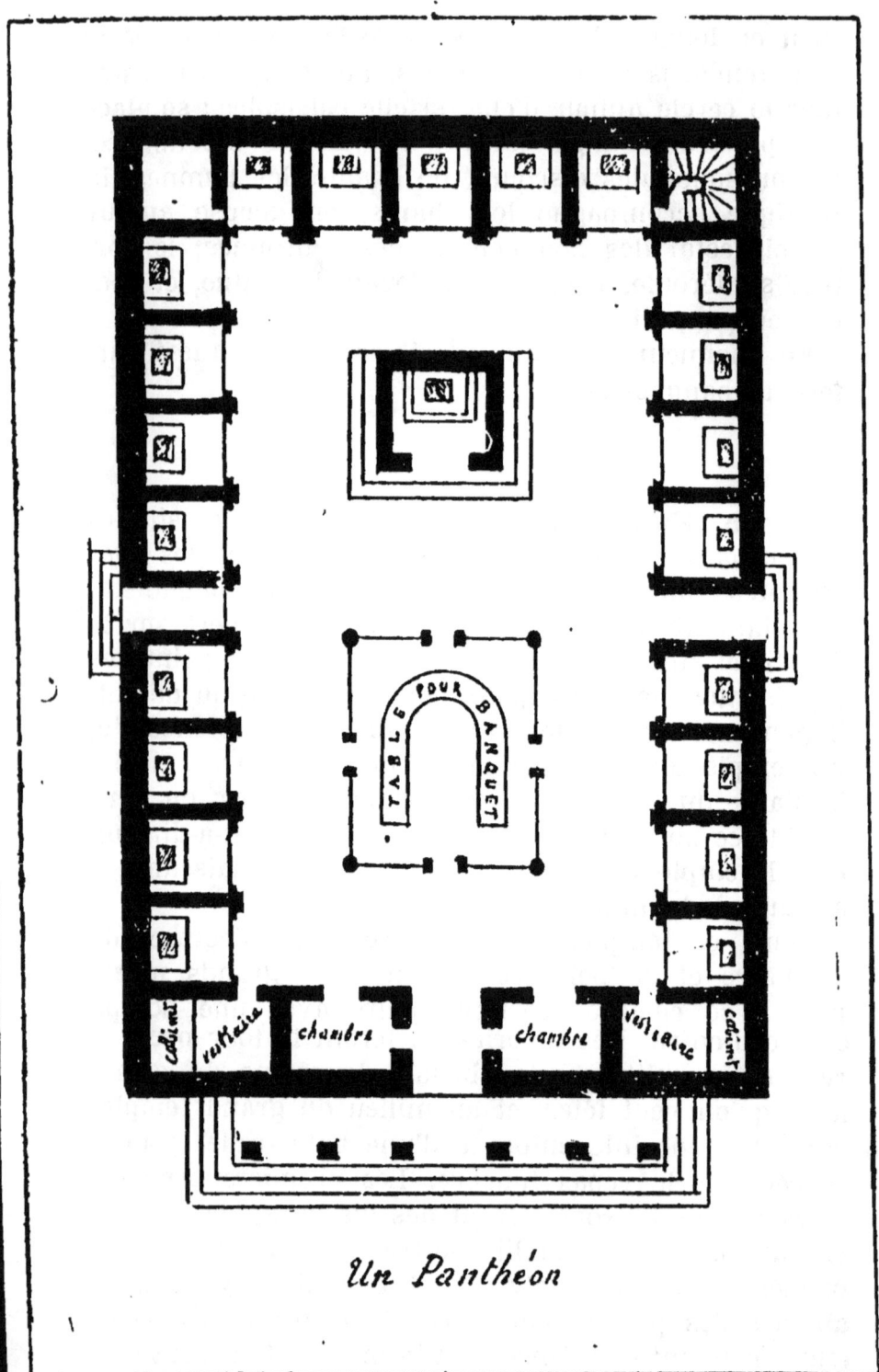

Un Panthéon

compagner les chants sacrés, aussi bien que la musique. Si celle-ci élève l'âme et lui donne les émotions les plus profondes, les parfums aussi agissent sur l'âme, et le parfum de l'encens en particulier la transporte vers les régions idéales (1), comme le musc la porte vers les amours physiques.

Le culte des ancêtres et le culte des grands hommes constituent la religion vraiment universelle. Malgré tous les raisonnements des matérialistes tendant à en éloigner les hommes, ceux-ci y reviennent toujours; tous, quelle que soit la forme de leurs croyances, le pratiquent, et les matérialistes eux-mêmes ne s'en abstiennent que bien rarement.

CHAPITRE III

LES ADONIES

97. Marche annuelle et diurne du soleil. — Les observations astronomiques de la haute antiquité eurent pour résultat, vers l'an 2000 avant notre ère, l'établissement du *zodiaque*. Lorsque les points équinoxiaux et les solstices furent fixés pour la première fois, 6600 ans av. J.-C., pour désigner la place du soleil à l'équinoxe du printemps, on plaça sur la sphère céleste grossièrement tracée deux *chevreaux* (les gémeaux), l'un noir et l'autre blanc, ce qui indiquait l'égalité du jour et de la nuit. A l'équinoxe d'automne, on plaça un *chasseur* ou simplement *une flèche;* au solstice d'été, on plaça un *épi* et au solstice d'hiver *deux poissons*. — A partir de 4500, l'équinoxe du printemps ne tomba plus dans la constellation des gémeaux, mais dans une voisine qu'on nomma le *taureau*. Le solstice d'été avait lieu alors dans le *lion*, l'équinoxe d'automne dans le *serpentaire* et le solstice

---

(1) De toute antiquité on a reconnu cette propriété de l'encens et de là son emploi dans presque tous les cultes.

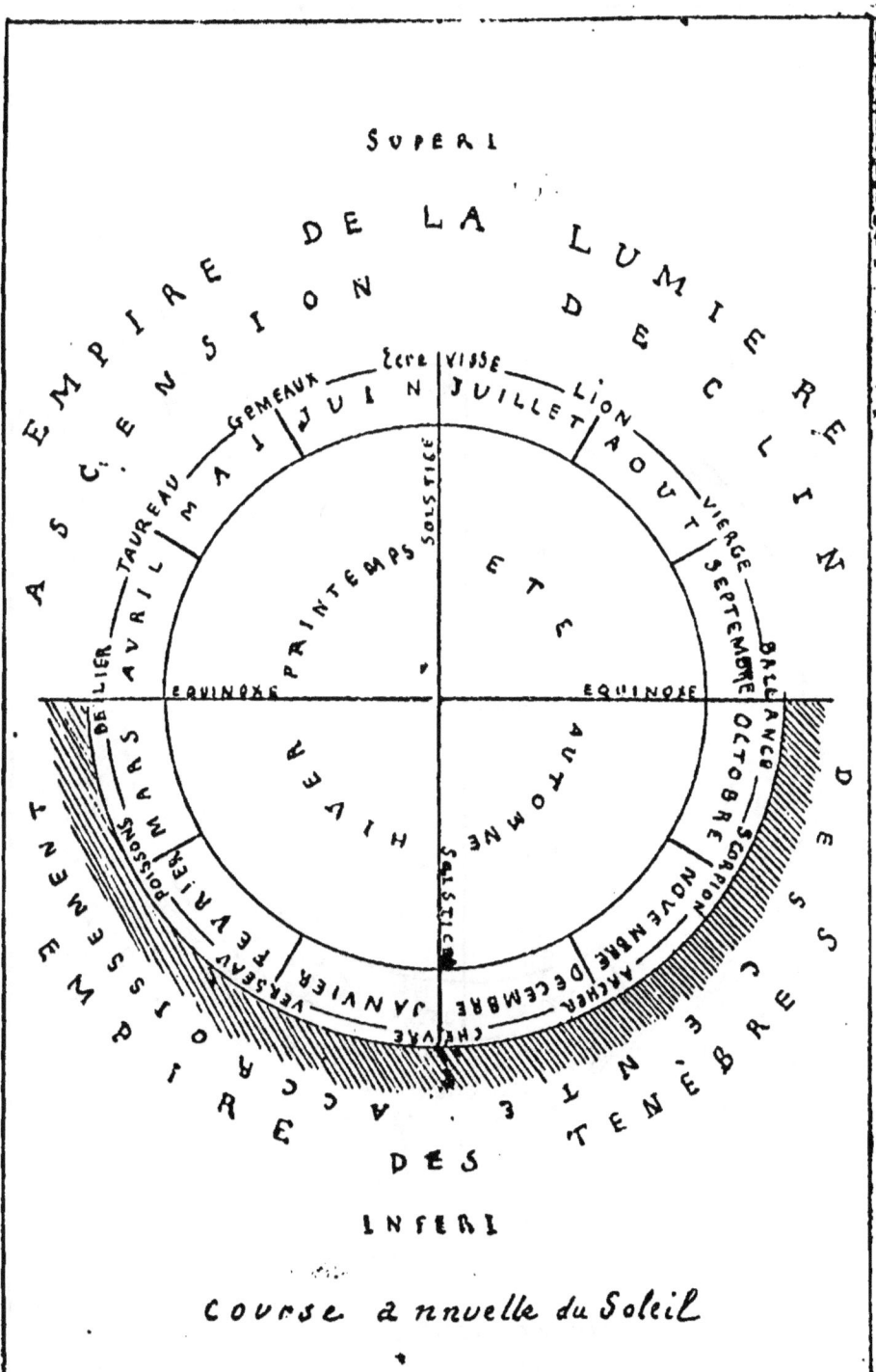

Course annuelle du Soleil

Cycle de l'existence Humaine

d'hiver dans le *verseau*. Mais à partir de 2300 ans av. J.-C., les quatre points durent encore être changés et devinrent: le *bélier*, *l'écrevisse*, *la balance* et la *chèvre*. La route que suit le soleil sur la voûte céleste se trouva ainsi divisée en douze parties et l'année en douze mois, chaque partie correspondant à un mois.

La planche VI ci-jointe nous fait voir le rapport des mois avec la *marche du soleil*, les variations du *feu solaire* (chaleur et lumière) et celles de la *végétation*. Le demi-cercle inférieur prend le nom d'empire des ténèbres, de lieux inférieurs (inferi) ou *enfers*; le demi-cercle supérieur celui d'empire de la lumière, de lieux supérieurs (superi) ou de *ciel*.

Si nous partons de l'équinoxe du printemps, que nous pourrons appeler aussi orient et aurore, nous voyons le *soleil monter* dans le ciel jusqu'au signe de l'écrevisse. Pendant cette ascension, *son feu* devient de plus en plus intense jusqu'à son maximum. Le jour devient à chaque pas plus long que la nuit; c'est le triomphe du feu sur les ténèbres et le froid. C'est aussi le triomphe de la vie sur la mort ou le sommeil. Les arbres bourgeonnent, puis fleurissent, puis se couvrent de feuilles et la fécondation s'opère. C'est le printemps, c'est aussi la matinée.

A partir de l'écrevisse, solstice d'été, point que nous pourrons aussi appeler le sud et le midi, jusqu'au signe de la balance, le *soleil descend du ciel*, l'intensité de *son feu diminue*, mais la lumière et la chaleur sont toujours plus grandes que les ténèbres ou le froid, les jours toujours plus longs que les nuits. Mais enfin leur longueur diminue et il en est de même de l'intensité de la vie. Le vert des feuilles n'est plus aussi tendre qu'au printemps. Les fleurs sont tombées, mais il s'est formé des fruits qui à leur tour ne vont pas tarder à tomber. C'est l'été, c'est l'après-midi.

A l'équinoxe d'automne, que nous pourrons aussi appeler occident et crépuscule, le *soleil s'enfonce* dans les enfers ou empire des ténèbres. *Son feu* languit et s'endort; la lumière et la chaleur diminuent de plus en plus, la longueur des nuits augmente et les jours se raccourcissent de plus en plus: c'est le triomphe des ténèbres et du froid sur la lumière et la chaleur. C'est aussi le triomphe du sommeil et de la mort sur la vie; les fruits s'ouvrent ou tombent pour se pourrir et ils laissent échapper leurs grâines. Les feuilles deviennent rougeâtres, jaunâtres, se dessèchent et tombent. Les arbres dépouillés sont plongés dans le plus profond sommeil, les plantes herbacées sont mortes. C'est l'automne, et c'est aussi le soir.

A partir du solstice d'hiver, le *soleil qui est descendu jusqu'au plus profond des enfers*, point qu'on peut appeler aussi nord et minuit, commence à remonter. *Son feu presque éteint se rallume et la vie avec lui*. Les nuits décroissent, les jours s'accroissent, les ténèbres et le froid l'emportent toujours sur la lumière et la chaleur, mais le feu solaire va triompher à son tour et à l'équinoxe de printemps, il va sortir, comme rajeuni des enfers. Il *ressuscite*, en effet, et *remonte au ciel*. Alors les jeunes plantes sortent de terre, les bourgeons des arbres s'ouvrent et la vie s'épanouit de nouveau plus belle que jamais. C'est la saison d'hiver, c'est la seconde moitié de la nuit, celle qui précède l'aurore.

08. Le Cycle de l'existence humaine. — Il résulte de cet aperçu des grands phénomènes de l'année, que le *soleil*, le *roi des astres*, et *le feu issu de lui, son fils* ont *une histoire;* histoire qui dure une année et qui se reproduit en raccourci, chaque jour. Or, on peut établir un parallèle entre l'histoire du *roi-soleil* et de *son fils-igné*, le prince de feu et de vie et l'histoire de l'homme en général. Il suffit de comparer la Pl. VI avec la Pl. VII. Dans cette dernière, nous voyons que le demi-cercle inférieur nous présente les phases de l'existence *cachée* de l'homme, comme la Pl. VI nous présente dans le demi-cercle inférieur, le soleil et son feu dans l'empire des ténèbres. Nous voyons encore que le demi-cercle supérieur de la

Pl. VII nous présente les phases de *l'existence manifestée* de l'homme, comme le demi-cercle supérieur de la Pl. VI nous présente le soleil et son feu dans l'empire de la lumière. Si maintenant nous comparons le demi-cercle de gauche et le demi-cercle de droite de la Pl. VII avec les mêmes demi-cercles dans la Pl. VI. Nous voyons que les phases d'évolution et d'ascension de l'homme correspondent aux phases ascensionnelles du soleil et les phases de déclination et d'involution de l'homme, aux phases descendantes du soleil.

Le cycle de l'existence de l'homme se compose de quatre saisons, comme l'année. Les phases d'œuf, d'embryon et de fœtus correspondent aux trois mois d'hiver. La naissance correspond à l'équinoxe du printemps. Les phases d'enfance, d'adolescence et de jeunesse, aux trois mois du printemps; celles d'âge mûr, de déclin et de vieillesse, aux trois mois d'été; celles de fantôme, de larve et de molécule-germe, aux trois mois d'automne, l'équinoxe d'automne correspondant à la mort.

Le parallèle peut être encore poussé plus loin, car les moments de la vie humaine diurne correspondent aux divers moments de la course diurne du soleil. L'homme se réveille et se lève à l'aurore avec le soleil et reste éveillé jusqu'à ce que cet astre disparaisse sous l'horizon, c'est-à-dire jusqu'au crépuscule. Alors l'homme se couche, s'endort pour ne se réveiller qu'à la nouvelle aurore. Ce parallèle est si évident que dans toutes les langues, on parle du *lever* et du *coucher du soleil* comme s'il s'agissait d'un homme, que l'orient veut dire levant et l'occident couchant. Ainsi, de même que la marche diurne du soleil est l'analogue de sa marche annuelle, les moments de l'existence diurne de l'homme sont les analogues des phases du cycle de l'existence humaine ou de *sa grande année*.

On peut de la même manière, comparer le cycle de l'existence humaine à la vie de la plante dont la graine représentera alors le psycholone de l'homme. La jeune plante sort de terre au printemps, c'est l'enfance; puis après avoir eu des feuilles, elle fleurit et se féconde, c'est la jeunesse. Alors les enveloppes florales tombent, mais le fruit se développe, c'est l'été et l'âge mûr. Lorsqu'à la fin de cette saison, les fruits sont morts, ils tombent en terre, se pourrissent et la graine est mise en liberté. C'est la mort et c'est ainsi que pendant que le corps de l'homme est mis en terre et se pourrit, son psycholone est mis en liberté. La graine à son tour pénètre dans la terre qui va être sa mère; sa vie à l'état latent se réveille, c'est la vie embryonnaire. Les enveloppes se déchirent, une jeune plante sort de terre et s'élève, c'est la renaissance.

99. Les Mythes de la mort et de la renaissance ou adonies.

L'existence humaine peut être résumée poétiquement sous forme d'apologies ou de mythes qui nous ont été transmis par l'antiquité classique. Nous les désignons tous sous le nom général d'adonies, bien que ce nom ne soit donné habituellement qu'à l'un de ces mythes.

C'est une mère qui pleure sa fille enlevée par la mort à la fleur de l'âge et au moment où on s'y attendait le moins (à Éleusis); c'est une épouse qui pleure sur la mort de son époux (en Égypte); c'est la plus belle des femmes qui pleure son jeune amant tué à la chasse (en Phénicie); c'est une mère qui pleure son fils de trente-cinq ans (dans le christianisme). Partout, ce sont des femmes qui demandent à Dieu de leur rendre le mort chéri. Et toutes reçoivent la même réponse, savoir: *la règle* fixée par le dieu qu'elles implorent touchant le sort des âmes. L'âme regrettée passera une partie de son existence incarnée à la surface de la terre (auprès de ceux qui l'aiment et qu'elle aime). A la mort, elle passe une autre partie de son existence dans les régions supérieures de l'atmosphère (auprès de Jupiter). Puis elle involuera, se condensera en un germe qui retombera à la surface du sol et finira par aller habiter une matrice humaine (chez Perséphone) où elle s'incarne et d'où elle sort de nouveau pour vivre à la surface de la terre et ainsi de suite. Tel est le jugement de Dieu, telle est *la loi des alternatives* fixée par lui.

Voilà l'enseignement des Adonies, et cet enseignement est toujours donné à l'époque de l'année qui s'harmonise le mieux avec lui, c'est-à-dire aux environs de l'équinoxe du printemps. Car, comme nous l'avons vu, l'homme ressemble à la plante et au soleil.

Quant à voir dans les Adonies rien qu'un mythe solaire, il serait grand temps que les mythologues cessent de nous monter cette vieille scie. Comment des hommes intelligents peuvent-ils sérieusement admettre que les femmes des mystères antiques versassent d'abondantes larmes sur la mort fictive du Soleil et se livrassent à des manifestations de joie à propos de sa prétendue renaissance? Pour pleurer sur la mort du soleil, il aurait fallu que les femmes fussent folles et pour croire qu'il en a été ainsi, il faut avoir perdu quelque peu la raison. Jamais dans les adonies, il ne s'est agi du soleil, mais bien des mystères de la mort. Ce n'est point sur le soleil que les femmes pleuraient, mais c'est sur un personnage qu'elles croyaient avoir véritablement existé et qui avait subi le sort que plus d'un des leurs avait subi. Est-ce que, quand les femmes chrétiennes vont assister le jeudi saint au *Stabat*, et qu'elles pleurent avec la mère de Jésus, elles se lamentent sur le soleil? Non, elles pleurent sur un homme qui a réellement existé et dont la mort leur rappelle celle de parents chéris ou d'amis affectionnés.

Maintenant que dans les poésies et les emblèmes ayant rapport aux adonies, il soit question du soleil et des plantes, cela n'a rien qui doive nous étonner après ce que nous avons dit au n° 97. Et à ce propos, je prie les mythologues de bien méditer le cantique suivant que les jeunes filles de notre pays chantent à la procession de la Fête-Dieu

Nouveau soleil que le monde contemple
Avec éclat de ton repos, tu sors ;
Vient l'Univers en ce jour est ton Temple,
De tes enfants recueille les transports ;
    Toute la Terre émue,
    Se ranime à ta vue.
Faisons vers lui voler, avec ces fleurs,
Nos chants joyeux, notre encens, et nos cœurs.

On dirait bien qu'il s'agit dans ce cantique du soleil du printemps. Nos mythologues vont-ils prétendre que les Français de la Haute-Ariège adorent le soleil ? Demandez à la plus bête des jeunes filles qui chantent à la procession le cantique dont nous venons de citer un couplet, si elle célèbre la fête du nouveau soleil, elle vous rira au nez. Le soleil dont elle entend parler, c'est un homme qui a réellement vécu sur la terre et qui est connu sous le nom de Jésus de Nazareth. C'est ce Jésus qu'elle appelle son nouveau soleil, son seigneur (en hébreu *Adonaï*) et son dieu.

100. Représentation du Drame symbolique. — Le fond des mythes des anciennes adonies est historique, mais ce qui ne l'est pas, c'est le symbolisme solaire et plantaire qui l'accompagne. On peut d'ailleurs représenter un drame tout à fait fictif qui, justement parce qu'il ne contient rien d'historique, est plus général et peut être accepté par l'humanité entière.

La représentation du drame qui consiste toujours en une trilogie a pour but d'enseigner oralement et figurativement la loi de l'alternative de la mort et de la vie. Par ces deux moyens réunis, il frappe en même temps l'intelligence et les sens, se grave mieux dans la mémoire des spectateurs et entraîne leur conviction.

Voici donc comment ce drame peut être représenté :

1re Journée. — Au milieu de l'enceinte du panthéon où l'on célèbre le banquet sacré, on dresse un catafalque à tentures violettes et dont les gradins sont garnis de vases de fleurs desséchées et de bougies éteintes. — Sur ce catafalque est assise une femme tenant sur ses genoux la tête d'un jeune mort. Cette femme peut représenter soit une mère, soit une épouse, soit une amante, peu importe. Elle donne par ses attitudes et ses gestes les marques de la plus grande désolation, mais sa douleur est muette. — Pendant cette mimique, on chante des poésies appropriées au sujet, accompagnées de musique d'un caractère triste. — Les chants et la musique sont interrompus par un discours, dont le sujet a toujours trait aux surprises de la mort qui arrive à tout âge ainsi qu'aux vicissitudes de la vie présente.

Après le discours a lieu la cérémonie de la sépulture. Le corps de l'Adonis est mis sur une civière et le cortège funèbre fait le tour du temple. — Pendant ce temps on a placé sur le catafalque un tombeau et celui qui figure le défunt y est déposé, au milieu des chants. — Ainsi se termine la première journée.

2e Journée. — On a remplacé les vases de fleurs desséchées des gradins du catafalque par des pots où l'on a semé des graines qui peuvent promptement éclore. Les bougies sont enlevées, les tentures sont vertes. — Chants et discours traitant de la vie d'outre-tombe et de l'involution.

3e Journée. — Dans la matinée de la troisième journée, le tombeau ayant été remplacé par un pin ou un sapin, on retire du tronc de cet arbre un petit enfant. — Chants d'allégresse et discours sur la renaissance et la loi des alternatives.

Dans l'après-midi, le catafalque est tendu de rouge, les gradins sont garnis de bougies allumées et de vases contenant les plantes fraîchement écloses et au pied de l'arbre on met, à la place de l'enfant, le même homme qui figurait le défunt dans la première journée. Il est maintenant plein de vie et sa tête est entourée de rayons. — Nouveaux discours et chants de triomphe,

Ces fêtes se terminent dans la soirée par un banquet.

Cette trilogie à laquelle on donne le plus d'éclat possible forme le complément du culte des morts.

101. La Loi des Alternatives. — Les phénomènes naturels sont soumis à une grande loi, celle des alternatives: Dans le mouvement diurne de la terre sur elle-même, la nuit succède au jour et le jour à la nuit. Tous les êtres vivants suivent la même loi, c'est la veille qui succède au sommeil et le sommeil à la veille. Les végétaux y sont soumis aussi bien que les animaux. Dans le mouvement annuel de la terre autour du soleil, l'hiver succède à l'été et l'été à l'hiver. La vie est latente dans les arbres pendant l'hiver, elle est dans son plein pendant l'été. Les animaux hivernant s'enferment et s'endorment en automne pour se réveiller au printemps. Les fonctions génitales de presque tous les animaux s'endorment de même en automne pour se réveiller au printemps. Cette loi ne se trouve pas seulement dans le phénomène astronomique de l'alternance de la lumière et des ténèbres physiques, elle se manifeste aussi dans le phénomène historique comme alternance de la lumière intellectuelle et des ténèbres intellectuelles. Insistons un peu sur ce dernier point.

L'histoire des sciences modernes commence au temps de l'entrée des Turcs à Constantinople, de la découverte du Nouveau-Monde et de la Réforme. On nomme cette époque la *Renaissance*. Elle avait été précédée de la nuit du Moyen Âge qui commence en 529, année où l'édit de Justinien ferma les écoles païennes et libres. Alors la science hellénique s'endormit en quelque sorte dans cette longue nuit que le Moyen Âge chrétien et barbare fit régner sur nous.

La science hellénique avait pris naissance au temps de Solon. Après une période initiale, où elle eut à lutter à la fois contre les croyances religieuses et contre les aristocraties helléniques, elle conquit sa place en

Europe par la mort de Socrate, qui fut pour elle une consécration. Libre depuis ce jour, elle grandit avec Platon, reçut d'Aristote ses formules générales, ses règles et ses méthodes; fut cultivée et appliquée par les Alexandrins.

La période de science où nous sommes doit son origine et ses éléments à la science hellénique. Le nom de Pythagore est connu dans l'Europe entière; Euclide passe encore pour le plus grand géomètre qui ait été; Aristote est le père des sciences d'observation et le premier qui ait préconisé l'analyse. Quant au Moyen Age, il a été une période de repos entre la science hellénique et la science moderne.

Si l'on remonte au delà de Solon et de ceux qu'on a nommés les Sages, c'est-à-dire les savants, on trouve une autre période de repos dont il est assez difficile de fixer la durée. Elle répond à la formation des sociétés hellénique, comme notre Moyen Age est la période d'incubation des sociétés modernes. Elle avait été elle-même précédée dans la race aryenne d'un travail d'esprit très actif et très fécond, dont les grands textes sacrés de l'Asie sont les derniers monuments. Ces textes sont sacrés parce qu'ils ont été la base de l'institution religieuse; mais ils sont en même temps des *textes scientifiques* aux mêmes titres que ceux de Platon, parce qu'ils renferment la théorie qui a précédé la période hellénique de la science et parce qu'eux-mêmes proclament en cent endroits qu'ils contiennent la science: le mot *veda* veut dire *science* (1).

Ainsi le développement de l'esprit humain suit la même loi de développement que la végétation annuelle, qui elle-même suit la loi des alternatives des saisons. Or l'existence entière des êtres vivants et en particulier celle de l'homme est soumise à la même loi. — De même donc, que nous trouvons tout naturel de dormir la nuit et de veiller pendant le jour et que quand nous nous endormons nous ne nous inquiétons guère de savoir si nous nous réveillerons, de même

(1) Eug. Burnouf. *La Science des Religions.*

nous devons trouver tout naturel de mourir et après une période plus ou moins longue qui comprend un sommeil de nous réveiller bien vivants. C'est un cas particulier de la loi des alternatives et nous pouvons être aussi certains de notre renaissance que de notre mort.

Dès lors, à quoi bon craindre la mort? L'expérience des noyés rappelés à la vie, l'affirmation des blessés mortellement et des malades, prouvent d'abord que le moment de la mort n'est point pénible et que certains en mourant éprouvent un certain plaisir. Qu'on interroge les médecins et les prêtres accoutumés à observer les actions des mourants et à recueillir leurs derniers sentiments, ils conviendront qu'à l'exception d'un très petit nombre de maladies aiguës, où l'agitation causée par des mouvements convulsifs semble indiquer les souffrances du malade, dans tous les autres on meurt tranquillement, doucement et sans douleur. — La mort, dit Barthez, n'est donc pas une chose aussi terrible que nous nous l'imaginons. C'est un spectre qui nous épouvante à une certaine distance et qui disparaît quand on vient à s'en approcher. — La mort n'est réellement redoutée, dit Henri de Varigny, que durant la plénitude de la vie: elle voile elle-même ses approches, s'empare de nous avant que nous nous en doutions, et, quand elle est à tel point proche qu'il faudrait être aveugle pour ne la point voir, elle nous a déjà aveuglé, et par surcroît, anesthésié. Qui songerait à lui en vouloir?

La mort serait donc le plus souvent heureuse, si les hommes voyaient dans cet état qui doit suivre la vie sarcosomatique, une simple phase nécessaire de leur existence éternelle et à laquelle tous les êtres vivants sont soumis. Le remplacement d'un sarcosome usé et ne pouvant plus fonctionner par un autre tout neuf, ne peut s'effectuer qu'à la condition de mourir. Mais ils sont détournés de cette vue très simple par divers usages qui excitent leur sensibilité et rendent folle leur imagination, de sorte qu'on peut dire que les institutions humaines ont corrompu pour les hommes jusqu'au bien de mourir.

Il reste toujours pour ceux qui ne changent pas d'enveloppe charnelle, le chagrin de ne plus revoir la personne aimée qui s'en va.

Il y a d'abord dans cette conception une erreur. Le mort ne s'en va pas, ne nous quitte pas de sitôt. Il reste longtemps près de nous quoiqu'invisible. Quelquefois il apparaît ou fait connaître sa présence par tout autre moyen. Cela dure quelquefois plusieurs années et ce n'est qu'alors qu'il s'endort pour involuer et ne se manifeste plus. Seulement la vie posthume peut être quelquefois très courte ; alors il ne peut y avoir de manifestations. Mais ce sommeil du défunt a lieu encore auprès de nous et nous avons vu, au culte des morts, qu'il dépend un peu de nous de les retenir dans notre entourage. Cette certitude peut être pour ceux qui restent en vie d'une grande consolation.

Nous ne pouvons pas d'ailleurs avoir plus de chagrin d'un mort qui nous quitte que nous n'en avons lors du départ de l'un de nos proches pour une colonie lointaine. Avons-nous la certitude de le revoir lorsque nous lui disons adieu? Sommes-nous sûr de recevoir de ses nouvelles? La séparation ne sera-t-elle pas jugée éternelle? Et cependant, après avoir bien pleuré, nous quittons notre fils, notre frère en essuyant nos larmes, car enfin il nous reste l'espoir de le revoir un jour.

Ne reverrons-nous pas aussi nos morts? — Maintenant que nous savons que les morts renaissent parmi les vivants, ne pourrons-nous pas nous expliquer les les sympathies et les antipathies si vives, si profondes et si invincibles qui existent entre certaines personnes? Ne devons-nous pas croire que ces personnes qui s'aiment et se haïssent sans motifs dans la vie présente, aient vécu ensemble dans la vie passée? Telle personne nous plaît et nous ravit à première vue, telle autre nous déplaît, au contraire, et nous inspire un sentiment de répulsion que nous ne pouvons maîtriser. Les révélations soudaines de l'amour, chez les êtres qui se voient pour la première fois; les inimitiés irréconciliables sont dans bien des cas (je ne dis pas toujours) la preuve que les individus en présence se sont déjà connus dans une autre vie. Cette pensée que nous pouvons rencontrer dans la vie, sur cette terre, les personnes que nous avons aimées il y a si longtemps que nous les avions oubliées; que nous pouvons les reconnaître par la sympathie subite (qui est ici une réminiscence) qu'elles nous inspirent, ne doit-elle pas adoucir le chagrin de la séparation par la mort.

Cette rencontre et cette reconnaissance des personnes autrefois aimées n'ont pas lieu seulement dans le monde visible, elles ont lieu aussi dans le monde invisible. Là aussi, nous pouvons retrouver nos anciens parents et amis et revivre dans leur société. La séparation des morts et des vivants n'est point éternelle, soit qu'on aille dans l'invisible, soit qu'on rentre dans le visible, on se retrouve toujours, seulement il faut quelquefois un temps très long. Mais qu'est-ce que ce temps par rapport à la durée de l'existence qui est éternelle.

L'humanité vivante se compose d'environ un billion 200.000.000 d'individus, les nombres d'hommes et de femmes étant à peu près égaux.

Il meurt annuellement . . 35.879.520 personnes.
      par jour . . . . 98.848 personnes.
      par heure . . . . 4.020 personnes.
      par minute . . . . 67 personnes.
      par seconde . . . . . . 1 plus une fract.

Il naît également 1 enfant plus une fraction par seconde. Seulement sur 22 naissances, on compte un enfant mort-né et dans la première année, il meurt un dixième des nouveau-nés.

Entre le monde des vivants et le monde d'outre-tombe, il existe un va-et-vient continuel.

Les hommes qui composent l'humanité vivante d'aujourd'hui, sont les mêmes pour la plupart, que ceux qui la composaient il y a un nombre indéterminé d'années. — L'existence humaine est éternelle, le nombre d'années que l'homme passe incarné et le nombre d'années qu'il passe désincarné ne sont que des minutes par rapport à son existence entière. — Il faut voir les choses de haut: alors la vie incarnée et l'existence posthume ne nous paraîtront, dans notre existence entière, que comme l'alternative de la veille et du sommeil, alternative qui, loin de nous effrayer, est considérée par nous comme nécessaire à notre bien-être et à notre prospérité.

ÉPILOGUE

Le Grand Problème

Le livre que je viens d'écrire aura soulevé, sans doute, dans l'esprit du lecteur, une multitude de questions, dont la plus importante est celle-ci : *l'homme est-il condamné, comme les animaux, à se réincorporer perpétuellement sur la terre ?* Ne peut-il pas rester éternellement dans le monde invisible et continuer à s'y développer ? Quel sera le terme de ce développement ?

Actuellement, tous les Orientaux croient à la pluralité des vies. Les Occidentaux n'y croient pas, mais les Anciens y croyaient. Seulement ceux qui étaient initiés aux mystères savaient qu'en recevant les mystères ils pouvaient échapper à la réincarnation. Sous le voile de la mythologie, Ovide nous raconte ainsi les derniers moments d'Énée : « Avec l'autorisation de Jupiter, Vénus va trouver le fleuve Numicius et lui ordonne de purifier Énée de tout ce que le héros peut avoir encore de mortel. Le fleuve obéit. Il asperge et lave de ses eaux les membres du prince troyen. La déesse oint le corps d'un parfum que le poète qualifie de divin. Elle met enfin dans la bouche de son fils l'ambroisie et le nectar qui doivent en faire un dieu. »
A moins, dit l'abbé Jalabert (1), de dire formellement que dans sa dernière maladie, après avoir reçu le baptême, Énée reçut également l'extrême-onction et le

---

(1) *Le Catholicisme avant Jésus-Christ.* Tome II.

viatique, le poëte latin eût-il pu mieux parler? — Les chrétiens, héritiers des mystères antiques, recevant les mystères (appelés par les Romains sacrements) avant de mourir, n'ont donc plus eu à s'occuper de la question des réincarnations et cette connaissance s'est perdue parmi eux, sauf chez quelques philosophes.

Mais les Occidentaux et les Orientaux s'accordent pour convenir que le but final de l'homme est le *Nirvana*.

Le mot *Nirvana*, au sens propre, veut dire *sans souffle*, mais il faut le prendre au figuré dans le sens de *sans soupir, sans aspiration, sans désir*. Un homme est arrivé à l'état de Nirvana quand il n'a plus de désirs.

Le *Nirvana* est donc, d'après les Orientaux, le *repos éternel au sein de l'être infini*. — Pour les Occidentaux, il est le *repos éternel au sein de la lumière éternelle*. C'est ce que le prêtre souhaite à tous les morts au moment où l'on va refermer la tombe.

Requiem eternam dona ei domine,
et lux perpetua luceat ei.

D'après les Orientaux, l'homme arrivé à l'état de Nirvana, n'a plus de désirs parce que pendant la suite de ses vies, il s'est exercé à les éteindre en lui. — D'après les Occidentaux, l'homme n'a plus de désirs, parce que tous sont satisfaits par la contemplation de l'Être parfait ou de Dieu.

Que faut-il penser de ces croyances? Qu'y a-t-il de vrai, qu'y a-t-il de faux ou de chimérique?

On voit que pour résoudre le grand problème, un livre nouveau serait nécessaire. Ce livre, je l'écrirai peut-être un jour.

TABLE DES MATIÈRES

PRÉFACE 10

INTRODUCTION

Notions préliminaires indispensables à connaître . 7

1° Constitution générale des corps. — 1. Extrême divisibilité des corps; petitesse des particules. — 2. Molécules et atomes chimiques. — 3. Corpuscules sous-atomiques. — 4. Monades éthérées, leurs propriétés externes. — 5. Propriétés internes des monades. — 6. L'esprit et la matière ; monisme des êtres finis.

2° La vie des corps bruts. — 7. La sensibilité minérale. — 8. La motilité minérale. — 9. Cicatrisation, accroissement, nutrition minérale. — 10. La génération minérale.

3° Corps visibles et invisibles. — 11. Passage de l'invisibilité à la visibilité et réciproquement. — 12. Divers degrés de sensibilité rétinienne. — 13. Partie visible et partie invisible du corps. — 14. Emanation ; sublimation. — 15. Radiations obscures de tous les corps. — 16. Flamboiement et rayonnement invisible des corps ; iohées.

PREMIÈRE PARTIE

CONSTITUTION DES CORPS ORGANISÉS VIVANTS

LIVRE I

DU SARCOSOME

17. *Conception schématique d'un corps vivant* . . . 13

CHAPITRE I. — **La vie des globules libres.**

18. Forme fondamentale et composition chimique d'un globule. — 19. Nutrition du globule. — 20. La relation chez le

globule. — 21. La génération chez le globule. — 22. Mort du globule, ses causes. — 23. Renaissance du globule.

Chapitre II. — **La Vie du Sarcosome.**

24. Vie élémentaire et vie d'ensemble. — 25. Vie des globules fixés. — 26. Mort des globules fixés. — 27. Résumé: composition du Sarcosome.

LIVRE II

DU PSYCHOLONE

28. *Idée générale d'un Psycholone* 69

Chapitre I. — **Des degrés de complexité du Psycholone.**

29. Des trois degrés de complexité organique des métazoaires. — 30. Les mérides. — 31. Les zoïdes. — 32. Les dômes.

Chapitre II. — **Perfectionnement du Psycholone.**

33. Différenciation des zoïdes ou zoonites. — 34. Unification de l'organisme. — 35. Développement du système nerveux et du squelette. — 36. Passage de la vie aquatique à la vie aérienne. — 37. Passage à la locomotion terrestre. — 38. L'homme.

Chapitre III. — **Le rôle du Psycholone dans le Sarcosome.**

39. Le rôle des psychées globulaires. — Rôle des dominantes des mérides et des zoïdes. — 41. Rôle de la dominante générale. — 42. Permanence du psycholone durant la vie.

LIVRE III

DE L'AÉROSOME

43 *Idée générale de l'aérosome* 101

Chapitre I. — **Lohées, Emanations et Rayons.**

44. L'éther électrique de l'organisme. — 45. Les gaz de l'organisme, émanations, sublimation. — 46. Radiations; lohées. — 47. Variations de potentiel électrique et de condensation dans l'aérosome.

Chapitre II. — **Aérosome et Sarcosome.**

48. Phénomène de la bilocation. — 49. Extériorisation expérimentale de l'aérosome. — 50. Quelques propriétés de

l'aérosome. — 51. Des quelques phénomènes qui accompagnent parfois l'extériorisation de l'aérosome.

Chapitre III. — **Aérosome et Psycholone.**

52. Pouvoir iconographique du psycholone. — 53. Dédoublements homologues ou hétérologues. — 54. Extériorisation du psycholone. — 55. Résumé de la constitution de l'être humain.

~~~~~~

DEUXIÈME PARTIE

LA SURVIVANCE DES MÉTAZOAIRES

LIVRE I

DE LA MORT

56. *Définition ; distinction* 139

Chapitre I. — **La Mort apparente.**

57. Animaux dits ressuscitants. — 58. Animaux hibernants ; les yoghis ; la léthargie. — 59. Extériorisation du psycholone et de son aérosome dans la mort apparente — 60. Autres cas d'extériorisation produits dans une léthargie très courte. — 61. Extériorisation chez les animaux.

Chapitre II. — **De la Mort réelle (1re phase)**

62. Les deux phases de la mort réelle. — 63. Le sommeil de la mort ou Thanatie. — 64. Extériorisation au moment de la mort. — 65. Conclusions : Fantôme des animaux.

Chapitre III. — **De la Mort réelle (2e phase)**

66. La putréfaction. — 67. Manifestations posthumes de l'homme. — 68. Manifestations posthumes des animaux. — 69. Survivance.

LIVRE II

DE LA RENAISSANCE

70. *La mort et la naissance.* 183

Chapitre I. — **Constitution de l'Œuf.**

71. De la spécificité des œufs. — 72. Molécules-germes. — 73. Segmentation de l'œuf. — 74. Constitution et rôle du

spermatozoïde et de l'ovule. — Fécondation et Parthénogenèse.

CHAPITRE II. — **L'Evolution embryogénique.**

76. Les trois phases de l'ontogenèse. — 77. Les formes embryonaires. — 78. De la pluralité des vies spécifiques. — 79. La mémoire dans la pluralité des vies. — 80. La mémoire dans la vie présente. — 81. Hérédité et innéité.

CHAPITRE III. — **Involution et Panspermie**

82. Des causes qui tendent à détruire le psycholone après la mort. — 83. Les trois phases de l'involution. — 84. Répartition des molécules germes; la réincorporation ou réincarnation. — 85. Réfutation de la métempsychose et de la métemastrose.

LIVRE III
LA LOI DES ALTERNATIVES

86. *La vie et la mort* . . . . , 235

CHAPITRE I. — **Le monde visible et invisible**

87. Les milieux habitables. — 88. Etat de conscience des invisibles. — 89. Coup d'œil sur la faune des ombres. — 90. Notion scientifique du monde invisible.

CHAPITRE II. — **Rapport des visibles avec les invisibles.**

91. Le culte des morts. — 92. La sépulture. — 93. Le tombeau. — 94. Respect de la mémoire. — 95. Le culte des grands morts. — 96. Le Panthéon.

CHAPITRE III. — **Les Adonies.**

97. Marche annuelle et diurne du soleil. — 98. Le cycle de l'existence humaine. — 99. Les mythes de la mort et de la renaissance. — 100. Les adonies ou la représentation du drame symbolique. — 101. La loi des alternatives. — 102. Il ne faut pas craindre la mort.

EPILOGUE

Le Grand Problème 271

Paris — Imprimerie A. MALVERGE, 171, rue Saint-Denis

A LA MÊME LIBRAIRIE

OUVRAGES DE PROPAGANDE

Collection illustrée des « Pour Combattre », « Pour Devenir », « Pour Faire », à Un franc le volume.

La Collection des *Pour Combattre, Pour Devenir, Pour Faire*, illustrée de Portraits, Figures, Têtes de chapitres et Vignettes spéciales, comprend surtout des ouvrages de Médecine usuelle, de Magnétisme, des Sciences qui s'y rattachent et leurs Applications.

Les *Pour Combattre* traitent spécialement de la guérison des diverses maladies par l'Hygiène et les Agents physiques : Magnétisme, Massage Aimant, Lumière, Mouvement, qui, presque partout, sont gratuitement à la disposition de tout le monde. Après avoir décrit la nature, la cause, les symptômes des maladies, les auteurs expliquent les procédés à employer pour les éviter et ensuite pour les guérir. C'est la médecine de la famille. Avec elle, le mari devient le médecin de sa femme, celle-ci, le médecin de son mari et de ses enfants.

Les *Pour Devenir, Pour Faire*, etc., constituent de véritables traités, techniques, théoriques et pratiques.

Rédigés dans un style simple et concis, avec des Conseils et des Exemples, ces Ouvrages de Propagande et de Vulgarisation rendent d'immenses services aux malades, aux médecins et aux chercheurs.

Voici la liste des ouvrages parus :

Pour combattre les Maladies par **Application de l'Aimant**, 13ᵉ édition, avec 9 Portraits et 19 Figures, par H. Durville.

Pour combattre les Maladies du Cœur. Péricardite, Endocardite, Myocardite, Hypertrophie, Angine de poitrine, Battements ou Palpitations, Syncope, Défaillance, avec 2 Figures, par H. Durville.

Pour combattre les Maladies par le **Magnétisme humain**. Notions générales pour ceux qui ont des malades à guérir, avec 5 Fig., par H. Durville.

Pour combattre les Maladies de la **Peau**. — *Les Dartres : Herpès, Zona, Eczéma, Acné, Impétigo (gourme), Urticaire, Psoriasis, Pemphigus, Prurigo, Teigne, Favus, Pelade*, avec 2 Figures, par H. Durville.

Pour combattre les Maladies par les **Simples**. — Etude sur les propriétés médicinales de 150 plantes les plus connues et les plus usuelles, d'après une *Somnambule* avec Notions de thérapeutique, Indications sur les préparations médicinales. Notes biographiques et Portrait de l'Auteur, par L.-A. Cahagnet.

Pour combattre les Maladies par **Suggestion et Auto-Suggestion**. Se débarrasser de ses mauvaises habitudes, Prendre de l'Energie et de la Confiance en soi, dominer les autres et éviter leurs suggestions, avec 3 Fig., par H. Durville.

Pour combattre la **Mortalité Infantile**. — *Le Livre des Mères*. Conseils de Médecine et d'Hygiène pour la Santé de la Mère et de l'Enfant. Ouvrage couronné au *Concours universel de l'Enfance*, par le docteur J. Gérard. 2ᵉ Edition, avec Portrait de l'Auteur.

Pour combattre la **Constipation**, avec 1 figure, par H. Durville.

Pour combattre les **Crampes**, *Crampe des Ecrivains, des Pianistes et des Violonistes*. — *Les Spasmes et le Tremblement*, par H. Durville.

Pour combattre la **Dilatation d'Estomac**, avec 2 Figures, par H. DURVILLE.

Pour combattre les **Accidents de la Grossesse**, *favoriser l'Accouchement et les Suites de Couches.*

Pour combattre les **Hémorroïdes** et les **Phlébites**, par H. DURVILLE.

Pour combattre l'**Hydropisie**. — *Anasarque, Ascite, Hydarthrose, Hydrocèle, Hydrocéphalie, Hydrothorax, Œdème*, par H. DURVILLE.

Pour combattre la **Méningite** *et la Fièvre cérébrale.* Traitement curatif, Traitement préventif, par H. DURVILLE.

Pour combattre la **Neurasthénie**, *Nercosisme, État nerveux*, avec 1 Figure par H. DURVILLE.

Pour combattre les **Paralysies**. — Anesthésie, Hémiplégie, Paraplégie, Paralysie tante, faciale, infantile, etc., avec 1 Figure, par H. DURVILLE.

Pour combattre la **Peur**, la **Crainte**, l'**Anxiété**, la **Timidité**, Faire cesser les émoti. pénibles, Développer la Volonté et Guérir ou soulager certaines Mala es, au moyen de la *Respiration profonde*, avec 7 Figures, par H. DURVILLE.

Pour combattre le **Rhumatisme**. Rhumatisme musculaire, Rhumatisme articulaire, Rhumatisme chronique, par H. DURVILLE.

Pour combattre la **Toux** *et les Maladies inflammatoires des* **Poumons**, *de la Plèvre et des Bronches.* — Rhume, Bronchite, Catarrhe pulmonaire, Fluxion de poitrine, Pleurésie, Phtisie pulmonaire, etc., avec 2 Figures, par H. DURVILLE.

Pour combattre les **Arthrites** *et la* **Tumeur blanche**, par H. DURVILLE.

Pour combattre les **Varices**, *l'Ulcère variqueux et le Varicocèle*, par H. DURVILLE.

Pour devenir **Graphologue**. — *Graphologie élémentaire.* Étude du Caractère et des Aptitudes, d'après l'Écriture, par A. DE ROCHETAL, avec Portrait de l'Auteur et 200 Figures dans le texte.

Pour devenir **Lucide**. — *La Lucidité et la Divination à travers les âges*, avec 12 Portraits et Figures, par FABIUS DE CHAMPVILLE.

Pour devenir **Magnétiseur**. — *Théories et Procédés du Magnétisme*, avec 8 Portraits et 30 Figures, par H. DURVILLE.

Pour devenir **Occultiste**. — *Éléments d'Occultisme*, avec Figures, par *Joanny* BRICAUD.

Pour devenir **Physionomiste**. — *Études sur la Physionomie*, par M. C..., anc. élève de l'École polytechnique, avec 1 Portrait de LAVATER et 21 Fig.

Pour devenir **Spirite**. — *Théorie et Pratique du Spiritisme.* Consolation à Sophie. L'Âme humaine. Démonstration rationn. et expériment. de son Existence, de son Immortalité et de la Réalité des Communications entre Vivants et Morts, par ROUXEL, 2ᵉ édit., avec 2 Portr. et 5 Fig. emblématiques.

Pour faire le **Diagnostic** *des Maladies par l'examen des Centres nerveux*, avec 17 Figures, par H. DURVILLE.

Pour faire un **Horoscope**. *Éléments d'Astrologie*, avec 5 Figures par *Joanny* BRICAUD.

Pour distinguer le Magnétisme de l'Hypnotisme. **Analogies et Différences**, par J. M. BERCO, 2ᵉ édition, avec 8 Portraits.

Pour constater la réalité du Magnétisme. **Confession d'un Hypnotiseur. Extériorisation de la Force neurique** ou *Fluide Magnétique,* par le docteur A.-A. LIÉBEAULT, avec Notes biographiques, un Portrait et trois Lettres inédites de l'Auteur.

Pour transmettre sa Pensée, Notes et Documents sur la Télépathie ou **Transmission de Pensée,** par FABIUS DE CHAMPVILLE, 2ᵉ édit. avec Portrait de l'Auteur.

Pour la Liberté de la Médecine. **Congrès de 1893,** Doc. divers.

Pour la Liberté de la Médecine. **Deuxième Congrès (1906).** — Compte-rendu et Arguments div.

Pour la Liberté de la Médecine. — **Pratique médicale** chez les Anciens et les Modernes, par ROUXEL.

Pour la Liberté de la Médecine. **Arguments des Médecins.** Documents recueillis par H. DURVILLE.

Pour la Pratique du Massage et du Magnétisme par les Masseurs et les Magnétiseurs. **Arguments des Médecins.** Documents recueillis par H. DURVILLE.

Pour la pratique du Massage et du Magnétisme par les Masseurs et les Magnétiseurs. — **Arguments des Savants, Hommes de Lettres, Hommes politiques, Artistes et Notabilités diverses.** Documents recueillis par H. DURVILLE.

Collection des « Conseils pratiques »

POUR COMBATTRE LES DIVERSES MALADIES, à 1 franc

Les Conseils Pratiques, publiés dans le *Journal du Magnétisme,* par M. H. DURVILLE, sont rédigés dans un style simple et concis qui les met à la portée de toutes les intelligences, avec les exemples de guérisons montrant la simplicité et la valeur de la méthode. Ils permettent au père et à la mère de famille, ainsi qu'à l'amateur, d'appliquer le Magnétisme et le Massage magnétique avec succès, au soulagement et à la guérison des diverses maladies dont leurs enfants, leurs parents, leurs amis peuvent être affectés.

Les **Conseils pratiques** publiés s'appliquent aux cas suivants

*Abcès. *Accouchement *.Acné. Age critique. Aigreurs. Albuminurie. Amaurose. Aménorrhée. Amygdalite. *Anasarque. Angines. *Angine de poitrine. Anémie. Anémie cérébrale. Anthrax. Apoplexie cérébrale. Arthritisme. *Arthrite. *Arthrite fongueuse. *Ascite. Asthme. Ataxie locomotrice. *Avortement spontané.*

**Battements de cœur. Blépharite. *Bronchite. *Bronchorrée. *Broncho-pneumonie. Brûlures.*

*Catalepsie. *Catarrhe pulmonaire. Catarrhe vésical. Cauchemar. Céphalalgie. Céphalées. Chlorose. Choroïdite. Chute des cheveux. Clous. *Cœur (maladies du). Congestion cérébrale. Conjonctivite. Contusions. *Constipation. Convulsions chez les enfants. Coqueluche. *Couches (suites de). Coupures. Coxalgie. *Crampes. Crampes d'estomac. *Crampe des écrivains et des pianistes. Crise de nerfs. Group. Cystite.*

*Danse de Saint-Guy. *Dartres. *Défaillance. Délire. Délirium tremens. Diabète. Diarrhée. *Dilatation d'estomac. Double conscience Dysenterie. Dysménorrhée. Dyspepsie.*

*Eclampsie. *Eczéma. Emphysème. Encéphalite. Engelures. Enrouement. Entérite. Entorse. Érysipèle. Épilepsie. Esquinancie. Essoufflement. *État nerveux. *Étourdissements.

*Fausse-couche. *Favus. Fibromes.*Fièvre puerpérale.*Fièvre cérébrale. Fièvres éruptives. Fleurs blanches. *Fluxion de poitrine. Folie. Foulures. Fringale. Furoncles.

Gastralgie. Gastrite. Gastro-entérite. Glaucome. Goitre. *Gourme. Goutte. Goutte sereine. Grippe. *Grossesse (accidents de la).

Hallucinations. *Hémiplégie. *Hémorrhoïdes. *Herpès. *Hydarthrose. *Hydrocèle. *Hydrocéphalie. *Hydropisie. *Hydrothorax. Hypocondrie. Hystérie.

Ictère. Idiotie. Imbécilité. *Impétigo. Impulsions. Incontinence d'urine. Influenza. Insomnie. Iritis.

Jaunisse   Kératite.

*Lait répandu. Laryngite. Léthargie. Leucorrhée. Lumbago.

Mal de tête. Mal de gorge. Maladie de Bright. Manies hystériques. Mélancolie. *Méningite. Ménopause. Ménorragie. Métrite. Métrorragie. Meurtrissures. Migraine. Myélite.

Nausées. Néphrite. *Nervosisme. *Neurasthénie. Névralgie périodique. Névralgie faciale. Névroses.

Obésité. Obsession. Odontalgie. Œdème. Ophtalmie. Oppression. Otalgie. Otite. Otorrhée. Ovarite.

Pâles couleurs. *Palpitations de cœur. Panaris. *Paralysies (Paralysie faciale, paraplégie, etc.). *Peau (Maladies de la). *Pelade. *Pemphigus. Péritonite. *Peur. Pharyngite. *Phlébite. *Phtisie pulmonaire. Phtisie laryngée. Pituite. Plaies. *Pleurésie.*Pleuro-pneumonie.*Pleurodynie. *Pneumonie. Prostatite. *Prurigo. *Psoriasis.

Rachitisme. Rétinite. Retour d'âge. *Rhumatisme aigu ou chronique. *Rhume. Roséole. Rougeole. Rubéole.

Sarcomes. Scarlatine. Sciatique. Scoliose. Somnambulisme naturel. *Spasmes. Suppression de règles. Surdité. Surdi-mutité. *Syncope.

*Teigne. Tic douloureux. *Toux. *Tremblement. *Tumeur blanche. Tumeurs.

Ulcères. *Ulcère variqueux. Uréthrite. *Urticaire.

*Varices. Varicèle. *Varicocèle. Variole. Vertige. Vomissements. *Vomissements incoercibles de la grossesse.

Yeux (Affections inflammatoires des yeux et des Paupières).

*Zona.

Pour bien comprendre le mode d'application, ceux qui ne connaissent pas le Magnétisme devront lire : *Pour devenir Magnétiseur. Théories et Procédés du Magnétisme*, par H. DURVILLE, ouvrage de propagande illustré de 8 Portraits et 39 fig. Prix : 1 fr.

NOTA. — Les *Conseils pratiques* précédés d'un *, sont épuisés ; mais ils sont réimprimés dans la collection des *Pour combattre...*, sous la forme d'un élégant petit volume à 1 fr.

Divers à 1 franc

ALBERT d'Angers. — *Magnétisme et Guérisons* avec 1 figure.

D' FOVEAU DE COURMELLES. — *Le Magnétisme devant la Loi*. Mémoire lu au Congrès magnétique de 1889, avec un Post-scriptum ajouté en 1897.

D' GÉRARD. — *Mémoire sur l'Etat actuel du Magnétisme*. Communication au Congrès de 1889.

LECOMPTE. — *Les Gamahés et leurs origines*, avec 22 croquis de l'Auteur.

A. POISSON. — *L'Initiation alchimique*. Treize lettres inédites sur la partie du Grand Œuvre, avec Préface du docteur *Marc Haven*.

PORTE DU TRAIT. — *Etudes magiques et philosophiques*. Théories de l'Envoûtement, Corps astral, Extérior. de la Sensibilité, l'Ame humaine

— *L'Envoûtement expérimental*. Étude scientifique.

— *Le Renouveau de Sathan*.

A 75 centimes

MARIUS DECRESPE — *Recherches sur les Conditions d'expérimentation personnelle en physio-psychologie*.

A 60 centimes

ALBERT (d'Angers). — *Différences entre le Magnétisme et l'Hypnotisme* au point de vue thérapeutique, avec 1 figure.

M. HAFFNER. — *Comment on endort*.

OLDFIELD. — *La Cuisine de Tempérance*.

REVEL. — *Lettres au D' Dupré sur la Vie future*. Complément du sommaire des *Editions de 1887-90-92*. — Rêves et Apparitions.

L'ENSEIGNEMENT DU MAGNÉTISME. — *Société magnétique de France*, Rapport du secrétaire général, Statuts. — *Ecole pratique de Magnétisme et de Massage*. Historique, But, Enseignement, Organisation Programme des cours et Renseignements divers, avec Figures.

A 50 centimes

H. DURVILLE. — *Le Massage et le Magnétisme* sous l'empire de la loi du 30 novembre 1892 sur l'exercice de la médecine.

JOANNY BRICAUD. — *Dutoit-Membrini* (un disciple de Saint-Martin), d'après des documents inédits.

PELLETIER. — *L'Hypnotiseur pratique*.

SAINT-YVES D'ALVEYDRE. — Notes sur la tradition cabalistique.

D' TRIPIER. — *Médecine et Médecins*. Un coin de la crise ouvrière au XIX° siècle.

A 30 centimes

ALBERT (d'Angers). — *Le Magnétisme curatif devant l'Eglise*.

CHESNAIS. — *Le Trésor du Foyer*. Contenant une foule de recettes d'une application journalière des Conseils pour éviter et guérir un grand nombre de maladies Poisons et Contrepoisons, etc., etc

DEBOISSOUZE. — *Guérison immédiate de la peste*, de toutes les Maladies infectieuses et autres Maladies aiguës et chroniques. 2° édition.

H. DURVILLE. — *Le Magnétisme des Animaux. Zoothérapie. Polarité.*
— *Le Magnétisme considéré comme agent lumineux*, avec 18 Figures.

Lucie Grange. — *Manuel de Spiritisme.*

Graphologie pour Tous. — Exposé des principaux signes permettant très facilement de connaître les Qualités ou les Défauts des autres par l'examen de leur écriture, etc., avec Figures.

Lebel. — *Essai d'Initiation à la Vie spirituelle.*

Mouroux. — *Le Magnétisme et la Justice française devant les Droits de l'Homme.* Mon Procès.

Van Obbergen. — *Petit Catéchisme de Réforme alimentaire.*

Psychologie expérimentale. — Manifeste adressé au Congrès Spiritualiste de Londres, par le *Syndicat de la Presse Spiritualiste de France.*

A 20 centimes

D' H. Boens, — *L'Art de vivre.* Petit Traité d'Hygiène.

Daniaud. — I. *L'Art médical.* — II. *Note sur l'Enseignement et la Pratique de la médecine en Chine,* par un Lettré chinois. — III. Extrait de la Correspondance (Congrès du Libre exercice de la Médecine). IV. *Articles de Journaux* sur le même sujet.

Durville. — *Rapport au Congrès sur les travaux de la Ligue.* Appréciations de la presse, arguments en faveur du Libre exercice de la Médecine.

Elyuss. — *Tout le Monde magnétiseur et hypnotiseur,* ou l'Art de produire le Magnétisme, l'Hypnotisme et le Somnambulisme sans étude ni travail.

Fabius de Champville. — I. *La Liberté de tuer ; la Liberté de guérir.* — II. *Le Magnétisme et l'Alcoolisme.*

— *La Science psychique,* d'après l'œuvre de M. *Simonin,* avec 1 figure

Fanau. — *Cours abrégé de Spiritisme*

Jounet. — *Principes généraux de Science psychique.*

— *La Doctrine catholique et le Corps psychique.*

Papus. — *L'Occultisme.*

— *Le Spiritisme.*

Rouxel. — *Liberté de la Médecine.* Pratique médicale chez les anciens.

— *Traité sur l'Obsession.*

Bibliothèque du Magnétisme et des Sciences occultes (Bibliothèque roulante.) Prêt à domicile. *Catalogue des ouvrages de langue française.*

Secrets *de la Cuisine Américaine.*

A 15 centimes

Duncan. — *La Chimie des Aliments.*

Van Obbergen. — *Notes sur le Nettoyage.*

Le Fruit *comme moyen de Tempérance.*

PORTRAITS

Photographies et Phototypies à 1 franc

Cahagnet, Colavida, C. Flammarion, Lucie Grange, Van Helmont, le Zouave Jacob, Lafontaine, Luys, Papus, de Puységur, Ricard, Rostan, Salverte.

Le Professeur H. Durville dans son cabinet de travail.

Le Tombeau d'Allan Kardec. — *Divers Portraits rares.*

En Photogravure à 50 centimes

Agrippa, Allan Kardec, Apollonius de Thyane, Bertrand, Braid, Bué, Cagliostro, Cahagnet, *René Caillié,* Charcot, Charpignon, Y, Crookes, Delanne, Deleuze, Léon Denis, Durand (de

Gros), Durville, en 1901, Durville en 1872, 1887, 1901, 1903. Eliphas Lévi, G. Fabius de Champville, Greatrekes, St. de Guaita, Van Helmont, Kircher, l'abbé Julio, Lafontaine, Lavater, Liébrault, Luys, Mesmer, Mouroux, D'Moutin, Prentice Mulford, Papus, Paracelse, Petetin, du Potet, le marquis de Puységur, Ricard, De Rochas Roger Bacon, Saint-Yves d'Alveydre, Swedenborg, Teste.

Collection des « Comment on défend »

BIBLIOTHÈQUE ILLUSTRÉE A 1 FR. LE VOLUME

Publiée sous la Direction du D' Labonne

Licencié ès-sciences, Anc. interne, Officier de l'Instruction publique

La collection des *Comment on défend* », universellement connue et appréciée, comprend 70 petits volumes in-16, sur presque autant de sujets différents, généralement des Maladies à prévenir ou à guérir.

Rédigées dans un style simple et à la portée de toutes les intelligences, ces Études peuvent rendre de grands services en vulgarisant la médecine usuelle. Avec elles, on pare à tout, on sait *ce qu'il faut faire* dans tel ou tel cas, et aussi *ce qu'il ne faut pas faire*. Voici comment M. le docteur Laborde, de l'Académie de médecine, apprécie cette collection :

« Une série de monographies destinées à apprendre à mener le bon combat contre les maladies ou les incommodités auxquelles nous payons tous un plus ou moins fort tribut.

Dans ces brochures de vulgarisation destinées à être mises entre les mains de tous, on a su éviter l'écueil dans lequel tombent trop souvent les livres de médecine qui prétendent s'adresser à la masse ; celui de faire plus de mal que de bien à ceux qui les liront ; c'est un éloge qu'on ne peut faire à tous. Ecrits avec clarté dans un style simple, sans grands mots scientifiques, ces petits volumes apprennent à chacun ce que tout le monde doit connaître, ce sont des *Guides pour la conservation de la Santé*; en un mot, ce sont des préceptes d'hygiène et d'excellente hygiène. » (*Trib. Médicale.*)

Quelques volumes épuisés sont en réimpression. Voici la liste de ceux qui sont disponibles.

Comment on se défend contre l'**Albuminurie**, par le D' Monin.

Comment on se défend contre l'**Alcoolisme**, par le D' Foveau de Courmelles.

Comment on défend sa **Basse-cour**. La lutte contre les Maladies des volailles et des oiseaux, par A. Eloire.

Comment on défend son **Bétail**. Moyen de prévenir et de combattre la Fièvre aphteuse (Cocotte), par Fabius de Champville.

Comment on défend ses **Cheveux**. Lutte contre la Calvitie et la Caritie, par le D' Labonne.

Comment on défend sa **Bouche**. La lutte pour la conservation des dents, par le D' Henry Labonne.

Comment on se défend des Maladies du **Cœur**. La lutte pour Vie, par le D' Labonne ; 3e édit., avec 3 Figures.

Comment on défend sa **Colonne vertébrale**, par le D' Chipault.

Comment on se défend de la **Constipation**, par le D' Dheur.

Conseils du **Dentiste**, par le D' G. Bertrand.

H. Durville. — *Magnétisme personnel*. Education de la Pensée, Développement de la Volonté. — Pour être Heureux, Fort, Bien Portant et Réussir en Tout. Vol. rel. souple, 2me édit., avec Têtes de Chap., Vignettes, Portraits et 82 Fig. explicatives, à la *Librairie du Magnétisme*, 23, rue Saint-Merri, Paris. Prix : 10 fr.

Le *Magnétisme personnel* est une influence qui permet à l'homme comme à la femme d'attirer à lui la considération, l'intérêt, la sympathie, la confiance, l'amitié et l'amour de ses semblables ; d'obtenir les meilleures situations, d'arriver à la domination et à la fortune, ou tout au moins au bien-être que nous désirons tous. Cette influence nous met immédiatement en contact avec les énergies ambiantes, et nous permet de les fixer en nous pour accroître notre individualité physique et morale. Elle donne au magnétiseur le pouvoir d'opérer, même à distance, des guérisons extraordinaires, et à l'hypnotiseur celui de suggérer ce qu'il veut ; c'est elle qui donne à chacun de nous l'intuition, cette perception intime qui nous permet de distinguer ce qui nous est bon et utile de ce qui nous est nuisible.

Un certain nombre d'individus — les forts, ceux qui arrivent toujours au but de leurs désirs — possèdent naturellement cette influence à un degré plus ou moins élevé ; les autres peuvent l'acquérir, car elle existe chez tous à l'état latent, prête à être développée.

Le hasard n'existe pas. La providence est en nous et non pas hors de nous ; la nature ne nous domine pas, mais elle obéit au contraire à notre impulsion, à notre désir, à notre volonté ; elle est le champ mis à notre disposition pour cultiver notre développement, et nous y récoltons toujours ce que nous y avons semé : en un mot, nous faisons *notre Bonheur ou notre Malheur, nous assurons nous-mêmes notre Destinée.*

Quels moyens devons-nous employer pour faire notre destinée telle que nous pouvons la concevoir ? — Ces moyens tiennent presque tous à notre caractère que nous pouvons modifier, à l'orientation que nous pouvons donner au courant de nos pensées habituelles, et surtout à l'énergie de la volonté que nous pouvons toujours développer. Mais, pour modifier avantageusement son caractère, pour penser toujours utilement et pour vouloir avec persistance, il faut savoir ; et pour savoir, il est nécessaire d'apprendre. C'est pour cette éducation — qui est à la portée de toutes les intelligences — que ce livre a été rédigé. Il est divisé en deux parties : une *Partie théorique*, qui étudie les lois psychiques, ainsi que les manifestations de la pensée et de la volonté ; une *Partie pratique*, démonstrative, expérimentale, qui enseigne les moyens les plus simples de se rendre maître de ses pensées, de développer et de fortifier sa volonté pour assurer tous les moyens d'action permettant d'arriver sûrement au but de ses désirs.

Le *Magnétisme personnel* est un livre de chevet à étudier et à méditer sérieusement. Il rend les plus grands services à tous les degrés de l'échelle sociale, car il est aussi apprécié dans le palais du riche à qui la fortune ne fait pas le bonheur, que dans la mansarde ou la chaumière de l'honnête ouvrier qui aspire à améliorer sa situation. Il est une véritable révélation pour tous ceux qui le comprennent bien, car il contient le *Secret de la Vaillance et du Courage, de la Force et de la Santé physique et morale ; le Secret de la Réussite de ce que l'on entreprend ; le Secret de la Bonté, de la Vertu, de la Sagesse ; le Secret de Tous les Secrets ; la Clé de la Magie et des Sciences occultes.*

Comme tous les ouvrages de l'auteur, le *Magnétisme personnel* est écrit dans un style simple et concis, qui le met à la portée de tous. (Journal *Le Médecin*, 29 novembre 1905.)

Le **Magnétisme personnel** est traduit en espagnol, sur la 2e édition, par Ed. GARCIA, 1 volume broché, avec têtes de chapitres, Vignettes, Portraits et 80 figures explicatives. Prix, 10 francs.

www.ingramcontent.com/pod-product-compliance
Lightning Source LLC
Chambersburg PA
CBHW070744170426
43200CB00007B/650